Claude Mossé

Alexander der Große
Leben und Legende

Aus dem Französischen
von Jochen Grube

Artemis & Winkler

Titel der französischen Originalausgabe:
Alexandre. La destinée d'un mythe
© 2001, Édition Payot & Rivages, Paris

Bibliographische Information der Deutschen Bibliothek

Die Deutsche Bibliothek verzeichnet diese Publikation
in der Deutschen Nationalbibliothek; detaillierte bibliographische
Daten sind im Internet unter http//dnb.ddb.de abrufbar.

© 2004 Patmos Verlag GmbH & Co. KG
Artemis & Winkler Verlag, Düsseldorf/Zürich
Alle Rechte vorbehalten.
Druck und Verarbeitung: Clausen & Bosse, Leck
ISBN 3-7608-2305-X
www.patmos.de

Inhaltsverzeichnis

Einführung 9

ERSTER TEIL: DIE ETAPPEN DER HERRSCHAFT
ALEXANDERS DES GROSSEN 13

Die griechisch-orientalische Welt vor Alexander 13
Am Anfang der Herrschaft der Aufstand in Theben 22
Die Eroberung der Westprovinzen des Perserreichs 27
   Die Eroberung Kleinasiens 28
   Alexander in Ägypten 30
   Der Krieg in Asien bis zum Tode des Dareios 33
Die Eroberung der östlichen Satrapien und das Ende
des Asienzuges 37
   Alexander erobert die nordöstlichen Satrapien 39
   Der Zug nach Indien 43
   Die Rückkehr nach Susa und Babylon 47

ZWEITER TEIL: DIE UNTERSCHIEDLICHEN
»ROLLEN« ALEXANDERS DES GROSSEN 51

Der König der Makedonen 51
   Das makedonische Königtum 52
   Die makedonischen Streitkräfte während des Asienzuges 55
   Der Bruch zwischen König und Makedonen 57

Der *hegemon* der Griechen 62
    Die Befreiung der griechischen Städte in Kleinasien 62
    Neue Städtegründungen 66
    Die Griechen in dem Gefolge Alexanders 69
    Der Auftrag Nikanors in Olympia 72
Der Nachfolger der Achämeniden 76
    Alexander legt die persische Tracht aber nur teilweise an 77
    Die Frauen 79
    Die Verwaltung des Reiches 80
Der Sohn des Zeus 84
    Die mythischen Ursprünge des makedonischen
    Königshauses 85
    Alexander und der Mythos 88
    Der Heroenkult in der griechischen Welt 90
    Alexander, der unbesiegbare Gott 94

DRITTER TEIL:
DER MENSCH ALEXANDER 99

Kindheit und Erziehung 101
Die Persönlichkeit Alexanders 108
    Mut und körperliche Ausdauer 109
    Selbstbeherrschung 112
    Großzügigkeit 115
    Alexander der Philosoph 118
Licht und Schatten 123

VIERTER TEIL:
DAS ERBE ALEXANDERS 131

Das Reich Alexanders – ein zerbrechliches Gebilde 132
   Organisation und Verwaltung des Reiches 133
   Der Zerfall des Alexanderreichs 141
Eine neue Monarchie wird definiert 147
   Im 4. Jahrhundert entsteht eine Königsideologie 148
   Basileios Alexandros 158
   Die hellenistische Monarchie 163
Das Werden einer neuen Welt 168
   Veränderungen im Wirtschaftsleben 170
   Die Entwicklung der Städte 173
   Die orientalischen Völker 178
Die Hellenisierung des Orients und ihre Grenzen 182
   Der Geist von Alexandria 182
   Das religiöse Leben in einer aus Eroberungen
   geborenen Welt 188
   Nur das Judentum trotzt aller Vermischung der
   Religionen 192

FÜNFTER TEIL:
ALEXANDER, EIN MYTHISCHER HELD 197

Das Bild Alexanders in der antiken Welt 199
Das mittelalterliche Alexander-Bild 212
Das Bild Alexanders in der Historiographie 228
Vom »Alexanderroman« zu den Romanen über Alexander 234

Epilog 245

Anhang 249
  Wichtige Personen um Alexander und die Diadochen .. 251
  Zeittafel 260
  Die persischen Könige von Kyros I. bis Dareios III. 262
  Literaturhinweise 263
  Bildnachweis 268
  Karten 269
  Danksagung 276

Einführung

Nur wenige Persönlichkeiten der Geschichte weckten so viel Bewunderung wie der Makedonenherrscher Alexander der Große, der in wenig mehr als zehn Jahren, 334–323 v. Chr., das riesige Perserreich eroberte und seine Armee bis nach Indien führte. Schon in der Antike war er zum legendären Helden geworden und ist im Verlauf der Jahrhunderte das Vorbild für alle großen Militärstrategen, Eroberer und für alle geblieben, die bis heute nach der höchsten Macht strebten. Auf der anderen Seite stellt kaum ein Akteur aus derselben geschichtlichen Epoche den Historiker vor so große Probleme. So paradox es auch erscheinen mag: Trotz solcher Zeitgenossen wie Demosthenes und Aristoteles, deren Werke Bibliotheken füllen, besitzen wir nur wenige Quellen, die sich direkt mit ihm beschäftigen. Vielleicht einige Anspielungen bei athenischen Rednern, einige Inschriften aus griechischen Städten in Kleinasien, Münzen von ungewisser Datierung und einige Bilder. Die Berichte über sein außergewöhnliches Heldenleben sind 300 Jahre nach seinem Tod oder noch später entstanden. Es gab durchaus Zeitgenossen, die an seinen Eroberungszügen teilnahmen und über deren Verlauf berichteten. Doch ihre Werke sind nicht überliefert, und wir wissen von ihnen nur aus Zeugnissen sehr viel später lebender Schriftsteller. Es sind dies der Geschichtsschreiber Diodoros von Sizilien, ein Zeitgenosse von Caesar und Augustus, der philosophische Schriftsteller Plutarch, um 45–120 n. Chr., der eine Alex-

Einführung

ander-Biographie und zwei Traktate »Über das Glück oder die Tüchtigkeit Alexanders« verfaßte, dann der Römer Quintus Curtius Rufus, der im 1. Jahrhundert n. Chr. lebte, und der Grieche Arrianos aus Nikomedien, der im zweiten nachchristlichen Jahrhundert schrieb. Diese vier Autoren sind unsere wichtigsten Quellen.

Nun hatten die drei, vier oder fünf Jahrhunderte, die sie von ihrem Helden trennten, eifrig an seiner Legende weitergewoben, und das Bild bzw. die Bilder, die uns überliefert sind, tragen deutliche Spuren der Glorifizierung. Und wenn wir nach dem Zeugnis dieser Autoren die verschiedenen Etappen der Eroberung des Perserreiches durch Alexander nachvollziehen können, bereitet es im Gegenzug doch mehr Schwierigkeiten, das Verhalten und die Pläne des Menschen Alexander zu ergründen. Fest steht, daß die Welt des östlichen Mittelmeerraums nach Alexander nicht mehr die war, die sie vor ihm gewesen ist. Seine gerade einmal dreizehn Jahre dauernde Herrschaft markiert nicht nur den Untergang des von Kyros II., dem Großen, seit Mitte des 6. Jahrhunderts v. Chr. geschaffenen riesigen Perserreiches, sondern auch das Ende der klassischen griechischen Zivilisation oder – genauer gesagt – jener besonderen politischen Kultur, die Athen mehr als 150 Jahre lang verkörpert hatte. Selbstverständlich gab es auch nach Alexanders Tod weiterhin griechische Städte, aber sie hatten bei der Gestaltung des Mittelmeerraums jegliches echte politische Gewicht verloren. Die Macht lag künftig in den Händen jener Diadochenkönige, deren riesige Staatengebilde aus den Eroberungszügen Alexanders hervorgegangen waren und die sich bei der Ausübung ihrer Herrschergewalt auf das Erbe des Eroberers beriefen. Das Leben Alexanders rückt vielleicht weniger wegen seiner Abenteuerlichkeit als vielmehr wegen dieses Erbes in den Blickpunkt des Historikers, der nach der Rolle bestimmter Personen für die Entwicklung von Zivilisationen fragt.

Einführung

Wenn wir diese Frage beantworten wollen, die übrigens jede historische Biographie stellt, genügt die bloße Aufzählung von Daten und Fakten aus einem wie im Falle Alexanders sehr kurzen Leben nicht – er starb mit 33 Jahren –, wir müssen vielmehr zu begreifen versuchen, warum und wie er dazu gebracht wurde, sich auf diesen Eroberungszug einzulassen, der ihn bis an die Ufer des Indus führte.

Alexander handelte in der Tat nicht aus sich allein heraus. Seine Eroberungen gingen auf historische Zwänge zurück, die ihn veranlaßten, nacheinander oder gleichzeitig unterschiedliche Rollen zu spielen: als Makedonenkönig, aber auch als Haupt eines Bundes griechischer Staaten, danach als Herr über ein orientalisches Riesenreich und gleichzeitig legitimer Erbe der Achämeniden, und über diese drei Rollen hinaus auch noch als Sohn des Zeus, dem die Weltherrschaft versprochen war, die ihm das Orakel des Ammon verheißen hatte. Aber was für ein Mensch verbarg sich tatsächlich hinter all diesen Masken? Welcher Ehrgeiz spornte ihn zu seinen Taten an? Mit welchem Ergebnis für die Zeiten, die auf seinen frühen Tod folgten? Die Antwort auf diese Fragen fällt nicht leicht, denn sie erfordert die Entzifferung eines Mythos, des Mythos Alexander.

Letztendlich will dieses Buch seinen Werdegang und sein Schicksal mit all den Widersprüchen rekonstruieren, die sowohl den Gestalten der Weltgeschichte zu schaffen machte, die sich auf den Makedonen als ihr Vorbild beriefen, als auch den Historikern, die sich bemühten, ihn zu verstehen. Dieser Versuch ist offensichtlich nicht einfach. Aber für den, der sich ihm unterzieht, besteht zumindest die Hoffnung, daß diese neue Biographie über Alexander den Großen gerechtfertigt ist.

ERSTER TEIL

Die Etappen der Herrschaft Alexanders des Großen

Die griechisch-orientalische Welt vor Alexander

Als Alexander im Jahr 336 v. Chr. seinem Vater Philipp II. von Makedonien nachfolgte, lebten die griechische und die orientalische Welt nach vielen kriegerischen Jahrzehnten in einem relativen Gleichgewicht. Es leitete sich zum einen aus dem Sieg Philipps II. über das Heer der Griechen bei Chaironeia (Böotien) im Jahr 338 her, der danach ein Bündnis mit den wichtigsten griechischen Städten schloß, und zum andern aus der Wiederherstellung der inneren Einheit des Perserreichs durch Artaxerxes III. Ochos, der insbesondere das seit Beginn des 4. Jahrhunderts v. Chr. weitgehend unabhängige Ägypten erobert hatte. Dieses Gleichgewicht verschob sich jedoch, als sich das griechisch-makedonische Bündnis mit Philipp II. zum Ziel gesetzt hatte, den Großkönig in Asien anzugreifen.

Das Perserreich sah sich seit Jahrhundertbeginn ständig in die Geschichte der griechischen Welt eingebunden. Schon in den letzten Jahren des Peloponnesischen Krieges (431–404 v. Chr.), in dem Sparta mit seinen Verbündeten gegen das Reich der Athener kämpfte, hatte es Versuche des Großkönigs und seiner Satrapen gegeben, mit der Zahlung von Subsidien in die Beziehung zwischen den griechischen Städten einzugreifen.

Die Etappen der Herrschaft Alexanders des Großen

Büste Philipps II. von Makedonien

Gerade dank dieser Hilfsgelder war es dem spartanischen Admiral Lysander gelungen, eine starke Flotte zusammenzustellen, die die athenische, bis dahin Herrin der Meere, bei Aigospotamoi 405 v. Chr. vernichtete. Ebenfalls persische Subsidien ermöglichten es dem Athener Konon, dem im Jahr 405 besiegten Strategen, einige Jahre später mit fünfzig Kriegsschiffen in die Stadt zurückzukehren und den Wiederaufbau der Stadtmauern zu finanzieren, die Lysander nach seinem Sieg hatte zerstören lassen. Ein Grund für die plötzliche Sympathie zwischen dem Großkönig und Athen ging auf die Politik zurück, die Sparta in Kleinasien zunächst durch Lysander und später durch seinen König Agesilaos II. betrieb. Aber dessen Abberufung (394) und vor allem der neu erstarkte Ehrgeiz der Athener, die ihre Hegemonie in der Ägäis wieder aufbauen wollten, hatten den Großkönig den Spartanern angenähert, und mit Unterstützung des Spartaners Antalkidas hatte er den Griechen 386 den berühmten Königsfrieden aufgenötigt. Durch diesen erklärte sich Artaxerxes II. Mnemon zum Garanten der Ordnung in der ägäischen Welt.

Diese Eingriffe des Herrschers in Asien häuften sich im Verlauf des Jahrhunderts und erklären die äußerst feindselige Reaktion des athenischen Redners Isokrates. Er verurteilte die Rolle, die sich der »Barbar« anmaßte, und propagierte in seinen Reden den Zusammenschluß aller Griechen zur Eroberung von Asien, d. h. der westlichen Provinzen des persischen Reiches. In einer seiner letzten Reden wandte sich Isokrates, der im Jahr der Niederlage von Chaironeia starb, an König Philipp II. von Makedonien, den allein er für fähig hielt, dieses Unternehmen erfolgreich durchzuführen.

Der in Athen damals einflußreichste Redner war Demosthenes, der in Philipp II. im Gegensatz zu Isokrates eine Bedrohung der griechischen Freiheit erblickte und unermüdlich wiederholte, man müsse sich den Machenschaften des Makedoniers entgegenstemmen. Seine teilweise von Erfolg gekrönten Anstrengungen verhinderten indes den Sieg Philipps nicht. Und wenn der Makedonenkönig auch für Athen nicht jenes apokalyptische Schicksal vorsah, wie es Demosthenes prophezeit hatte, so verpflichtete Philipp doch alle in Korinth versammelten Griechen zur Gründung des Korinthischen Bundes, dessen beschworenes Ziel es war, Asien zu erobern. Dies sollte die gerechte Rache sein für all die Übel, unter denen die Griechen in den Perserkriegen und in den ersten Jahrzehnten des fünften Jahrhunderts gelitten hatten. Die Staaten, die zum Korinthischen Bund zählten, die Städte oder verbündeten Völker, stellten Truppenkontingente für den Krieg gegen Persien; zum Bundesfeldherrn (*hegemon*) wurde Philipp II. gewählt.

Athen, unter dem Druck des Demosthenes bis dahin der entschiedenste Gegner Philipps II., hatte nachgegeben und sich darauf vorbereitet, an der Expedition teilzunehmen, als 336 v. Chr. die Nachricht von der Ermordung des Makedonenkönigs eintraf. Wie der Redner Aischines, ein politischer Gegner des Demosthenes, mehrfach betonte, weckte die Nachricht bei Demosthenes trotz des Schmerzes über den Tod seiner kurz zuvor verstorbenen Tochter ausgelassene Freude. Er rechtfertigte sich freilich damit, daß die Angelegenheiten seiner Polis den Vorrang hätten vor seinen privaten Schicksalen. Für die Athener bestand jedoch kein unmittelbarer Anlaß zum Handeln, denn der Nachfolger Philipps war noch nicht bekannt – vor allem aber auch deshalb nicht, weil sie gleichzeitig erfuhren, daß auch Artaxerxes III. ermordet worden war. Im Falle eines Krieges gegen die makedonische Militärmacht wäre ein eventueller Beistand des Großkönigs also keinesfalls sicher gewesen, und deshalb erschien es den Athenern klüger, günstigere Umstände abzuwarten.

Und wie sah es damals in der Ägäis aus? Philipp II. war es gelungen, fast alle Griechenstädte auf dem Balkan in seine Koalition einzubinden, bis auf das elitäre Sparta, das den Eintritt in den Korinthischen Bund verweigerte. Seit der Niederlage des spartanischen Heeres, die ihm der Thebaner Epaminondas 371 v. Chr. in der Schlacht bei Leuktra beigebracht hatte, war die Position Spartas in Griechenland deutlich geschwächt. Besonders der Verlust Messeniens, das man in zwei langen Kriegen im 7. Jahrhundert erobert und dem Epaminondas die Unabhängigkeit zurückgegeben hatte, sorgte für eine deutliche Verarmung der Bürger Spartas. Sie verloren sämtliche Siedlerhöfe, die sie in diesem Teil der Peloponnes besaßen; mit den Abgaben der leibeigenen Heloten, die sie bewirtschafteten, waren die kostenlosen öffentlichen Mahlzeiten in der Stadt gesichert worden; vor allem die ärmeren Bürger verloren nun einen großen Teil ihrer Lebensgrundlagen. In seiner umfangreichen Staatsschrift, der »Politik«, die einige Jahre später erschien, stellte der Philosoph Aristoteles fest, daß die Stadt der Lakedämonier über kaum mehr als 1000 Spartiaten, also Vollbürger, verfüge, so sehr konzentrierte sich der Boden in den Händen von wenigen. Kurz zuvor verhehlte der Geschichtsschreiber Xenophon in seiner in Form eines Enkomions abgefaßten Biographie des Agesilaos II. nicht, daß sich der Spartanerkönig gegen Ende seines Lebens nur deshalb in den Dienst eines ägyptischen Usurpators gegen den persischen Großkönig gestellt hatte, um die städtischen Einkünfte aufzubessern und die Löhne der Soldaten seiner Armee zu sichern.

Bezüglich der Aspekte »Gesellschaft« und »materielle Versorgung der Bevölkerung« befand sich Athen in einer günstigeren Situation. Im Hafen Piräus waren schon immer viele Güter umgeschlagen worden. Die Ausbeutung der Silberminen von Laurion, die man in den Jahren nach dem Peloponnesischen Krieg vernachlässigt hatte, war wieder aufgenommen worden, wie die Inschriften der Poleten beweisen, der in Athen für die Ausstellung von Schürfrechten zuständigen Behörde. Das einzige Risiko bildeten nach dem Verlust der athenischen Positionen in der Ägäis Piratenüberfälle oder Angriffe feindlicher Staaten gegen Schiffe, die die Meerengen passierten. Übrigens war der letzte Krieg zwischen der Stadt und dem Makedonen gerade deshalb ausgebrochen, weil Philipp II. für Athen bestimmte Getreideschiffe im Jahr 340 hatte kapern lassen, was zur Gründung des Hellenenbundes zur Sicherung der Schiffahrt im Schwarzen Meer geführt hatte. Doch gewann Philipp II. wieder die Oberhand, indem er sich die Mitgliedschaft in der Amphiktyonie von Delphi verschaffte. Er setzte sich an die Spitze dieses Rates von Vertretern griechischer Stämme, der zum Schutz des Heiligtums bestand, und führte 339/338 den 4. Heiligen Krieg gegen die Stadt Amphissa. Deren Bewohner wurden beschuldigt, Flächen bewirtschaftet zu haben, die zum Heiligtum des Apollon in Delphi gehörten. Aus diesem Krieg ergab sich übrigens ein Bündnis zwischen Athen und Theben.

Theben war damals die mächtigste Stadt des Böotischen Bundes, der durch den Königsfrieden von 386 aufgelöst wurde; dieser Frieden brachte allen Städten in Griechenland Autonomie, was aber gleichzeitig die Auflösung der *koina*, der Städtebünde, bedeutete. Diese vielfach mit Bundesstaaten verglichenen Gebilde lebten nach dem erfolgreichen Handstreich des Thebaners Pelopidas und der von ihm geführten Partei gegen die Besatzer aus Sparta wieder auf. Als den Thebanern der Landfriede zwischen Sparta und Athen 371 verbot, im Namen des Böotischen Bundes zu schwören, was auf die Verleugnung der Existenz dieses Bundes hinauslief, wies Theben dieses Verbot zurück, und daraufhin griff Sparta an. Der Sieg der Thebaner, die in der Schlacht bei Leuktra 371 v. Chr. unter dem Oberbefehl des Epaminondas kämpften, beendete die spartanische Vorherrschaft auf der Peloponnes. Aufgrund der engen Zusammenarbeit der Freunde Pelopidas und Epaminondas beherrschte Theben zehn Jahre lang Zentral- und Nordgriechenland. Das erklärt wahrscheinlich auch das faktische Bündnis zwischen dem Böotischen Bund und dem jungen Makedonenkönig Philipp II. Später zerbrach es allerdings wieder, als der Makedone nach Thessalien griff und in die Amphiktyonie von Delphi aufgenommen wurde.

Makedonien war einer der Staaten, die an die Welt der Griechen grenzten. Die Völker dieser Region – so wird heute allgemein anerkannt – zählten wahrscheinlich zu den griechisch sprechenden letzten Erobererstämmen, die in die Balkanhalbinsel einwanderten. Auf den Norden der Region beschränkt, haben sie dort wohl lange Zeit als halb seßhafte Hirtennomaden gelebt. Offenbar erst im 7. Jahrhundert v. Chr. tauchte eine Zentralmacht auf, deren Existenz in Aigai, der Begräbnisstätte der

Die griechisch-orientalische Welt vor Alexander

makedonischen Könige, nachgewiesen wurde. Wie die Tradition berichtet (bei Herodot 9,137 f.), hatte die aus Argos stammende Dynastie der Temeniden das Gebiet von Makedonien in Besitz genommen. Und es hat den Anschein, als sei das Königtum seit dem Ende des 7. Jahrhunderts in dieser Familie erblich geworden, die sich nach ihrem Ursprungsort Argos »Argeaden« nannte. Die makedonischen Könige begriffen sich allesamt als gebürtige Griechen und nahmen deshalb seit Beginn des 5. Jahrhunderts auch an den Olympischen Spielen teil.

Seit dieser Zeit mischten sie sich auch in die innergriechischen Angelegenheiten ein, und das um so mehr, als die griechischen Städte, allen voran Athen, an der thrakisch-makedonischen Küste Position bezogen. Seit den Perserkriegen unterhielten die makedonischen Könige insbesondere mit Athen, das jene Städte kontrollierte, seit sie dem 1. Attischen Seebund beigetreten waren, sowohl politische wie Handelsbeziehungen. So kauften die Athener für ihre Schiffe Holz aus Makedonien. Ebenfalls aus dem 5. Jahrhundert datieren die ersten makedonischen Münzen, ein Hinweis auf die gestiegene Autorität des Königshauses im eigenen Land. Seit dem 4. Jahrhundert kam es indes zu spektakulären Veränderungen. Die makedonischen Städte entwickelten sich weiter, im Pangaion, einem Gebirge in Makedonien, wurde Gold gewonnen, und das Land pflegte die gewachsenen Beziehungen zur Welt der Ägäis. In der gleichen Zeit schmückte das makedonische Königshaus seine Hauptstadt Aigai (Vergina) architektonisch aus, die bald durch Pella ersetzt wurde. Die reichen Grabbeigaben, die in Vergina gefunden wurden, belegen sowohl die hellenische Kultur dieser Könige als auch die beachtlichen Einnahmequellen, über die sie verfügten. Die ermöglichten ihnen insbesondere den Ausbau ihrer Streitkräfte. Die Kavallerie der *hetairoi*, der Gefährten bzw. Kameraden, erwies sich als stets einsetzbare scharfe Waffe. Seit Ende des 5. Jahrhunderts tauchte auch schwere Infanterie, die *Pezhetairoi* oder die »Kameraden zu Fuß« auf; sie trugen eine schwere Lanze, die Sarissa. Diese Einheit machte die makedonische Phalanx zu einer fürchterlichen Waffe, die Philipp II. geschickt und erfolgreich einzusetzen wußte.

Bis zu seinen Lebzeiten hatte das Königreich Perioden relativen Gleichgewichts erlebt, nur hin und wieder unterbrochen von turbulenten Zeitabschnitten. Einer der Gründe, wachsam zu bleiben, lag in der permanenten Aufruhrbereitschaft von Völkern an der Nord- und Westgrenze, die von Makedonien zwar einmal unterworfen worden waren, aber häufig versuchten, sich aus dieser Bevormundung zu befreien. Ein anderer Grund ist in den dynastischen Streitigkeiten zwischen verschiedenen Thronanwärtern zu suchen. So wie nach dem Tod von König Archelaos im Jahr 399, als das zum Teil von den Illyrern eroberte Makedonien erst unter der Herrschaft von Perdikkas III. seine Reichsfreiheit wiederfand. 368 war er seinem ermordeten Bruder Alexander II. auf den Thron gefolgt. Perdikkas sah sich während seiner Herrschaft gezwungen, gegen immer neue Thronansprüche und gegen athenische Strategen wie Timotheos und Iphikrates zu kämpfen, die sich aus persönlichen Gründen in diese Wirren einmischten. Nach seinem Tod im Jahr 359 wurde anstelle seines für die Thronfolge noch zu kleinen Sohnes Amyntas sein zweiter Bruder Philipp von der Heeresversammlung zunächst zu dessen Vormund bestellt und 359 zum König ausgerufen.

Seit Beginn seiner Herrschaft im Jahr 359 bis zu seinem Tod 336 sollte Philipp II. die Geschichte des gesamten geographischen Raums um die Ägäis prägen. Er schwang sich zuerst zum Herrn jenes thrakisch-makedonischen Küstenstreifens auf, der zuvor unter athenischer Kontrolle gestanden hatte und bemächtigte sich insbesondere der Festung Amphipolis, durch die er den Zugang zum Meer gewann. Danach nutzte er die Konflikte aus,

Die griechisch-orientalische Welt vor Alexander

die in den Städten Thessaliens bestanden, um sie unter seine Herrschaft zu zwingen und den thessalischen Bund wieder aufleben zu lassen. Sein Konflikt mit Athen, den der Friede des Philokrates (346 v. Chr.) für kurze Zeit unterbrach und der zur Aufnahme Philipps II. in die Amphiktyonie von Delphi führte, endete mit seinem Sieg in der Schlacht von Chaironeia 338. Als gewiefter Taktiker und auch Politiker, der aus den Komplotten und Komplizenschaften in den Städten seinen Nutzen zog, war es Philipp innerhalb von 20 Jahren gelungen, die griechische Welt seiner Vorherrschaft zu unterwerfen, und bei seinem Tode – er wurde 336 ermordet – hinterließ er seinem Sohn Alexander ein mächtiges Reich, trotz der ständigen, von den Völkern im Westen und Norden ausgehenden Bedrohung.

Zur vollständigen Beschreibung der Welt im östlichen Mittelmeerraum vor dem Auftreten Alexanders fehlt noch ein Blick auf den Zustand des Perserreichs. Dieses riesige Gebilde von Territorien, die Kyros II. der Große im 6. Jahrhundert zu einem Weltreich vereint und dem sein Sohn Kambyses II. noch Ägypten als Provinz hinzugefügt hatte, war zu keiner Zeit ein homogenes Staatswesen. Die westlichen Satrapien, im häufigen Kontakt mit den Griechenstädten an der kleinasiatischen Küste, standen deutlich unter dem Einfluß der griechischen Kultur. Einige Satrapen, z. B. der berühmte Tissaphernes, hatten sich in den Peloponnesischen Krieg eingemischt, um Sparta gegen die ehrgeizigen Ziele Athens in der Ägäis zu unterstützen. Außerdem gewann Ägypten unter den Pharaonen der 28., 29. und 30. Dynastie seine Unabhängigkeit zurück, unterstützt durch athenische Strategen oder, wie bereits gezeigt, durch den Spartanerkönig Agesilaos II. Versuche des Großkönigs, diese reiche Provinz zurückzuerobern, waren zunächst gescheitert, und dieser Mißerfolg zog den Satrapenaufstand von 371 unter Führung des Ariobarzanes, des Satrapen von Phrygien, nach sich, der bald ganz Kleinasien mit Kampfhandlungen überzog. König Artaxerxes III. Ochos versuchte, die Ordnung in seinem Reich wiederherzustellen, allerdings ohne Erfolg, und das wohl auch, weil die Aufständischen durch einige Griechenstädte unterstützt wurden. Dennoch gelang es Artaxerxes, sie niederzuwerfen und zwar dank seines Bündnisses mit dem Satrapen von Karien, Idrieus, dem Sohn des berühmten Mausollos, der aus seiner Satrapie einen souveränen Staat mit der von Griechen besiedelten Hauptstadt Halikarnaß geformt hatte. Im Jahr 345 gelang es Artaxerxes auch, Ägypten zurückzuerobern. In den besiegten Provinzen herrschte der blanke Terror. Insbesondere in Ägypten durften die Söldner des Großkönigs ungehindert plündern. Trotz dieser Erfolge und der verstärkten persischen Kontrolle über die griechischen Städte in Kleinasien rechtfertigte die fehlende Reichseinheit die ehrgeizigen Träume all derer, die sich wie in Griechenland Philipp II. auf die Eroberung von Asien vorbereiteten. Das erfolgreiche Attentat auf Artaxerxes gerade zu dem Zeitpunkt, als Philipp getötet wurde, schien eine vergleichsweise leichte Eroberung zu ermöglichen. Das Schicksal der Welt im östlichen Mittelmeerraum sollte zwischen den beiden neuen Königen, Alexander und Dareios III. Kodomannos entschieden werden.

Am Anfang der Herrschaft der Aufstand in Theben

Mit der Ermordung Philipps II. im Jahr 336 v. Chr. begann für Makedonien eine krisenhafte Zeit. Der junge Alexander, Sohn des Königs und der Königin Olympias, war gerade erst 20 Jahre alt. Natürlich hatte Philipp in Alexander den Thronfolger gesehen und ihm eine Erziehung zukommen lassen, die ihn auf dieses Amt vorbereiten sollte. Deshalb hatte er den Philosophen

Olympias, die Mutter Alexanders

Aristoteles an seinen Hof berufen und ihm die Erziehung des Heranwachsenden übertragen. Alexander hatte 338 in der Schlacht von Chaironeia bereits an der Seite seines Vaters gekämpft.

Kurz vor seinem Tode hatte Philipp seine aus Epirus stammende Gattin Olympias, Alexanders Mutter, verstoßen, um die junge Makedonin Kleopatra zu heiraten, und man munkelte, daß Olympias an der Ermordung Philipps nicht ganz unbeteiligt gewesen sei. Freilich hätte sie damit ihren Sohn gefährdet, denn ein Teil des makedonischen Adels versuchte sogleich, Amyntas – einen Vetter Alexanders, der als Sohn Perdikkas' III. der Neffe seines Vormundes Philipps II. war – als künftigen König anstelle Alexanders durchzusetzen. Auch andere Thronprätendenten hielten mit ihren Absichten nicht hinter dem Berg, insbesondere nicht die Mitglieder der Fürstenfamilie, die über Lynkestis in Obermakedonien herrschte. Alexander sah sich also zu raschem Handeln gezwungen, wenn er seinen Herrschaftsanspruch durchsetzen wollte. Mit der Hilfe von Antipater, einem der Berater und Generäle Philipps, gelang es ihm, sich seiner Gegner zu entledigen. Zunächst machte er die Kleinherrscher von Lynkestis für den Mord an seinem Vater verantwortlich und rächte sich an ihnen. Kurz darauf ordnete er an, Amyntas, die Königin Kleopatra und ihren Onkel Attalos mitsamt seiner Familie zu töten. Danach berief er die Heeresversammlung ein und ließ sich von ihr zum König ausrufen.

Damit war das Spiel aber noch nicht gewonnen. Die Nachricht vom Tod Philipps sorgte – wie schon gezeigt – in Griechenland für einige Turbulenzen, während die unterworfenen Völker an der makedonischen Nordgrenze nur auf einen günstigen Moment warteten, um sich zu erheben.

Alexander wandte sich zunächst der Lösung der griechischen Frage zu. Er drang in Thessalien ein, um für seine Person den Machtanspruch seines Vaters einzufordern, ließ sich vom Rat der Amphiktyonie, der an den Thermopylen zusammengekommen war, als Oberbefehlshaber der Griechen (*hegemon*) bestätigen und schließlich vom Rat des Korinthischen Bundes die Leitung des Kriegszugs nach Asien übertragen, den schon Philipp geplant hatte. In wenigen Monaten hatte er sich gegenüber den griechischen Verbündeten erfolgreich durchgesetzt: Sie hatten begriffen, daß nicht daran zu denken war, ihre Unabhängigkeit kurz- oder mittelfristig wiederzuerlangen.

Die zweite Etappe der Machtsicherung begann im Frühjahr 335 v. Chr.: Alexander unterwarf die aufständischen Völker an der Nordgrenze Makedoniens und verfolgte sie bis über die Donau hinaus. Danach wandte er sich nach Westen, um die Einfälle der Illyrer nach Makedonien zu beenden. Auf diesem Feldzug erreichte ihn die Nachricht vom Aufstand in Theben.

Erinnern wir uns: Theben hatte als Haupt des Böotischen Bundes lange Zeit mit den makedonischen Herrschern paktiert. Den Beitritt Philipps zur Amphiktyonie von Delphi nach seinem Sieg über die Phoker, der das Ende des 3. Heiligen Krieges bedeu-

Am Anfang der Herrschaft der Aufstand in Theben

tete, hatten die Thebaner jedoch als Bedrohung ihrer Machtposition in Zentralgriechenland empfunden. Aus diesem Grund hatten einige von ihnen, verlockt durch Demosthenes, ein Bündnis mit Athen geschlossen. Nach der Niederlage des Hellenischen Bundes in der Schlacht bei Chaironeia 338 v. Chr. traf es Theben wegen dieses Seitenwechsels ungleich härter als Athen. Während Philipp Athen maßvolle Friedensbedingungen auferlegte, mußte Theben eine makedonische Garnison in seiner Festung Kadmeia zulassen.

Als 335 in Theben das Gerücht aufkam, Alexander sei auf dem Feldzug gegen die im nördlichen Thrakien beheimateten Triballer gefallen, erhoben sich die Thebaner, um die makedonische Besatzung aus der Festung Kadmeia zu vertreiben. Möglicherweise wurden sie dazu von Agenten des neuen persischen Großkönigs Dareios III. angestachelt, der Boten mit Subsidien und dem Auftrag nach Griechenland geschickt hatte, dort Aufstände anzuzetteln. Oder hatten Athen und in erster Linie Demosthenes versprochen, sich an Aufständen gegen den Makedonier zu beteiligen? Wie es auch immer gewesen sein mag, die Antwort Alexanders fiel wahrhaft vernichtend aus. Nach Eilmärschen tauchte er vor der Stadt auf, eroberte und zerstörte sie und ließ sie von seinen Soldaten plündern. In den Reden, die Aischines und Demosthenes 330 v. Chr. im Prozeß um die Verleihung des goldenen Kranzes an Demosthenes wegen seiner Verdienste für Athen hielten, taucht die Betroffenheit wieder auf, die sich der Griechen bemächtigt hatte, als sie vom Schicksal der böotischen Hauptstadt erfuhren. Später wurde behauptet, es seien gerade die griechischen Verbündeten gewesen, die den zur Verzeihung bereiten Alexander zu einer exemplarischen Bestrafung der Stadt aufgefordert hätten, ein Verdacht, der in der Alexander-Geschichte bei Arrian auftaucht (1,9). Bei dieser Gelegenheit soll selbst der alte Streit über die Haltung der Thebaner in den Perserkriegen eine Rolle gespielt haben: Die Zerstörung ihrer Stadt sei eine Strafe der Götter für den Abfall der Thebaner, die Griechenland damals verraten hätten.

So traurig das Schicksal ihrer Stadt für die Thebaner auch war – der niedergeschlagene Aufstand der böotischen Hauptstadt kam Alexander entgegen, der sich in seiner Rolle als Führer der griechischen Alliierten bestätigt sah. Er hätte damals verlangen können, daß ihm die athenischen Redner ausgeliefert würden, die – allen voran Demosthenes – den thebanischen Aufstand unterstützt hatten, und Demosthenes erwähnte diese Forderung auch in seiner »Kranzrede«, ohne aber auszuführen, wie man ihr hätte nachkommen können. Sein Gegner Aischines verstieg sich in seiner Rede »Gegen Ktesiphon« sogar zu der Behauptung, der berühmte Redner habe geheime Kontakte zum makedonischen König unterhalten. Wahrscheinlich ist, daß die Anhänger Alexanders unter den athenischen Rednern, die, wie besonders Demades, seinem Vater nahegestanden hatten, den Makedonen dazu bewegen konnten, auf seine Forderungen zu verzichten.

Fraglich ist, ob sich Alexander in seiner Rolle als *hegemon* der Griechen damals auch um die Schlichtung einiger örtlicher Konflikte bemüht hat. Die dem Demosthenes zugeschriebene Rede »Über das Bündnis mit Alexander« erwähnt, daß Alexander mehrfach in griechische Angelegenheiten eingegriffen hat, so gegen Entscheidungen des Korinthischen Bundes in Messene, in Pellene in Achaia, in Sikyon und anderen Orten. Diese Interventionen waren aber erst nach der Niederschlagung des Aufstandes in Theben möglich. Die Absichten des Makedoniers sind leicht zu durchschauen: Er wollte ein befriedetes Griechenland hinter sich wissen, bevor er Europa verließ, und das um so mehr, als die Situation in der Ägäis weiterhin instabil blieb.

Parmenion, der ehemalige Kampfgefährte Philipps, war als Kundschafter vorausgeschickt worden, aber er hatte verschiedene

Scharmützel gegen Memnon von Rhodos verloren, der als Führer der griechischen Söldner in den Dienst des Großkönigs getreten war. Alexander durfte also nicht zögern zu handeln, zumal er von der relativen Passivität seiner griechischen Verbündeten profitierte. Diese hatten ihm entsprechend ihren Bündnisverpflichtungen Soldaten und Schiffe gestellt. Bemißt man diese Streitkräfte aber am Beitrag Athens (700 Mann und 20 Schiffe), so stellten sie keine wirklich wichtige Unterstützung dar: Alles in allem kämpften 7000 Fußsoldaten und 600 Reiter in jener Armee, die sich im Frühjahr 334 in Marsch setzte; auch die Flotte der Verbündeten spielte nur eine höchst untergeordnete Rolle.

Alexander setzte ohnehin mehr auf seine Makedonen und die Truppenteile der von Makedonien unterworfenen Völker; in erster Linie die thessalische Reiterei, aber auch auf die Männer aus Thrakien, die Triballer, die Paionier etc., die das Gros seiner Infanterie bildeten.

Einen Teil seiner Kräfte ließ er unter dem Oberbefehl Antipaters zurück, dem er vertraute. Sie sollten zwar insbesondere die Griechen überwachen, aber auch in Makedonien selbst die Ordnung aufrechterhalten, die durch die raschen Fortschritte des Königs zwar gestärkt, durch den geringsten Mißerfolg aber auch gefährdet werden konnte.

Unter diesen Umständen begann die abenteuerliche Reise nach Asien.

Die Eroberung der Westprovinzen des Perserreichs

Bezüglich des Feldzugs, der im Frühjahr 334 v. Chr. begann, verfügen wir über zwei Überlieferungsstränge, die sich in manchen Teilen decken. Den einen Strang bilden die Universalgeschichte Diodors und der Bericht des römischen Geschichtsschreibers

Quintus Curtius Rufus. Sie beziehen sich offenbar auf das verlorengegangene Werk des Historikers Kleitarchos von Alexandria, der zwar nicht selbst am Feldzug teilgenommen hat, sich aber auf die Erinnerungen eines Begleiters von Alexander, Aristobulos aus Kassandreia, und die Beschreibung des makedonischen Generals Ptolemaios, des künftigen Herrn über Ägypten und Begründers der Dynastie der Ptolemäer, gestützt haben soll. Der zweite Überlieferungsstrang stammt hauptsächlich von Arrian, der sehr viel direkter auf zeitgenössische Quellen zurückgriff, wie ganz eindeutig auf die des Aristobulos und Ptolemaios; Arrian darf also in vielem als glaubhafter gelten, besonders in den Beschreibungen der verschiedenen Schlachten des Eroberers und seiner Generäle. Wir werden uns auf den folgenden Seiten aber hüten, in die Debatten der Militärhistoriker einzugreifen. Darum geht es nicht in diesem Buch.

Die Eroberung Kleinasiens

Nachdem Alexander im Frühjahr 334 nach Kleinasien übergesetzt war, marschierte er auf Troia zu. Als begeisterter Leser der homerischen Epen trat er wie der neue Agamemnon auf und verehrte gleichzeitig auch seinen »Vorfahren« Achilleus als »den Besten der Achäer«, die vor Troia gekämpft hatten. Darüber vergaß er indes den Auftrag seiner griechischen Verbündeten nicht, die Griechenstädte in Kleinasien vom persischen Joch zu »befreien«. In Wahrheit erfreuten sich diese seit dem Zerbrechen des 2. Attischen Seebundes einer relativen Unabhängigkeit, und ihre zumeist oligarchisch organisierten regierenden Kreise unterhielten gute Beziehungen zum Großkönig und seinen Satrapen. Für Alexander war es deshalb notwendig, den Kampf gegen Dareios III. mit einem Paukenschlag zu beginnen, was ihm in der Schlacht am Granikos glänzend gelang. Er schickte seine Reiterei gegen die persische Kavallerie und schlug sie vernichtend.

Innerhalb einiger Wochen stieg er zum Herrn über die Satrapien Phrygien am Hellespont und Lydien auf und eroberte die lydische Hauptstadt Sardes. Die Auswirkungen dieses Blitzsieges ließen nicht lange auf sich warten: Die griechischen Städte in Ionien öffneten dem Sieger ihre Tore, der ihnen demokratische Stadtverfassungen verordnete. Er erklärte sie für unabhängig und verbot weitere Tributzahlungen an die Perser. Das zumindest behauptet Diodor im 17. Buch seiner Geschichtsbibliothek, das sich mit Alexander befaßt (XVII 24), aber es hat nicht den Anschein, als ob die »befreiten« Griechenstädte in den Korinthischen Bund aufgenommen worden wären.

Der Widerstand der Perser wurde von dem griechischen Söldnerführer Memnon von Rhodos neu organisiert; er hielt die Stadt Halikarnaß gegen Alexander, der eine Truppe dort zurückließ und selbst weiterzog ins Innere Kleinasiens, bis zur phrygischen Stadt Gordion. Hier soll sich die bekannte Episode mit dem Gordischen Knoten abgespielt haben. Obwohl auch berichtet wurde, Alexander habe den Knoten aufgelöst, setzte sich die Version durch, er habe ihn mit dem Schwert durchgehauen, was eher zu der Legende vom schlagkräftigen jungen Helden zu passen schien.

Alexander traf bei diesem Zug offenbar auf wenig Widerstand. Im Spätherbst 334 v. Chr. durfte er sich als Herr Kleinasiens betrachten: Er hatte das von Philipp II. als *hegemon* des Korinthischen Bundes gesteckte Ziel erreicht.

Was blieb, war die Bedrohung, die Memnon von Rhodos in Halikarnaß noch darstellte. Zu Frühjahrsbeginn 333 stach er mit seiner Flotte in See, eroberte die Inseln Lesbos und Chios und bedrohte die Meerengen. Sein Tod kurz darauf verhinderte, daß sich der Widerstand in Griechenland ausbreitete, trotz der Intrigen des Großkönigs bei den Städten auf dem griechischen Festland und besonders in Athen. Dareios III. sah sich also zu einer

Landschlacht gezwungen, um der Armee Alexanders den Weg nach Syrien abzuschneiden. Im November 333 trafen die Heere bei Issos aufeinander, und wieder einmal spielte die makedonische Reiterei die entscheidende Rolle. Dareios floh und hinterließ dem Sieger sein Feldlager, einen Teil seiner Familie, die von diesem milde und großzügig behandelt wurde, und zog sich hinter den Euphrat zurück. Danach versuchte er, mit Alexander zu verhandeln; der aber, in einer Position der Stärke, wies das Angebot zurück und eroberte fast ohne einen Schwertstreich alle Städte an der syrisch-phönizischen Küste, allesamt wichtige Seestützpunkte des Großkönigs. Nur Tyros schloß vor Alexander die Tore. Erst nach einer achtmonatigen Belagerung und dem Einsatz der modernsten Belagerungsmaschinen ergab sich die Stadt im Juli 332 v. Chr. Danach konnte Alexander problemlos die gesamte Küstenregion unterwerfen und Gaza einnehmen.

Erneut suchte Dareios um Frieden nach – erfolglos. Als Herrscher über die Seeseite des Perserreichs brauchte sich Alexander um die gelegentlich aufflackernden Scharmützel in der Ägäis nicht zu bekümmern. Im übrigen verließ er sich auf seine Generäle, die er in Kleinasien zurückgelassen hatte, damit sie alle Widerstandsversuche dortiger Satrapen im Keim erstickten, und auf Antipater, der sich den zerfahrenen Aktionen des Spartanerkönigs Agis III. entgegenstellte. So in seinen rückwärtigen Verbindungen relativ gesichert, marschierte Alexander in Ägypten ein.

Alexander in Ägypten

Der Aufenthalt Alexanders in Ägypten bedeutet in den Augen der meisten seiner Chronisten einen grundsätzlichen Wendepunkt seiner Herrschaft.

Ägypten nahm innerhalb der persischen Reichsordnung einen besonderen Stellenwert ein. Kambyses II. hatte es um 525 v. Chr.

erobert, doch hatte sich das Land in den beiden folgenden Jahrhunderten ständig und häufig mit griechischer Hilfe dagegen aufgelehnt. In den Heeren der Pharaonen dienten griechische Söldner, oder ägyptische Herrscher schlossen Bündnisse mit griechischen Städten wie Athen oder Sparta. Alexander durfte deshalb auf einen freundlichen Empfang hoffen, und nach dem Fall von Gaza ergab sich Mazakes, der Satrap von Ägypten, ohne weitere Gegenwehr.

Der Korinthische Bund hatte die Eroberung Ägyptens nicht vorgesehen, weshalb Alexander die faktische Annexion des Landes auch sorgfältig vermied; er respektierte seine Autonomie und ernannte keinen Statthalter. Gleichzeitig legte er aber Wert auf einen Regierungsstil, der zeitweise eher an einen Nachfolger der Pharaonen als an einen Achämenidenherrscher erinnerte. Ob er sich entsprechend dem traditionellen Ritual zum Pharao krönen ließ, wissen wir nicht; es sind jedoch Reliefs mit seiner Namenskartusche als Pharao erhalten. Zu seinen innenpolitischen Regierungsmaßnahmen gehörte es, Garnisonen in die Festungen Pelusion, Memphis und Elephantine zu legen sowie die Finanzverwaltung der Provinz einem aus Naukratis stammenden Griechen namens Kleomenes zu übertragen.

Alexanders Aufenthalt in Ägypten wurde durch zwei sehr wesentliche Ereignisse geprägt: zum einen durch die Pilgerreise zur Oase von Siwa und zum anderen durch die Gründung der Stadt Alexandria, wobei wir die Frage nach der zeitlichen Zuordnung der beiden Ereignisse offen lassen wollen. Die Version, die uns Plutarch und Arrian liefern, scheint am wahrscheinlichsten. Ihr zufolge soll sich Alexander zuerst die Gründung einer neuen Stadt vorgenommen haben, und das entspräche seiner dezidiert militärischen Denkweise: Das Nildelta mußte vor allem gegen Angriffe vom Meer her geschützt werden. Man darf nicht vergessen, daß zu dieser Zeit (Januar 331 v. Chr.) König Agis III. von

Sparta noch eine Gefahr darstellte und der persische Admiral Pharnabazos in der Ägäis Schlüsselpositionen hielt. Wenn Alexander den Plan der Eroberung des Achämenidenreiches also weiter verfolgen wollte, brauchte er unbedingt einen Stützpunkt, der seine rückwärtigen Linien sicherte. Darüber hinaus paßt es in die heroische Perspektive, die ihn beseelte, als Städtegründer zu erscheinen.

Die Pilgerreise zum Ammon-Orakel in der Oase Siwa stellte Alexander vor ganz andere Probleme. Diese Reise war gefährlich, denn man mußte eine unwirtliche Wüste durchqueren. Ob die Erklärung Arrians, der sie mit dem Wunsch Alexanders rechtfertigt, mit Perseus und Herakles gleichzuziehen, »weil er vom gleichen Stamm war wie die beiden« (3,3), zutrifft, sei einmal dahingestellt. Man kann sicherlich auch über Arrians Bericht über die »glücklichen Wunder« streiten, die es dem König erlaubt haben sollen, den Weg in die Oase zu finden: die Regenfälle, die den Sand trittsicherer machten, oder die Rabenschwärme, die ihm und seinen Gefährten als Führer durch die Wüste dienten. All das ist aber nicht ausschlaggebend. Die Bedeutung dieser Episode liegt vielmehr in der Antwort des Orakels und noch mehr in der Frage des Königs. Diodor zufolge soll er den Gott gefragt haben: »Verleihst du mir die Herrschaft über die ganze Welt?« Und der antwortete ihm durch den Mund des Priesters offenbar, daß »der Gott ihm das Erbetene fest zugesagt« habe. Wir finden diese Passage gleichlautend bei Arrian und Plutarch. Außerdem fragte Alexander den Gott, ob keiner der Mörder seines Vaters seiner Strafe entgangen sei. Darauf antwortete ihm der Priester, daß der, der ihn, Alexander, gezeugt habe, nicht ermordet worden sein könne, denn sein Vater sei Zeus selbst (Diodor XVII 51). Plutarchs Bericht über diese zweite Antwort fesselt auch heute noch:

Die Eroberung der Westprovinzen des Perserreichs

»Einige erzählen ferner, der Prophet habe in der Absicht, ihn auf griechisch besonders freundlich mit ›Söhnchen‹ (*paidion*) anzureden, aus barbarischer Unkenntnis am Ende des Wortes ein *s* für ein *n* gesetzt und *pai Dios* (Sohn des Zeus) gesagt«, dem Alexander aber sei dieser Schnitzer höchst willkommen gewesen, und man habe das Gerücht ausgesprengt, der Gott habe ihn als Sohn des Zeus angeredet (Plutarch, Alex. 27.).

Danach teilt uns Plutarch mit, daß Alexander seine göttliche Abstammung vor seinen griechischen und makedonischen Gefährten zwar nicht besonders betonte, aber die Antwort des Priesters war im damaligen Ägypten durchaus möglich, wo der Pharao traditionell als »Sohn des Re« gegrüßt wurde. Wichtiger und wahrscheinlicher aber ist die knappe Mitteilung unserer Quellen, wonach der Gott »ihm das Erbetene zugesagt hat«. Von da an, so erkennen wir, zählte die Frage mehr als die Antwort. Was nicht heißen will, daß die Frage nicht schon genauso hochfliegend war wie die Antwort, die Frage nämlich, ob er (Alexander) »die Herrschaft über die ganze Welt erhalte«. Im Jahr 331, als Dareios noch immer den größten Teil seines Reiches beherrschte, fielen die Ambitionen Alexanders vermutlich deutlich maßvoller aus.

Wie auch immer – kaum war er wieder in Ägypten, da übertrug er jenen seiner Gefährten, die er zurückließ, die Aufgabe, nach seinen Plänen die Stadt Alexandria zu bauen, für deren Gründung er wahrscheinlich schon die notwendigen Kulthandlungen vollzogen hatte. Ihn zog es nun wieder nach Asien zurück, um Dareios endgültig zu stellen.

Der Krieg in Asien bis zum Tode des Dareios

Alexander hatte nur ein knappes Jahr in Ägypten verbracht. Im Frühling 331 v. Chr. kehrte er mit dem festen Entschluß nach

Asien zurück, den Großkönig um jeden Preis zu schlagen. Nach einem kurzen Aufenthalt in Tyros, von wo aus er die eroberten Landstriche neu organisierte, marschierte er nach Norden und überquerte den Euphrat bei Thapsakos. Danach wandte er sich zum Oberlauf des Tigris. Dareios hatte inzwischen bei Babylon ein gewaltiges Heer zusammengezogen und sah sich durch den Schwenk Alexanders gezwungen, ebenfalls in nördliche Richtung zu marschieren. Sein Lager schlug er bei Arbela auf. Alexander setzte mit seiner Armee über den Fluß und ließ sich genau dem persischen Lager gegenüber nieder. In der Ebene von Gaugamela, nahe Arbela, kam es zur dritten großen Schlacht bei der Eroberung Asiens.

Die Berichte der antiken Geschichtsforscher betonen das unvergleichliche militärische Geschick Alexanders. Vor allem Diodor beschreibt in minutiöser Genauigkeit, wie der Makedone seine Truppen aufstellte: Am rechten Flügel der Schlachtordnung die Königsschwadron unter dem Kommando des Kleitos, mit dem Beinamen der Schwarze. Ihm schlossen sich die Abteilungen der Gefährten und die Reiterei an, kommandiert von Philotas. Hinter ihnen stand die makedonische Phalanx zusammen mit der griechischen Infanterie. Die große Gefahr für diese angesichts der Stärke des persischen Heeres relativ kleine Streitmacht drohte von den berüchtigten Sichelwagen. Als sie auf die makedonischen Linien losrasten, »[…] erregten die mit Gewalt fortgetriebenen Sichelwagen unter den Makedoniern Furcht und Schrecken […].« (Diodor XVII 58). Wenig später beschreibt Diodor, was diese Sicheln unter feindlichen Soldaten anrichten konnten:

»Die Heftigkeit und Gewalt dieser zum Verderben geschmiedeten Waffen war so groß, daß manchem die Arme samt den Schilden abgeschnitten wurden, vielen wurden die Hälse abge-

Die Eroberung der Westprovinzen des Perserreichs

rissen, so daß die Köpfe noch mit offenen Augen und mit den Mienen, welche die Gesichter eben noch gehabt hatten, auf die Erde fielen. Einigen riß ein tödlicher Schnitt die Seite auf und brachte ihnen einen schnellen Tod« (Diodor XVII 58).

Alexander erkannte die Gefahr und befahl seinen Soldaten, Gassen zu bilden, die Streitwagen eindringen zu lassen und ihre Lenker dann mit dem Speer niederzumachen. Nun entwickelte sich die eigentliche Schlacht zwischen den gegnerischen Reitereien. Dabei gelang es den Persern unter Mazaios zunächst, einen Teil des makedonischen Lagers zu erobern, aber Parmenion, an der Spitze der thessalischen Reiterei, den Mazaios zuerst in die Enge getrieben hatte, zwang den Feind zum Rückzug. Alexander selbst hatte die persische Reiterei angegriffen und den Großkönig wieder zur Flucht gezwungen – ein vollständiger Sieg.

Nun war der Weg zu den königlichen Residenzstädten frei. Zuerst ergab sich Babylon dank der Aussöhnung zwischen Alexander und dem Verlierer von Gaugamela, Mazaios, der umgehend zum Satrapen von Babylon ernannt wurde. Nach einer einmonatigen Ruhepause rückte Alexander auf Susa vor, das sich ebenfalls kampflos ergab. Die Verwaltung der Provinz Susiane übergab er dem persischen Satrapen Abulites. Diese Entscheidung leitete eine Politik ein, die seinen Pragmatismus erhellt: Alexander ließ die örtlichen Verwaltungsstrukturen unangetastet und vermied von vornherein einen Zentralismus; er setzte auf die Unterstützung durch die Perser. Im Gegensatz zu den Märschen von Babylon und Susa gestaltete sich das Vorrücken auf Persepolis schwierig, weil der Satrap der Persis, Ariobarzanes, Widerstand organisiert hatte. Dies war wohl einer der Gründe, weshalb Alexander, nachdem er die persische Armee vernichtet hatte und die Makedonen dabei schwere Verluste erlitten, seine Soldaten Persepolis plündern und brandschatzen ließ.

Der Reiter Alexander mit wehendem Mantel

Die Einnahme der Königsstädte sicherte dem Makedonenkönig große Mengen an ungeprägtem Edelmetall. Im Fall Susa sprechen die Quellen von 40 000 Gold- und Silbertalenten (Diodor XVII 66) und zusätzlich von 9000 Talenten in Goldmünzen (Dareiken). In Persepolis fiel Alexander ein Schatz von 120 000 Talenten in die Hände. Aber wie gesagt: die jüngsten Siege waren um den Preis schwerer Verluste errungen worden. Deshalb mußten neue Truppen rekrutiert werden, und auf die Kunde von den reichen Schätzen strömten damals Tausende von Männern aus Tarsos oder von den phönizischen Häfen in die Rekrutierungsorte nach Zentralasien.

Für Alexander bestand nun das Problem, wie er mit Dareios endgültig fertig würde. Der Großkönig befand sich damals in einer nahezu hoffnungslosen Situation, denn er konnte nur noch auf die Hilfe der östlichen Satrapen zählen, die sich jedoch schon immer einer fast völligen Unabhängigkeit von der Macht des Großkönigs erfreut hatten. Aber auch die Position Alexanders bot nicht viel mehr Sicherheit. Er mußte bei der Aussicht, mitten durch gefährliche und unbekannte Gegenden zu ziehen, sogar von seinen treu ergebenen Truppen Widerstand befürchten. Die Ereignisse ersparten ihm jedoch den letzten Kampf gegen den Großkönig, denn dieser wurde im Juli 330 v. Chr. von Bessos, dem Satrapen von Baktrien, ermordet, der sich anschließend zum König ausrufen ließ.

Der Tod des Dareios markiert einen wichtigen Punkt während des abenteuerlichen Zugs von Alexander, denn mit Blick auf den Usurpator Bessos proklamierte er sich nun zum Nachfolger des Großkönigs. Es dauerte nicht lange, bis die Legende diesen Anspruch rechtfertigte. Plutarch, der seinen Bericht gerne mit Anekdoten würzte, erzählt, daß der Großkönig noch lebte, als ihn Polystratos fand. Der Makedone soll ihm zu trinken gegeben und Dareios darauf geantwortet haben:

»Mensch, dies ist der Gipfel all meines Unglücks, eine Wohltat zu empfangen, ohne sie vergelten zu können. Aber Alexander wird dich belohnen, und er wird von den Göttern belohnt werden für die Menschlichkeit, die er gegen meine Mutter, meine Frau und meine Kinder bewiesen hat. Ihm reiche ich durch dich diese meine Rechte« (Plutarch, Alex. 43).

Der Großkönig war bereits tot, als Alexander ihn fand. Er ließ ihn mit allen königlichen Ehren bestatten.

Die Eroberung der östlichen Satrapien und das Ende des Asienzuges

Mit der Eroberung der Königsstädte der Achämeniden hatte Alexander die Ziele, die ihm Philipp II. bei der Gründung des Korinthischen Bundes vorgegeben hatte, schon mehr als erreicht.

Dennoch bewahrten ihm die Befriedigung über das Erreichte und seine reichlichen Geschenke an die Soldaten die Loyalität seiner Truppen. Doch als er den schwierigen Zug zu den Satrapien im Osten des Perserreich plante, wurde ihm klar, daß er besonders bei den griechischen Truppenteilen auf immer härteren Widerstand stoßen würde. Deshalb entließ er sie nicht ohne reichliche Geschenke in die Heimat. Dies fiel ihm um so leichter, als der Spartanerkönig Agis III. kurz zuvor von Antipater in der Schlacht bei Megalopolis geschlagen und getötet worden war. Griechenland schien unterworfen, und Alexander konnte seine griechischen Kontingente ruhig durch deutlich gefügigere Söldner ersetzen.

Bei seinen Makedonen bestand hingegen ein anderes Problem. Mit seiner Erklärung, er betrachte sich als Nachfolger der Achämenidenherrscher, d. h. von Monarchen mit despotischer Gewalt, hatte er mit der Tradition des makedonischen Königtums und einem seiner überzeugtesten Vertreter, Parmenion, gebrochen. Ihm, dem einstigen Gefährten Philipps II., hatte er seit Beginn des Asienzuges den Befehl über seine Eliteeinheiten übertragen. Als er zur Verfolgung des Dareios aufbrach, war Parmenion mit dem Gros des Heeres in Ektabana zurückgeblieben. Nach dem Tod des Großkönigs jagte Alexander dem Usurpator Bessos in Baktrien nach, wurde aber vom Widerstand örtlicher Bevölkerungsgruppen und von dem mit Bessos verbündeten Satrapen von Areia, Satibarzanes, aufgehalten und mußte sich schließlich wieder zurückziehen. Die Zögerlichkeit, mit der die sehnlich erwarteten Hilfslieferungen Parmenions eintrafen, nahm Alexander zum Vorwand, um sich des alten Generals zu entledigen. Die Gelegenheit dazu bot ihm die Philotas-Affäre.

»Philotas, der Sohn Parmenions, genoß großes Ansehen bei den Makedonen, denn er galt als tapfer, ausdauernd, freigebig und Freund seiner Freunde wie keiner sonst nächst Alexander«

Die Eroberung der östlichen Satrapien und das Ende des Asienzuges

(Plutarch, Alex. 48,8,1). Aber Plutarch geißelte gleichermaßen auch den hochfahrenden Stolz und die Maßlosigkeit des Parmenion-Sohnes. Außerdem verriet ihn seine Geliebte Antigone, die aus Pydna in Makedonien stammte und dem König die kritischen Äußerungen ihres Liebhabers gegenüber Alexander hinterbrachte. Ob sich Alexander persönlich das Komplott ausdachte, das Philotas das Leben kosten sollte, ist nicht sicher, jedenfalls wurde Philotas im Zusammenhang mit der Verschwörung eines gewissen Dimnos (bei Plutarch: Limnos) gegen Alexander angeklagt, entweder als Komplize, oder weil er sie nicht sofort anzeigte, nachdem er von ihr erfahren hatte. Die makedonische Heeresversammlung verurteilte ihn zum Tod, nachdem er unter der Folter seine Teilnahme an dieser Verschwörung gestanden hatte. Sein Vater Parmenion, der sich zu diesem Zeitpunkt in Medien aufhielt und somit gar kein Komplize der Verschwörung sein konnte, wurde dennoch verurteilt und von einem eigens dazu ausgesandten Trupp von Offizieren getötet.

Alexander erobert die nordöstlichen Satrapien
Nachdem die Ordnung in seinem Heer auf derart brutale Weise wiederhergestellt war, konnte Alexander die Eroberung von Arachosien in Angriff nehmen. Inzwischen waren Verstärkungen aus Medien eingetroffen, aber vor dem Abmarsch ließ er in Phrada ein befestigtes Lager anlegen, aus dem sich später die Stadt Alexandreia Drangiane entwickelte. Diesem Fort sollten im Verlauf seines Marsches in die östlichen Reichsprovinzen noch viele weitere Militärkolonien folgen. Alexander hatte auch die Kommandoebene seiner Armee umorganisiert, die nach dem Tod Parmenions in eine Schieflage geraten war: Den Oberbefehl über die makedonische Kavallerie teilten sich künftig die beiden Getreuen Hephaistion und der Schwarze Kleitos; zum Nachfolger Parmenions wurde Krateros ernannt. Ptolemaios und Perdikkas,

Freunde und Leibwächter Alexanders, erhielten die Ämter von Reiterobersten, Hipparchen.

In Arachosien gründete Alexander eine neue Militärkolonie, Alexandreia Arachoton (bei Kandahar). Die Aufstände örtlicher Satrapen erzwangen eine erneute Umorganisation der Truppen Alexanders, wodurch sich sein Marsch in Richtung Hindukusch verlangsamte. Der Winterfeldzug gestaltete sich äußerst mühsam; in seinem Verlauf wurden zwei neue Stützpunkte errichtet, Alexandreia Nikaia und Alexandreia am Kaukasos, beim heutigen Kabul. (Man hielt den Hindukusch für eine Fortsetzung des Kaukasus.) Im Frühling 329 überwand Alexander den Hindukusch, nachdem er in allen örtlichen Satrapien die Ordnung wiederhergestellt hatte.

Dann begann der mühsamste und schwierigste Teil des Eroberungszuges: Es galt bis zur Nord-Ost-Grenze des Reiches vorzudringen und die Gebiete dort und auf dem Weg dorthin zu erobern. Für Alexander war das wichtigste Ziel die Gefangennahme des Bessos, der sich unter dem Namen Artaxerxes IV. zum Großkönig aufgeschwungen hatte und mit der Unterstützung von Spitamenes, des Führers der Reiterei in Sogdiane und Baktrien, rechnen konnte. Alexander nahm die Offensive wieder an dem Punkt auf, wo er sie im Jahr zuvor abgebrochen hatte. Dieses Mal hatte er Erfolg: Die baktrischen Kavallerieregimenter ließen Bessos im Stich, der daraufhin nach Sogdiane flüchten mußte. Diese sehr viel hügeligere Landschaft ermöglichte Bessos dank der Unterstützung örtlicher Stammesführer einen länger hinhaltenden Widerstand. Alexander, inzwischen Herr über Baktrien, drang in Sogdiane ein, wo ihm Bessos schließlich ausgeliefert wurde. Man brachte den kurzzeitigen Nachfolger des Dareios III. nach Ekbatana, wo er verurteilt und hingerichtet wurde. Sein Ende erbrachte aber keinen endgültigen Erfolg, denn Spitamenes, ein anderer der Kriegsherren, organisierte nun

Die Eroberung der östlichen Satrapien und das Ende des Asienzuges

den Widerstand. Er versetzte die ganze Gegend in Aufruhr, und es gelang ihm, in Baktrien wieder Fuß zu fassen. Alexander sah sich zu schwierigen Operationen gezwungen, weil er eine heftig verteidigte Festung nach der anderen einnehmen und dabei häufig Belagerungsmaschinen einsetzen mußte. Der harte Winter in diesen Gebirgsgegenden und der Schnee erschwerten den Verkehr für Mensch und Tier zusätzlich.

Zum Glück für Alexander erreichten ihn in Form von griechischen und thrakischen Söldnern Verstärkungen aus Europa. Darüber hinaus verstand er es, einige Stammesfürsten in der Gegend wie Pharasmanes, Oberhaupt des im Oxosdelta lebenden Volkes der Chorasmier, an sich zu binden. Ein Teil der jüngst eingetroffenen Söldner wurde in einige befestigte Plätze eingewiesen, die nicht nur die unterworfenen Landstriche sichern, sondern je nach Bedarf auch verteidigen sollten. Aus ihnen entstanden Städte wie Alexandreia am Oxos (Amudarja) oder Alexandria Eschate, d. h. das am weitesten östlich gelegene Alexandria, in Tadschikistan (heute wieder – wie früher – Chodchent, vorher Leninabad).

Im Spätherbst 328 hatte Alexander seine Herrschaft über Baktrien und Sogdiane erfolgreich wiederhergestellt und übertrug die Regierung an Kleitos. Spitamenes hatte er in die nördlichen Steppengebiete abgedrängt und sah sich in der Lage, seinem Heer den ganzen Winter 328/327 hindurch eine Ruhepause zu gönnen. In diese Zeit fällt eine Episode, über die unsere Quellen besonders ausführlich berichten, die Tötung des Kleitos durch Alexander während eines Gelages in Marakanda (Samarkand in Usbekistan), der Hauptstadt von Sogdien, wo sich Alexander damals im Winterquartier aufhielt. Plutarch berichtet, Kleitos habe während dieses Gelages nach einer Opferfeier für die Dioskuren Alexander vorgeworfen, er bevorzuge die Perser und setze seine makedonischen Freunde zurück. Nächstens solle er sich nur noch mit Barbaren und Sklaven umgeben, die seinen persischen Gürtel und sein purpurdurchwirktes weißes Gewand fußfällig verehren würden (Plutarch, Alex. 51). Kleitos hatte sich auch nicht gescheut, Verse von Euripides zu zitieren (Andromache 693 ff.), in denen es heißt, daß die Generäle allen Ruhm der Siege, die ihre Soldaten errungen hatten, nur sich selbst zuschreiben. Der betrunkene Alexander, außer sich vor Zorn, ergriff eine Lanze und durchbohrte mit ihr den Leib des unglücklichen Freundes. Dieser Mord kennzeichnet die gewandelte Atmosphäre im Heer, was sich nach der Eroberung von Paraitakene im kommenden Frühjahr noch verstärken sollte. Dort kündigte Alexander auf der Rückkehr von Baktrien seine Hochzeit mit Roxane an, der Tochter des baktrischen Fürsten Oxyartes. Nur wenig später wurde die sogenannte Pagenverschwörung aufgedeckt, in die auch Kallisthenes verstrickt war, der Neffe des Aristoteles. Er hatte Alexander begleitet, um dessen Eroberungen aufzuzeichnen. Die Situation wurde noch verschärft durch die Kontroverse über die Proskynese, als die Makedonen sich weigerten, den König nach persischer Sitte mit dem Fußfall, der Proskynese, zu begrüßen.

Die Eroberung der Satrapien an der Ostgrenze des Perserreiches hatte Alexander die faktische Notwendigkeit gezeigt, sich zunehmend der Hilfe von Persern zu bedienen, die auch rasch in das makedonische Heer eingegliedert werden sollten. Die Autorität des Königs wurde dadurch sicher nicht geschmälert, und auf seine Getreuen konnte er noch bauen. Aber in dem Augenblick, als er sich anschickte, Indien zu erobern, offenbarte sich die grundlegende Veränderung in seinem Verhalten und hinsichtlich seiner Ziele.

Zu Beginn des Sommers 327 stieß Krateros wieder zu Alexander, dessen Heer nun 120 000 Mann zählte. Ein neues Abenteuer begann.

Die Eroberung der östlichen Satrapien und das Ende des Asienzuges

Der Zug nach Indien
Gewiß hat keines der abenteuerlichen Unternehmen Alexanders seit der Antike die Gemüter dermaßen erhitzt: Bei Indien handelte es sich schließlich nicht um entlegene Provinzen des Perserreichs, sondern um eine praktisch unbekannte Welt. Mochten Kyros II. der Große und Dareios I. ihre Eroberungen auch bis nach Indien vorangetrieben haben, so waren diese fernen Länder doch bald der Achämenidenherrschaft entglitten, und die Erinnerung an sie war teilweise verloren. In der griechischen Vorstellungswelt aber waren die mythischen Reisen von Herakles und Dionysos nach Indien noch lebendig, und wahrscheinlich durchströmte Alexander bei seinem Aufbruch das Gefühl, ihren Spuren zu folgen. In Wahrheit handelte es sich um ein kühnes Unternehmen, das sich als sehr viel schwieriger erweisen sollte, als man zunächst aufgrund von Gesandtschaften und Einladungen annahm, die von jenseits des Hindukusch kamen, insbesondere von König Taxiles (Ambi). Taxiles herrschte über das Gebiet mit der Hauptstadt Taxila, zwischen den Flüssen Indus und Hydaspes (Dschilam, im heutigen Pakistan); er erhoffte sich von einem Bündnis mit Alexander Hilfe, um dem mächtigen Herrscher des Pandschab, Poros, Widerstand leisten zu können.

Der eigentliche Indienzug begann im Frühjahr 326. Das Heer war in zwei Gruppen geteilt worden. Die erste Gruppe sollte unter dem Kommando von Hephaistion und Perdikkas so rasch wie möglich zum Industal vorstoßen, und die zweite Gruppe hatte sich mit ihren Elitetruppen entlang der Festungen im Himalaya zu bewegen. Sie stieß auf den erbitterten Widerstand von Kleinfürsten, die sich in ihren Festungen verschanzt hatten. Eine besondere Kraftprobe war die Belagerung der Burg Massaga im Gebiet der Assakener, die sich schließlich ergab und deren Verteidiger allesamt getötet wurden. Eine andere hochgelegene Festung, Aornos, ließ sich nur durch den Einsatz immer

Die Etappen der Herrschaft Alexanders des Großen

Elefanten in der Schlacht beim Hydaspes (Bronzemünze)

weiter perfektionierter Belagerungsmaschinen sowie der erfahrenen Gebirgstruppen erstürmen. Danach vereinigten sich beide Gruppen wieder, um den Indus zu überqueren und in das Königreich des Taxiles einzudringen. Sämtliche Kleinherrscher unterwarfen sich Alexander, der dadurch relativ leicht Herr über das gesamte Gebiet zwischen Indus und Hydaspes wurde, aber eine Schlacht mit dem mächtigsten aller Herrscher in der Region, König Poros, der sich hinter den Hydaspes zurückgezogen hatte, blieb ihm nicht erspart. Der Übergang über den Fluß, übrigens auf einer Schiffsbrücke wie über den Indus, erlaubte es Alexander, seine Armee direkt gegenüber der des indischen Fürsten aufzustellen. Poros glaubte, mit seinen Elefanten die makedonische Armee zu stoppen, aber Alexander bot sich die Möglichkeit, seine strategischen Qualitäten wieder einmal glänzend unter Beweis zu stellen. Er griff mit seinen Reitern an und vermied jegliche Berührung mit der Elefantenreihe im Zentrum der Schlachtordnung des Poros. Als er seine Phalanx vorrücken ließ, schlug er Poros' Streitkräfte schließlich nach erbittertem Kampf in die Flucht. Im Lauf der Schlacht verlor Alexander sein Pferd Bukephalos und benannte nach ihm eine der Städte, die er zur

Die Eroberung der östlichen Satrapien und das Ende des Asienzuges

Erinnerung an seinen Sieg gründete (Bukephala, das heutige Jalalpur).

Der besiegte Poros unterwarf sich Alexander, der daraufhin sofort in Richtung Indischen Ozean schwenkte und Poros mit der Regierung über das Gebiet am Ostufer des Hydaspes betraute. Da ihn Poros aber überzeugte, daß sich die Völker Indiens Alexander unterwerfen wollten, wandte er sich zuerst mit der Absicht nach Osten, um vielleicht den Ganges zu erreichen, das Ende der damals bekannten Welt. Dieser Zug stellte sich allerdings als schwieriger heraus, als man den König hatte glauben lassen. Erneut mußte er seine Rammböcke in Stellung bringen, um die Festung Sangala im Gebiet der Kathaier zu erobern (Arrian 5,23,3). Es verwundert auch nicht, daß die Armee, am Ufer des Hyphasis (Bias), einem östlichen Nebenfluß des Indus angekommen, aufbegehrte und nicht weiter marschieren wollte. Alexander versuchte, seine Soldaten in zwei aufeinanderfolgenden Versammlungen umzustimmen. Er begriff jedoch rasch, daß er seinen entkräfteten Männern nicht mehr zumuten konnte, die darüber hinaus noch unter einem besonders heftigen Monsunregen litten. Da sich auch die Vorzeichen als ungünstig erwiesen, beschränkte sich Alexander darauf, zwölf gewaltige Altäre am Westufer des Hyphasis zu errichten.

Der König konnte sich nun wieder seinem ursprünglichen Plan widmen, den Hydaspes und den Indus hinab bis zum Indischen Ozean zu kommen und das Delta und das offene Meer zu erkunden. Doch dafür benötigte er Schiffe. Deshalb wurde der Winter 326/325 damit verbracht, Schiffe zu bauen, die den Fluß hinunter fahren konnten. Ihre Zahl, einige Quellen sprechen von 800 Schiffen, andere wiederum von 2000 Booten, verlieh der Expedition einen triumphalen Aspekt. Staunend und tief beeindruckt standen die Einheimischen am Ufer. Diese Flotte unterstand dem Kreter Nearchos, während die Truppen von Krateros und Hephaistion an beiden Ufern des Flusses entlang marschierten. Aber auch hier erwies sich der Zug als schwieriger als vermutet, und Alexander kämpfte einige Male höchstpersönlich in vorderster Linie, insbesondere bei der Belagerung der Mallerfestung Sangela. Plutarch erzählt:

> »Er hatte nämlich die Verteidiger mit Pfeilen von den Mauern vertrieben und stieg auf einer angelegten Leiter als erster auf die Mauer. Aber die Leiter zerbrach, und er wurde von den Barbaren, die sich längs der Mauer zum Widerstand stellten, von unten beschossen. Da sammelte er seine wenigen Begleiter um sich und sprang mitten unter die Feinde hinab« (Plutarch, Alex. 63).

Alexander wurde durch einen Pfeilschuß in die Lunge schwer verwundet; Peukestas, einer seiner Freunde, rettete ihn vor dem Tod, indem er ihn mit dem heiligen Schild deckte, den Alexander aus Troia mitgenommen hatte, Abreas, ein anderer Freund, fiel im Kampf (Arrian 6,10).

Trotz des, wenn man unseren Quellen glauben darf, von den Brahmanen angestachelten Widerstands der indischen Bevölkerung glückte es Alexander, sich Mitte Juli 325 zum Herrn über das Königreich von Pattala zu machen, dessen Bewohner und Führer geflohen waren, und erreichte so die Mündung des Indus in den Indischen Ozean. Im Heer gärte es, und die Heimreise nach Westen schien dringend geboten. Wieder einmal teilte Alexander seine Kräfte: Die Flotte unter Nearchos nahm den Seeweg durch den Persischen Golf, ein anderer Heeresteil unter dem Kommando von Krateros sollte in Karmanien zu ihr stoßen, während Alexander mit dem Gros des Heeres entlang der Küste marschieren und Brunnen für die Flotte bohren sowie den Nachschub und Proviant organisieren wollte. Und wieder einmal präsentierten sich die Dinge schwieriger als vorgesehen. Die Lebensmittel, die die Küstenanwohner versprochen hatten, wurden nicht herbeigeschafft, und einige dieser Stämme behinderten das Vorrücken der Armee durch ihren Widerstand. Alexander schwenkte deshalb von der Küste ab ins Landesinnere. Aber die Durchquerung der wasserlosen Wüste von Gedrosien entwikkelte sich zu einer entsetzlichen Prüfung, die viele Opfer unter den Soldaten forderte. Das aber hinderte den König nach seiner Ankunft in Karmanien nicht, das Ende seines Indien-Abenteuers mit sportlichen Wettkämpfen, Bühnendarbietungen und »dionysischen« Banketten zu feiern.

Die Rückkehr nach Susa und Babylon
Die letzten Monate des Jahres 325 und der Beginn von 324 standen im Zeichen einer schweren Krise. Einige Satrapen – Perser wie Makedonen – erklärten sich auf die Nachricht hin, daß der König am Ende seines Indienzuges an seiner schweren Verwundung gestorben sei, für unabhängig. Alexander enthob sie unverzüglich ihres Postens und ersetzte die Perser unter ihnen durch zuverlässige Makedonen. Im übrigen befahl er die Entlassung ihrer Söldner. Damit wollte er offensichtlich jeden neuen Aufstand verhindern, aber die Maßnahme bot ihm auch die Möglichkeit, seine eigenen Truppen aufzufrischen, die beim Durchqueren der Wüste von Gedrosien schlimme Verluste erlitten hatten. Letzteres barg aber auch Gefahren, denn viele dieser Söldner warteten nur auf die Gelegenheit, wieder nach Europa, genauer: zum Kap Tainaron in Griechenland zurückzukehren, dem Sammelort der Berufssoldaten, und dort den Dienst zu quittieren.

Die Maßnahmen gegen die aufständischen Satrapen veranlaßten aber auch Harpalos, den Schatzmeister Alexanders, mit einem Trupp Söldner und 5000 Talenten nach Athen zu fliehen. Wir werden darauf noch zurückkommen.

Trotz dieses Verlusts ließ Alexander seine Siege noch einmal feiern. Danach marschierte er von Karmanien nach Susa, wo er zu Frühlingsbeginn 324 eintraf. Hier fand auch die berühmte (Massen-)Hochzeit von Susa statt, wobei persische Prinzessinnen mit Männern aus dem Gefolge Alexanders vermählt wurden. Alexander selbst, der durch seine Hochzeit mit Roxane das entsprechende Beispiel gegeben hatte, vermählte sich feierlich mit Parysatis, der Tochter von Artaxerxes III., und Stateira, der älteren Tochter von Dareios III., beide also direkte Abkömmlinge aus dem Achämenidengeschlecht. Hephaistion heiratete eine andere Tochter von Dareios III. und Krateros eine Nichte des Großkönigs.

Auch Perdikkas, Nearchos, Ptolemaios und Eumenes, der Leiter der königlichen Kanzlei, heirateten vornehme Perserinnen. Anläßlich dieser Ereignisse beschäftigen uns zwei Fragen: Wurde in Susa der Keim der Unzufriedenheit der Makedonen im Heer Alexanders gelegt? Vor allem aber, wo verschaffte sie sich Luft? In diesem Punkt widersprechen sich unsere Quellen. Diodor glaubt, daß Alexander gerade in Susa die Empörung der Makedonen unterdrückt habe, die sich aufgrund seiner Ankündigung, nicht mehr nach Makedonien zurückzukehren, breitgemacht hatte. Bei Arrian hingegen rebellierten die makedonischen Teile des Heeres in Opis, als sie von ihrer Demobilisierung erfuhren. Wir erkennen sehr schnell, worin die Meinungsunterschiede liegen, obwohl beide den Frust der Makedonen bezeugen, die mit ansehen mußten, daß ihnen die neu Rekrutierten, angefangen bei den in die Armee integrierten Persern, vorgezogen wurden. Sie wußten, daß ihre Hilfe bei den künftigen Feldzügen des Königs nicht mehr gebraucht würde. Arrian zufolge gelang es Alexander, die oppositionellen Geister durch die Einladung zu einem Verbrüderungsbankett zu beruhigen. Die Veteranen, die nach Makedonien zurückgeschickt wurden, erhielten großzügige

Die Eroberung der östlichen Satrapien und das Ende des Asienzuges

Geschenke und über ihren Sold hinaus jeder noch ein Talent Silber. Krateros sollte diese Männer nach Makedonien zurückführen und dort Antipater ersetzen, der wiederum den Auftrag erhielt, dem König im Hinblick auf künftige Eroberungszüge frische Truppen zuzuführen.

Alexander wandte sich dann nach Ekbatana, wo sich abermals Festlichkeiten anschlossen, während er immer neue Boten aus dem gesamten Mittelmeerraum empfing, die gekommen waren, um ihm zu huldigen. In diesem Herbst 324 erkrankte Hephaistion und starb. Als treuer und Alexander besonders nahestehender Freund hatte er Anspruch auf besondere Bestattungsfeierlichkeiten und wurde in den Rang eines Heros erhoben.

Im Winter 324/323 zog Alexander gegen die Kossäer im Zagrosgebirge und traf zu Beginn des Frühjahrs in Babylon ein, wo wiederum Botschafter aus allen Teilen des Mittelmeerraums zusammenströmten. Den Quellen zufolge sammelte er damals Informationen für künftige Eroberungszüge, insbesondere für eine Umschiffung der arabischen Halbinsel auf dem Seeweg vom Persischen Golf nach Ägypten. Nearchos wurde beauftragt, dafür eine geeignete Flotte zusammenzuziehen. Arabien selbst, so Alexanders Plan, sollte danach seinem Reich angegliedert werden.

Aber diese Pläne gediehen nicht einmal bis ins Anfangsstadium ihrer Ausführung. Im Juni 323 fühlte sich Alexander nach einem Festmahl unwohl, der Tod folgte sehr schnell. Man vermutete bald, daß es sich um keinen natürlichen Tod gehandelt habe, und der Verdacht richtete sich auf Antipater, der zwar noch in Makedonien weilte, dessen Ablehnung der Ostpolitik des Königs aber bekannt war und der Kontakte zur unmittelbaren Umgebung des Königs unterhielt.

Bis heute konnte die sachliche Richtigkeit dieser Verdächtigungen nicht geklärt werden, der plötzliche Tod Alexanders beendete jedenfalls ein Abenteuer, das es ihm ermöglicht hatte, ein riesiges und vom Königreich seiner makedonischen Vorfahren völlig verschiedenes Territorium in seinen Händen zu vereinen. Noch kurz vor seinem Tod hatte er den Griechen Nikanor von Stagira mit einer Botschaft nach Olympia geschickt, die von den Besuchern und Teilnehmern der alle vier Jahre stattfindenden Spiele verlangte, ihm göttliche Ehren zu erweisen. Innerhalb eines Jahrzehnts wollte der *hegemon* der Griechen und der Nachfolger der Achämeniden zum *theos aniketos*, zum unbesiegbaren Gott, erklärt werden! Wir müssen nun versuchen zu begreifen, wie in ein- und derselben Person diese unterschiedlichen Facetten der Macht zusammen wohnen konnten, die Alexander ausübte.

ZWEITER TEIL

*Die unterschiedlichen »Rollen«
Alexanders des Großen*

Der König der Makedonen

Als Alexander 336 seinem Vater Philipp II. nachfolgte, erbte er eine Monarchie, die sich nur schwer in die anspruchsvollen Schemata des griechischen Denkens seit der Mitte des 5. Jahrhunderts einfügte. Der berühmte »Perserdialog« Herodots im 3. Buch der »Historien« stellt die Monarchie, ob nun verspottet wie von dem Perserfürsten Otanes oder durch den künftigen Großkönig Dareios I. verteidigt, zunächst einmal als die absolute Macht eines Menschen dar, der niemandem Rechenschaft schuldet. Dort, wo der Verteidiger der Isonomie eine Gefahr erblickt, denn der Besitz der höchsten Macht führt zu Stolz und Anmaßung, sieht der Verteidiger der Monarchie im Gegenteil die Tüchtigkeit garantiert. Beide aber stimmen überein, daß diese Macht durch nichts teilbar sein darf. Eine solche Macht konnten sich die Griechen nur in zwei Formen vorstellen, einmal als Tyrannei, wie sie einige griechische Städte in früheren Zeiten erlebt hatten, oder wie sie in Syrakus noch im 4. Jahrhundert v. Chr. bestand oder – zum anderen – als Despotismus, verkörpert im persischen Königtum, der aber nur über Barbarenvölker ausgeübt werden konnte, die von Natur aus zur Knechtschaft bestimmt waren. In den Augen eines Demosthenes, der die Makedonen ohnehin nur als »Barbaren« ansah, unterschied sich Philipp II. kaum von den absolutistisch herrschenden Despoten. Aber gerade dieser Absolutismus erlaubte – im Gegensatz zu den Athenern, die erst nach langen Beratungen handelten – so rasche und wirkungsvolle Entscheidungen: Philipp allein bestimmte, was zu tun war. Was Demosthenes über diesen Punkt äußerte, war von der dringlichen Notwendigkeit diktiert, seine Mitbürger zu überzeugen, daß man sich der neuen Herausforderung stellen müsse. Er wußte sehr wohl, daß sich die Dinge so nicht einfach regeln ließen.

Das makedonische Königtum

Es ist interessant, über diesen Punkt bei Aristoteles nachzulesen. Der Philosoph war auf Einladung Philipps an den makedonischen Hof gekommen, weil dieser ihm die Erziehung seines Sohnes und künftigen Nachfolgers übertragen hatte. In seinem großen Werk über die politischen Systeme, in der »Politik« im 5. Buch, wo der Philosoph die Monarchien seiner Zeit einer konkreten Prüfung unterzieht, erwähnt er diejenigen, die auf »Leistung« beruhen, z. B. »die Könige der Lakedämonier, der Makedonen und der Molosser« (1310 b). Die Faszination, die von dem Regime in Sparta auf die Griechen ausstrahlte, ist ja bekannt. Derselbe Aristoteles, der im Gegensatz zu seinem Lehrer Platon streng über die spartanische Gesellschaft urteilte, erinnerte jedoch auch daran, daß die spartanischen Könige der Kontrolle der Polis unterstanden, ausgeübt, wie viele Beispiele aus den vorangegangenen Jahrzehnten zeigen, durch die Ephoren, jene Magistrate, die jährlich aus allen Spartiaten und nicht bloß den reichen und angesehenen ausgewählt wurden. Das Doppelkönigtum in Sparta ließ sich mit dem Kollegialitätsprinzip der Magistrate in anderen griechischen Städten vergleichen –

Der König der Makedonen

mit einer Ausnahme allerdings: Diese Könige stammten entweder aus der Dynastie der Agiaden oder der Eurypontiden und übten ihr Amt offensichtlich lebenslang aus. In gleicher Weise stammte der makedonische König aus einem Geschlecht, das aus Argos gekommen war, sich seit dem 7. Jahrhundert an der Spitze des Landes durchgesetzt hatte und die politische Macht in Form eines erblichen Volkskönigtums weitergab.

Und noch ein anderer Punkt wäre hervorzuheben: Zur Bezeichnung der Person, die über Makedonien herrschte, verwendeten die Griechen – in diesem Fall die Athener – zwei unterschiedliche Formulierungen. Entweder sprachen sie vom *Makedonias basileus*, vom König von Makedonien, wie Demosthenes, wenn er an die Politik der Vorgänger Philipps II. in der nördlichen Ägäis erinnerte (Zweite Philippika 70,20), oder vom *Makedonōn basileus*, dem König der Makedonen, was diese als politische Gemeinschaft auswies, wie Thukydides z. B. von Perdikkas II., dem Sohn Alexanders I., der zu Beginn des Peloponnesischen Krieges herrschte (Thukydides, Der Peloponnesische Krieg I 57,2). Denken wir an uns: Während wir gewöhnlich von Athen, Sparta oder Theben sprechen, wie wir Frankreich, England oder Italien sagen, um einen Staat zu bezeichnen, sprachen die alten Griechen von den Athenern, den Spartanern, den Thebanern etc., um damit das Charakteristische der klassischen griechischen Zivilisation darzulegen: Die Polis war in erster Linie die Gemeinschaft ihrer Bürger. Können wir in diesem Sinn jene Gemeinschaft der Makedonen, die uns die Formel *basileus Makedonōn* suggeriert, auch als politische Gemeinschaft bezeichnen? Hier liegt ein Problem, das die Historiker gespalten hat, zumal wir für den Zeitabschnitt, der auf den Tod Alexanders folgte, keine oder nur wenig Hinweise auf eine mögliche makedonische »Volksversammlung« besitzen. Dennoch gab es eine Versammlung, wenn schon keine Volksversammlung, dann doch eine »Heeresversammlung«, die den neuen König bei seiner Thronbesteigung bestätigte und in gewisser Weise rechtsprechende Gewalt besaß.

In dem Bericht Arrians (Anabasis IV 11,6) hält Kallisthenes eine Rede, die Alexander daran erinnern sollen, daß makedonische »Herrscher« – Kallisthenes verwendet dafür den Ausdruck »Archonten«, das heißt Inhaber der Macht (*archē*) – niemals mit Gewalt, sondern nur qua Gesetz geherrscht hätten (*oude bia alla nomō*). Das Bestehen eines makedonischen *nomos* und eines Gesetzes, das die Beziehungen zwischen König und Volk regelt, sind weitere Beweise für die Grenzen des königlichen Absolutismus' in Makedonien. Paul Goukowsky schreibt in seinem »Essai sur les origines du mythe d'Alexandre« (S. 11): Die Monarchie in Makedonien war »die Delegation der Souveränität an einen Führer, dem man wirksames Handeln zutraute, und wurde per Akklamation erneuert. Sie war aber widerrufbar und teilbar und konnte durch eine Versammlung, die Treuhänderin der Souveränität blieb, auf andere Mitglieder der Königsfamilie übertragen werden«. Natürlich wurde die Herrschaft Philipps II. vom Wunsch nach Zentralisierung geprägt – daran erinnerten wir schon. Aber die starke königliche Autorität, die jederzeit zurückgezogen werden konnte, war eher an die charismatische Persönlichkeit Philipps II. gekoppelt, als daß es eine institutionelle Anpassung an die Position des Königs gegeben hätte.

Wir erwähnten bereits die Situation, vor der Alexander nach der Ermordung Philipps II. stand. Nicht zum ersten Mal wurde um die Nachfolge auf dem Thron gestritten, und Alexander mußte Thronansprüche aus der Umgebung der jungen und schwangeren Königin Kleopatra befürchten. Sie stand kurz vor der Geburt eines Kindes, das im Vergleich zu Alexander den Vorteil besessen hätte, von einer makedonischen Prinzessin und nicht von einer Ausländerin wie Olympias geboren worden zu sein. Berichten über die Art und Weise, wie sich Alexander schließlich gegen seine Konkurrenten um den Thron durchgesetzt hat, sollten wir mißtrauen, denn sie wurden alle später verfaßt. Demgegenüber läßt die Tatsache, daß er sich nach Philipps Tod umgehend um die Sicherung der Grenzen des Königreichs kümmerte, viel eher vermuten, daß Alexander durch das makedonische Heer gestützt wurde. Diese Armee hatte Philipp II. verstärkt und neu organisiert. Sie hatte die Griechen 338 bei Chaironeia vernichtend geschlagen, und Alexander hatte zu diesem Sieg entscheidend beigetragen. Nichts spricht also gegen die Vermutung, daß er von den Soldaten der Heeresversammlung als *basileus Makedonōn* bestätigt wurde.

Die makedonischen Streitkräfte während des Asienzuges
Welche Rolle kam diesen Heeresversammlungen im Verlauf des Eroberungszuges zu? Wenn wir den von Diodor im Buch XVII 17 genannten Zahlen bezüglich der Stärke des Expeditionskorps folgen, so handelte es sich insgesamt um 30 000 Fußsoldaten und 4500 Reiter. Die Makedonen stellten etwas mehr als ein Drittel der Kämpfer, nämlich 12 000 Fußsoldaten und 1800 Reiter. Diodor erwähnt auch einen Kriegsrat, den Alexander vor dem Aufbruch des Heeres einsetzte. Er bestand aus Personen, die man als die »Kommandeure« oder als »Gefährten« Alexanders bezeichnete, wobei der Begriff der »Gefährten« (*hetairoi*, nicht *philoi*) in einem nicht affektiven Sinn zu verstehen ist. Er bezeichnete lediglich die Angehörigen des königlichen Gefolges. Allerdings bleibt die Frage offen, ob sie einen ständigen Kriegsrat bildeten, zu dem Alexander je nach Gelegenheit die anderen Kommandeure hinzuzog. Wie immer auch die Antwort ausfallen mag: Die Einberufung des Kriegsrats bedeutet zunächst einmal, daß Alexander seine Pläne vor seinen Soldaten tatsächlich so rechtfertigen mußte wie der Stratege einer griechischen Stadt. Andererseits erinnert dies an die Beratungen der Achaier, von denen

Die unterschiedlichen »Rollen« Alexanders des Großen

in der »Ilias« die Rede ist. So gesehen, liegen die Folgerungen auf der Hand: Entweder stand das makedonische Königtum dem Königtum bei Homer noch relativ nahe, oder man könnte den Kriegsrat Alexanders insofern als »propagandistisch« bezeichnen, als der Zug nach Asien einem neuen troianischen Krieg gleichen und den makedonischen König als fernen Abkömmling von Achilleus und als Heros kennzeichnen sollte.

Der erste Teil der Expedition war mit der Eroberung der westlichen Satrapien des persischen Weltreichs beendet. Den Ruhm der großen Siege am Granikos, bei Issos und bei Gaugamela teilten sich die Makedonen und ihr König, denn dieser setzte gerade Makedonen an die Spitze der eroberten Satrapien, und an sie ging ein großer Teil der riesigen Beute, die bei der Eroberung anfiel. Außerdem kamen die Verstärkungen, die in Susa und Babylon in das Heer eingegliedert wurden, aus Makedonien. Dieser Zuzug frischer Truppen hatte, wie bereits erwähnt, eine Umgruppierung auf der Kommandoebene sowohl bei der Infanterie wie auch bei der Kavallerie zur Folge. Unter den Neuankömmlingen befanden sich auch jene fünfzig Söhne der mit Alexander befreundeten Könige, die in seiner Leibgarde dienen sollten. Diesen »Pagen« werden wir uns an anderer Stelle zuwenden. Auch die Plünderung der persischen Hauptstadt Persepolis nach ihrer Einnahme ist als »Belohnung« des Königs für die Dienste seiner Makedonen zu verstehen.

Danach veränderten sich aber die Beziehungen zwischen dem König und seinem Heer: Die griechischen Verbündeten waren verschwunden, seit sie Alexander in Ekbatana noch vor der Ermordung des Dareios entlassen hatte. Der gewaltsame Tod des Großkönigs nur kurze Zeit später verwandelte Alexander in den Nachfolger der Achämenidenherrscher, und unter diesem Titel ließ er sich in den Kampf mit dem Usurpator Bessos ein. Ebenfalls als »Großkönig« bestätigte er die Satrapen, die sich ihm unterwarfen, in ihren Ämtern. Gleichzeitig mußte er die Makedonen in seinem Heer überzeugen, daß dieser neue Feldzug, den er einleitete, auch ihr Feldzug sei. In diesem Zusammenhang spricht Diodor (XVII 74) von einer Versammlung der makedonischen Heeresteile und verwendet dafür die Bezeichnung *ekklesia*, was in griechischen Städten eine Versammlung aller Bürger bedeutet. Bei dieser Versammlung soll Alexander eine Rede gehalten haben, mit der er laut Plutarch die Kerntruppen auf die Probe stellen wollte, indem er sagte:

> »jetzt sähen die Barbaren sie gleichsam nur wie ein Traumbild; wenn sie aber abzögen, nachdem sie an Asien nur ein wenig gerüttelt hätten, so würden sie sofort über sie herfallen wie über Weiber« (Plutarch, Alex. 47).

Er fügt hinzu, daß Alexander die Makedonen ziehen ließ, die dies wünschten: Zum ersten Mal hatten makedonische Truppenteile gegen den König aufbegehrt, und zum ersten Mal schien die Eintracht getrübt, die bisher zwischen dem König und seinen Soldaten bestanden hatte.

Der Bruch zwischen König und Makedonen

Steigerte sich diese Unzufriedenheit noch, als der König und einige der ihm Nahestehenden das annahmen, was Diodor (XVII 77) als »persischen Luxus und die Pracht der asiatischen Könige« bezeichnete? Das zumindest bestätigen unsere Quellen, obwohl Plutarch Wert auf die Feststellung legt, daß Alexander aus Furcht vor einer Entfremdung von seinen Makedonen seinen Lebensstil weder sofort noch gar vollständig veränderte. Er hielt so weit wie möglich an seiner früheren Lebensform fest, weil er fürchtete, die Makedonen zu beleidigen.

Die unterschiedlichen »Rollen« Alexanders des Großen

In diesen Kontext muß der erste schwere Bruch, die Philotas-Affäre, gestellt werden. Philotas war einer der Söhne Parmenions, des alten Kampfgefährten Philipps II., und Alexander hatte Parmenion das Kommando über einen Teil seines Heeres übertragen. Es wurde nie richtig geklärt, ob Philotas tatsächlich eine Verschwörung gegen den König organisierte oder ob er nur, als er von einer Verschwörung erfahren hatte, Alexander nicht sofort davon unterrichtete (und wenn, dann warum er dies nicht tat). Unsere Quellen gehen in diesem Punkt auseinander, bezeichnen allerdings einen gewissen Dimnos (bzw. Limnos) übereinstimmend als Hauptangeklagten. Für uns ist nur wichtig, wie die Angelegenheit geregelt wurde. Plutarch zufolge wurde Philotas der Folter unterzogen und danach sofort hingerichtet. Diodor erzählt hingegen, daß das Todesurteil »von den Makedonen kam« und sich der König einer eigenen Entscheidung enthalten hätte. Curtius Rufus erwähnt bei dieser Gelegenheit das makedonische Recht, das die Entscheidung über Leben und Tod in die Befugnis der makedonischen Volksversammlung, hier speziell der Heeresversammlung legte (6,32). Diodor verweist außerdem auf Reden, die Philotas vor dem Todesurteil bewahren sollten. Diese Version des Philotas-Prozesses erhellt die Macht der Heeresversammlung, Höchststrafen zu verhängen, zumindest zu bestätigen. Zwischen ihr und dem Verhalten eines absoluten Monarchen lagen folglich Welten, freilich bietet der Philotas-Prozeß mit seiner brutalen Folterung eher das Zerrbild einer geregelten Verhandlung.

Vor den Makedonen mußte Alexander das Gesetz respektieren, das Urteil scheint jedoch schon festgestanden zu haben. Über das Schicksal Parmenions, des Vaters von Philotas, entschied jedoch keine Versammlung von Soldaten, sondern ein Kommando vom König geschickter Mörder, die ihn als Komplizen seines Sohnes enden ließen. Um diese rasche Exekution zu

Der König der Makedonen

rechtfertigen oder zu erklären, wurde auf das makedonische Recht verwiesen, das die Tötung der Eltern vorsah, wenn die Schuld des Sohnes öffentlich festgestellt war. So sei der Tod Parmenions also kein Willkürakt gewesen. Curtius Rufus berichtet (6,42), Verwandte und Freunde des Philotas seien in größter Furcht gewesen wegen dieses Gesetzes, das die Tötung von Verwandten eines Hochverräters bestimmte. Einige seien geflohen, andere hätten sich selbst den Tod gegeben. Daraufhin habe Alexander verkündet, daß er für die Unschuldigen das Gesetz außer Kraft setze. Diodor und Curtius Rufus berichten auch, daß Alexander alle Unzufriedenen in einer Einheit zusammengezogen hätte, um zu verhindern, daß diese das Gros der Makedonen im Heer mit ihrer Aufsässigkeit ansteckten. In diesem Punkt spielt Diodor auf Briefe an, die den Mord an Parmenion den Daheimgebliebenen anzeigten – man erahnt das komplexe Beziehungsgefüge zwischen dem König und den Makedonen in seinem Heer und auch denen in der Heimat.

Die Philotas-Affäre steht am Anfang einer Reihe von Konflikten, die den tiefen Bruch zwischen dem König und den Makedonen zum Ausdruck bringen. Zwei Jahre nach der Hinrichtung Parmenions und seines Sohnes wurde Kleitos ermordet, auch er war ein Angehöriger des makedonischen Adels. Vor allem aber war er ein enger Freund des Königs, dem er in der Schlacht am Granikos das Leben gerettet hatte und der ihm die Satrapie Baktrien-Sogdiane anvertraut hatte. In ihrer Hauptstadt Marakanda (Samarkand), soll der betrunkene Alexander im Verlauf eines Gelages Kleitos mit dem Speer durchbohrt haben. Aber dabei handelt es sich ganz offenbar um eine andere Sache als beim Prozeß gegen Philotas. Dennoch darf bezweifelt werden, ob es sich dabei nur um einen Streit unter Angetrunkenen handelte. Im Hin-und-Her heftiger Vorwürfe zwischen Kleitos und Alexander zitierte der makedonische Reitergeneral Verse des

Die unterschiedlichen »Rollen« Alexanders des Großen

Euripides, in denen von Heerführern die Rede ist, die den gesamten Ruhm für sich beanspruchen, während der Verdienst am Siege doch eigentlich den Soldaten zustehe. Diese Geschichte ist ein überzeugendes Beispiel für das Klima der Entfremdung und des Mißtrauens zwischen Alexander und seinen Makedonen. Vor allem nahmen es die Makedonen dem König übel, daß er sich nach der Übernahme von Sitten der Barbaren nun auch gegen sie, die Makedonen, die sich als freie Männer betrachteten, wie ein persischer Großkönig, das hieß für sie: wie ein Despot, aufführte.

Dieselben makedonischen Soldaten verweigerten auch das Zeremoniell der *Proskynese*, die Alexander von ihnen nun ebenso verlangte wie von seinen orientalischen Untertanen, nämlich sich vor ihm auf den Boden zu werfen und dabei die rechte Hand auf Mundhöhe zu legen zu einem symbolischen Kuß, und – last not least – waren auch sie es, die sich am Ufer des Hyphasis weigerten, weiter zu marschieren und dadurch Alexander zur Umkehr zwangen.

Die schwerste Krise ereignete sich 324 v. Chr. in Susa, nachdem der König die Verwaltung des Riesenreiches neu geordnet hatte, dessen Herrscher er geworden war. Wir erwähnten bereits jene berühmte Massenhochzeit in Susa, als sich die Gefährten des Königs und auch er selbst mit persischen Prinzessinnen vermählten. Aber offensichtlich waren es nicht diese Feierlichkeiten, die den Aufstand von Teilen der Kriegsveteranen provoziert haben. Der brach wohl erst mit dem Eintreffen der jungen Perser im Heer aus, die Alexander zu Phalangisten hatte ausbilden lassen. »Sie alle waren,« berichtet Diodor, »mit makedonischen Waffen prächtig ausgerüstet.« (Diodor XVII 108). Diese Jünglinge und »Epigonen« sollten an die Stelle der Veteranen treten, die Alexander entlassen wollte. Zehntausenden unter ihnen bot er ein Talent Silber als Prämie und zusätzlich die Übernahme

Der König der Makedonen

ihrer Schulden, die sich im Verlauf des bisherigen Feldzugs angehäuft hatten. Wenn wir unseren Quellen glauben dürfen, verweigerte ein Teil der makedonischen Veteranen trotz der Großzügigkeit des Königs den Gehorsam. Diodor führt sogar noch aus, daß »sie sich bei ihren Versammlungen in Schmähreden ergingen«. Und wieder taucht der Begriff *ekklesia* auf, der, von einem Griechen verwendet, eine eminent politische Bedeutung besitzt. Diodor und die Quelle, auf die er sich stützt, verlegen diese Meuterei nach Susa, während andere Quellen von einem ähnlichen Aufruhr in Opis erzählen. Es ist denkbar, daß es noch weitere Aufstände bei der Eingliederung junger Perser in das Heer gegeben hat. Die Reaktion bewerten unsere Quellen uneinheitlich. Arrian behauptet, dem König sei die Beruhigung der Aufständischen gelungen. Nach Diodor reagierte er hingegen heftig und ließ die Haupträdelsführer hinrichten. Die anderen ergaben sich und machten sich auf den Weg nach Europa.

Wie die verschiedenen Konflikte zeigen, bestand zwischen einem Teil der Makedonen in seinem Heer und Alexander kurz vor seinem Tod tatsächlich eine tiefe Kluft. Es zeigt sich aber auch, wie schwer es ist, das politische Gewicht einzuschätzen, das sich die Heeresversammlung bewahrt hatte und das dem Verhalten Alexanders real und theoretisch die Schranken seiner Autorität wies. Erschwert wird diese Einschätzung durch unsere Quellen, die ihrem griechischen Ursprung nach vom traditionellen Gegensatz zwischen griechischer Freiheit und dem Despotismus der Barbaren geprägt sind.

Dies läßt uns auf eine andere »Figur« Alexanders zurückkommen, die des *hegemon* der Griechen im Korinthischen Bund.

Der *hegemon* der Griechen

Als Alexander zu Frühjahrsbeginn 334 nach Kleinasien übersetzte, hatte er den Auftrag, den Krieg als Führer (*hegemon*) der im Korinthischen Bund vereinigten Griechenstädte zu führen. Das erste Ziel bestand in der »Befreiung« der in Kleinasien lebenden Griechen von der persischen Vormacht. Damit wurde ein schon altes Thema neu formuliert, denn für das gleiche Ziel hatte Athen kurz nach den Perserkriegen den Ersten Attischen Seebund gegründet. Nach dem Zusammenbruch dieses Bundes am Ende des Peloponnesischen Krieges hatte das siegreiche Sparta die Fackel übernommen – zuerst mit der Politik des Flottenadmirals Lysander, die dann König Agesilaos übernahm und weiterführte. Die Umstände hatten sich allerdings verändert, vor allem, weil der Sieg Spartas im Peloponnesischen Krieg mit dem Gold des Großkönigs Artaxerxes II. errungen worden war, der 386 die Autonomie der griechischen Städte in Kleinasien anerkannt hatte. Einige Jahre später gründete Athen mit ihnen den Zweiten Attischen Seebund. Sogar Theben hatte unter Führung seines Feldherrn Epaminondas versucht, in Kleinasien einzugreifen. Und schließlich hatte die vom Satrapen von Karien, Maussolos, unterstützte Erhebung der athenischen Verbündeten in Kleinasien nur dazu geführt, daß diese Städte wieder stärker unter persischen Einfluß gerieten. Bei der Thronbesteigung des Dareios III. im Jahr 336 zahlten die meisten dieser Städte Tribute an den Großkönig und unterstützten seine Flotte mit Schiffen und Mannschaften. Die Regierungen dieser Städte waren meist oligarchisch organisiert, und an ihrer Spitze standen Männer, die für eine Allianz mit den Persern gewonnen worden waren.

Die Befreiung der griechischen Städte in Kleinasien
Das Unternehmen versprach schwirig zu werden. Parmenion,

Der *hegemon* der Griechen

der die Vorausabteilung des Heeres befehligte, hatte gegen Memnon von Rhodos herbe Schläge einstecken müssen, der im Auftrag des Großkönigs die westlichen Küsten des Reiches verteidigte. Tatsächlich erreichte Alexander erst nach dem Sieg am Granikos die Unterwerfung der ionischen Städte. Bei Milet mußte er sogar seine technisch verbesserten Belagerungsmaschinen einsetzen, um den Widerstand der persischen Garnison zu brechen. Diodor berichtet: »Sogleich kamen die Milesier mit Zeichen von Schutzflehenden, fielen dem König zu Füßen und ergaben sich und die Stadt« (Diodor XVII 22,2). Auch Halikarnaß, das seit der Herrschaft des Maussolos eine mächtige Stadt geworden war und über einen stark befestigten Hafen verfügte, ergab sich erst nach einer Belagerung, die einen Teil der Stadt zerstörte. Ansonsten war der Widerstand aber geringer.

Überall präsentierte sich Alexander als Verteidiger der Freiheit und verordnete mehr oder weniger demokratische Stadtverfassungen. Die Stadtväter, die im Ruch der Perserfreundlichkeit standen, wurden verjagt, wie in Ephesos, wo die Anhänger Makedoniens wieder eine demokratische Ordnung einsetzten. Aber man darf nicht glauben, daß Alexander die griechischen Städte in Kleinasien, die für ihn wichtige strategische Punkte bedeuteten, in totaler Autonomie belassen hätte. Viel wahrscheinlicher ist, daß in jede eine makedonische Garnison einzog, um über die öffentliche Sicherheit zu wachen und jegliche Agitation der perserfreundlichen Kräfte zu unterbinden.

Darüber hinaus stellte sich das Problem der Tributzahlungen. In Ephesos ließ sie Alexander an den großen Artemis-Tempel entrichten, andere Orte befreite er von Tributlasten, um sich die Bevölkerung gewogen zu machen. Über diese Großzügigkeit Alexanders besitzen wir aber keine präzisen Informationen, und die späteren, aus der Seleukidenzeit stammenden Hinweise darüber sollte man mit Vorsicht betrachten. Über Priëne, eine kleine

Die unterschiedlichen »Rollen« Alexanders des Großen

ionische Stadt an der Westküste Kleinasiens, sind wir hinsichtlich der Tributpolitik Alexanders dank einer fragmentarischen Inschrift besser informiert, weil sie insbesondere das zur Stadt gehörige Umland und den Teil beschreibt, der künftig dem König direkt unterstellt war: Die Stadt und ihre Bürger brauchten keine Tributzahlungen zu entrichten, während die vom König eroberte Region dazu verpflichtet wurde. Die Stadt Aspendos an der Küste von Pamphylien stellt Alexanders Verhalten in der Tributfrage wieder in einem anderen Licht dar. Die Einwohner hatten sich ihm unter der Bedingung ergeben, keine makedonische Garnison in der Stadt dulden zu müssen. Alexander akzeptierte, verlangte im Gegenzug aber eine Zahlung von fünfzig Talenten für die Verpflegung seiner Soldaten und ihrer Pferde (Arrian, Der Alexanderzug I 26). Aber dann verschärfte er seine Forderung: Aspendos mußte einen jährlichen Tribut von hundert Talenten zahlen und Geiseln stellen, um den Gehorsam der Bürger zu garantieren. Im übrigen wurde die Stadt der Kontrolle des makedonischen Gouverneurs ihrer Satrapie unterstellt. Ein ähnliches Schicksal erlitt auch die Stadt Soloi in Kilikien, die nach der Schlacht bei Issos und der Beschlagnahme eines Teils der Kriegskasse des Dareios durch Alexander der Tributpflicht wieder unterworfen wurde und Geiseln stellen mußte.

Die Regelungen für die vom persischen Joch »befreiten« Griechenstädte zeigen also deutliche Unterschiede. Je nach den Umständen mußten sie makedonische Garnisonen hinnehmen, Tribute zahlen oder sich mit der Kontrolle ihrer Kommunalorgane durch die neuen Machthaber einverstanden erklären. Aber es ist so gut wie sicher, daß Alexander mit diesen Städten keine Bündnisse schloß und sie deshalb nicht in den Korinthischen Bund aufgenommen wurden.

In seiner Alexander-Vita notiert Plutarch nach der Beschreibung der Schlacht bei Gaugamela:

Der *hegemon* der Griechen

»Nachdem die Schlacht dieses Ende genommen hatte, galt das Reich der Perser als vollständig vernichtet. Alexander ließ sich zum König von Asien ausrufen, veranstaltete prachtvolle Opferfeste für die Götter und schenkte seinen Freunden Reichtümer, Paläste und Statthalterschaften. In ehrgeizigem Eifer den Griechen gegenüber schrieb er an sie, alle Tyrannenherrschaften seien aufgehoben, und sie sollten sich selbst regieren« (Plutarch, Alex. 34).

Der gleiche Plutarch behauptet aber in seiner Lebensbeschreibung des Phokion (Phok. 18), daß Alexander dem mit ihm befreundeten Strategen von Athen vier griechische Städte (d.h. deren Einkünfte) in Kleinasien angeboten haben soll (was dieser freilich nicht annahm), woraus sich die Grenzen dieser »Befreiung« der kleinasiatischen Griechen ablesen lassen.

Mit der Schlacht bei Issos war die Eroberung Kleinasiens endgültig abgeschlossen und das Ziel des Bündnisses zwischen Philipp II. und den Griechen, das Alexander erneuert hatte, war erreicht. Dennoch entließ Alexander die griechischen Kontingente in seinem Heer erst zwei Jahre später in Ekbatana, nachdem er die syrisch-phönizische Mittelmeerküste erobert und sich zum Herrscher über Ägypten und Mesopotamien aufgeschwungen hatte. Wenn Alexander die Entlassung seiner griechischen Truppenteile so lange hinauszögerte, dann weil König Agis III. von Sparta 333 v. Chr. mit Geld, Schiffen und Söldnern der Perser eine Erhebung in Griechenland und auf den griechischen Inseln angezettelt hatte. Die Sorge Alexanders darüber wich erst, als Agis in der Schlacht bei Megalopolis gefallen war und Antipater die Situation in Griechenland wieder im Griff hatte. Erst dann trennte er sich von den Griechen und der thessalischen Reiterei in seinem Heer, die in den drei großen Schlachten zuvor eine so entscheidende Rolle gespielt hatte. Einige dieser Reiter blieben zwar weiterhin in seinen Diensten, aber nicht mehr als Vertreter ihrer Städte, sondern als Söldner Alexanders.

Neue Städtegründungen
Eben mit diesen griechischen Söldnern besiedelte der Eroberer die bis weit nach Zentralasien hinein neu gegründeten Städte, deren erste – das ägyptische Alexandria – allerdings eine Ausnahme darstellt. Wir kennen das Ziel Alexanders nicht, das er mit der Gründung dieser Stadt verfolgte, nachdem er das Land nach dem Fall des Riegels von Gaza so rasch erobert hatte und in seinen ehrgeizigen Zielen vom Ammon-Orakel so nachhaltig bestärkt worden war. Wieder einmal fehlen schlichtweg aussagekräftige Quellen, in diesem Fall über das Werden der Stadt. Denn Alexandria stieg unter den Ptolemäern zur größten Stadt der hellenistischen Welt auf und entwickelte sich zum wichtigsten wirtschaftlichen und kulturellen Zentrum des östlichen Mittelmeerraums. Diesen Aufstieg verdankte Alexandria den beiden ersten Ptolemäerherrschern, Ptolemaios I. Soter und seinem Sohn Ptolemaios II. Philadelphos. Hatte sich Alexander eine solche Entwicklung auch vorgestellt, oder leitete ihn nur der Wunsch, vor seinen Zeitgenossen als einer jener mehr oder weniger mythischen Gründungshelden aufzutreten, die es damals in einer mehr oder weniger fernen Vergangenheit gegeben hatte? Oder beabsichtigte er den Bau eines sicheren Hafens für seine Flotte, als er sich anschickte, in das Zentrum Asiens aufzubrechen?

Über den Zeitpunkt dieser Gründung vertreten unsere Quellen unterschiedliche Meinungen: Plutarch (Alex. 26) und Arrian (Alexanderzug III 2) setzen sie vor dem Zug in die Oase Siwa an. Diodor (XVII 52) und Curtius Rufus (IV 33) erzählen davon erst nach ihrem Bericht über den Orakelspruch des Ammon-Priesters. Diodor zufolge hat Alexander persönlich den Stadtplan gezeichnet, den Bau eines Palastes befohlen und die Grundsteine der

Stadtmauern gelegt. Nach Plutarch hat er einen dem Gelände angepaßten Grundriß der künftigen Stadt zeichnen lassen, und da man keine weiße Kreide zur Hand hatte, sei Mehl verwendet worden (Plutarch, Alex. 26). Für den Bau der Stadt standen Alexander Ingenieure und Architekten zur Verfügung, die ihre Qualität bei den Belagerungen von Milet, Halikarnaß und Tyros bewiesen hatten; man darf auch vermuten, daß er ihnen genaue Instruktionen hinterlassen hat. Wir sollten aber nicht vergessen, daß er nur relativ kurz in Ägypten weilte. Der Sieg über Dareios beschäftigte ihn mehr, und auch die Dringlichkeit der zu erwartenden Kämpfe läßt eine gründliche Beschäftigung mit dem künftigen Aussehen der Stadt als wenig wahrscheinlich erscheinen.

Auch eine andere Frage stellt sich: Für wen war diese Stadt bestimmt? Schließlich handelte es sich um eine griechische *polis,* und wir wissen, daß sie auch zur Ptolemäerzeit »neben« Ägypten lag. Wohnten dort anfangs griechische Söldner oder Kolonen, denen man eine Parzelle zugeteilt hatte? Alle Quellen betonen den politischen und nicht-militärischen Charakter der Gründung von Alexandria – im Gegensatz zu den anderen Städtegründungen, die den Asienzug markierten. Von Anfang an hatte der leitende Architekt Deinokrates von Rhodos Räume für eine Agora und Altäre für die Götter des hellenischen Pantheons reserviert. Offen ist, ob Alexander auch diese Einrichtungen der künftigen Stadt selbst festgelegt hat. Es ist bekannt, daß die Stadtbevölkerung Alexandrias im 3. Jahrhundert v. Chr. neben einem großen Anteil von Griechen auch Juden und Ägypter umfaßte, die in den ihnen zugewiesenen Vierteln lebten, aber kein Bürgerrecht besaßen. Erst sehr viel später, als Ägypten römische Provinz geworden war, konnte der jüdische Philosoph Philon von sich behaupten, er sei Bürger von Alexandria.

Alexandria nimmt unter den vielen Städtegründungen mit dem Namen des Eroberers also eine Sonderstellung ein. Diese entstanden im Verlauf des Zuges in Richtung der östlichen Satrapien des persischen Reiches. So verdanken die Städte Alexandria in Areia (Herat) und Alexandria in Arachosien (Kandahar) ihr Entstehen der Niederwerfung des Aufstands des Satrapen von Areia, Satibarzanes. Über die Gründung von Alexandreia am Kaukasos (Alexandreia Kaukasia) berichten unsere Quellen schon ausführlicher: Alexander soll dort 3000 makedonische Veteranen oder Freiwillige aus dem Heer der griechischen Söldner zurückgelassen und zusammen mit 7000 Einheimischen angesiedelt haben. Dieses Modell wurde später wiederholt – eine Garnison zusammen mit der einheimischen Bevölkerung, um ein Aufblühen dieser Städte zu ermöglichen. Tatsächlich liegen die meisten der in unseren Quellen erwähnten Städte an strategisch wichtigen Punkten, und die Siedlungspolitik Alexanders in Persien läßt darauf schließen, daß er großen Wert auf die Hellenisierung der bezwungenen Völker legte. Im Fall von Alexandreia Eschate, Alexandreia am Oxos (Amu-Darja) und bei vielen anderen Städten verlief die Entwicklung in seinem Sinn. Manchmal entstanden diese Städte auf den Fundamenten einer früheren Einheimischensiedlung, zuweilen aber auch an menschenleeren Orten, oft aber auch an Handelswegen. Ihre Zahl abzuschätzen ist schwierig. Wir finden sie in Baktrien ebenso wie in Sogdiane und Indien, wo Alexander an beiden Ufern des Hydaspes die Städte Nikaia und Bukephala gründete, bis hin zum Delta des Indus; dabei sind die vielen Städtegründungen auf dem Rückweg nicht einmal berücksichtigt.

Wie viele Griechen und Makedonen sich auf diese Weise in Zentralasien niederließen, ist unmöglich zu beantworten. Einige dieser Gründungen besaßen keine Zukunft, andere hingegen blühten auf und bildeten noch in späterer Zeit Stationen auf den Handelswegen. Der griechische Charakter dieser Alexander-Städte blieb weithin erhalten, wie beispielsweise die Grabungen französischer Archäologen in Ai Khanum (bei Kundus im heutigen Afghanistan) belegten.

Können wir nun, nachdem Alexander Nachfolger der Achämenidenherrscher geworden war, sagen, daß er sich nicht mehr als *hegemon* der Griechen, sondern weit darüber hinaus als Heros betrachtete? Das ist absolut ungewiss und zeigt sich insbesondere an seinen Beziehungen zu seiner griechischen Umgebung.

Die Griechen im Gefolge Alexanders

Wir erwähnten schon die griechischen Soldaten in seinem Heer, die von Anfang an zu den Kontingenten des Korinthischen Bundes zählten, oder die Söldner, die in der Ägäis aus dem dortigen Reservoir der Berufssoldaten rekrutiert wurden. Außerdem dürfen wir im unmittelbaren Gefolge Alexanders, das sich von seinen Gefährten aus dem makedonischen Adel unterschied, nicht die Griechen mit klangvollen Namen übersehen: Die beiden berühmtesten unter ihnen waren der Historiker Kallisthenes und Nearchos, der Admiral, der an der Spitze der Flotte im Indischen Ozean gekreuzt war. Man sollte auch Aristobulos von Kassandreia nennen, der ebenfalls am Feldzug teilnahm und darüber ein Werk verfaßte, das sowohl Arrian und Plutarch verwendeten, dann auch den Hofbeamten Alexanders, Chares von Mytilene, den Philosophen Anaxarchos von Abdera oder den Kanzleisekretär Alexanders, Eumenes von Kardia.

Kallisthenes aus Olynth, ein Grieche in Alexanders unmittelbarer Umgebung, war Historiker und ein Großneffe des Aristoteles. Er hatte vor seiner Teilnahme am Zug nach Asien die zehn Bücher der *Hellenika*, der griechischen Geschichte der Jahre 386 bis 356 verfaßt, also über die Zeit zwischen dem Königsfrieden von 386 und dem Beginn des 3. Heiligen Krieges (356). Als Hofhistoriograph nahm er bei Alexander eine privilegierte Position ein, und die wenigen Fragmente, die von seinem Werk erhalten blieben, lassen vermuten, daß er den Ereignissen in gewisser Weise einen »amtlichen« Anstrich verlieh. Aus seiner Opposition gegen den Absolutismus Alexanders entwickelte sich der Bruch mit dem König, der Kallisthenes das Leben kosten sollte.

Die Alexander-Vita Plutarchs vermittelt den detailliertesten Bericht über die ganze Angelegenheit (Alex. 53). Eine erste Anekdote erzählt, wie sich Kallisthenes die Feindschaft der Makedonen zuzog. Während eines Festmahls forderte Alexander ihn auf, eine Lobrede auf sie zu halten. Kallisthenes schaffte dies so eindrucksvoll, daß der König zum Beweis seiner rhetorischen Fähigkeiten verlangte, er sollte sie nun ebenfalls so brillant einschwärzen, eine Situation, die deutlich an eine Übung in der Rhetorenschule erinnert. Der mit den Regeln der Rhetorik vertraute Kallisthenes entledigte sich der Aufgabe auf eine ebenso glänzende Weise, indem er den Sieg Philipps II. über die Griechen nicht seiner Tüchtigkeit zuschrieb, sondern deren Uneinigkeit. Kallisthenes soll Plutarch zufolge Alexander in der Hoffnung nach Asien gefolgt sein, daß der König seine von Philipp im Jahr 347 zerstörte Heimatstadt wieder aufbauen würde. Man darf also zu Recht annehmen, daß ihm die Erinnerung an die vergangenen Ereignisse die Argumente für ein sophistisches Streitgespräch eingab, das ja darin besteht, zwei entgegengesetzte Standpunkte nacheinander zu vertreten.

Auch wenn man diese Anekdote für einigermaßen wahrheitsgetreu halten mag, liegt die Annahme doch näher, daß sich der Bruch aus dem Verhalten des Kallisthenes entwickelte. Plutarch, der sich in der Schilderung dieser Passage deutlich an den Peripatetiker Hermippos von Smyrna anlehnte, berichtet, daß sich Kallisthenes den Haß der Makedonen zuzog, weil »er sich im Namen der Philosophie energisch weigerte, vor dem König auf den Bauch zu fallen«, d. h. die Proskynese zu vollziehen. Die

Der *hegemon* der Griechen

Freunde des Königs setzten das Gerücht in Umlauf, »der Sophist ginge nun aufgeblasen herum, als ob er die Tyrannis gestürzt habe, und die jungen Leute sammelten sich um ihn und verehrten ihn als den einzigen Freien unter so vielen Tausenden« (Alex. 55).

Diese Anschuldigungen verschärften sich, als die sogenannten Pagenverschwörung aufgedeckt wurde, das Komplott jener jungen Männer im Dienst des Königs, die aus Rache über die ungerechte Bestrafung eines der Ihren dem König nach dem Leben trachteten. Kallisthenes geriet in den Verdacht, Komplize und Berater von Hermolaos, dem Anführer der Verschwörung, gewesen zu sein. Nach Plutarch belasteten die Verschwörer ihn aber selbst unter der Folter nicht. Ganz allein Alexander entschloß sich offenbar, sich dieses lästigen Griechen zu entledigen. Dennoch berichtet Plutarch über Kallisthenes' Ende widersprüchlich:

»Über die Art seines Todes berichten die einen, Alexander habe ihn aufhängen lassen, andere, er sei im Gefängnis an einer Krankheit gestorben, und Chares [ein Grieche aus Mytilene, seit 333 der Kammerherr Alexanders] erzählt, er sei nach der Verhaftung sieben Monate in Gewahrsam gehalten worden, um vor dem Rat in Gegenwart des Aristoteles gerichtet zu werden; in den Tagen aber, da Alexander bei den Mallern in Indien verwundet wurde, sei er an Fettsucht und an der Läusekrankheit [an infizierten Geschwüren] gestorben« (Alex. 55).

Dieser zweiten Version zufolge und weil es sich um einen Griechen handelte, zog Alexander offenbar einen Prozeß vor dem Rat des Korinthischen Bundes in Betracht.

Seine Beziehungen zu den anderen Griechen seiner Umgebung schienen weniger konfliktbeladen. Besonders Nearchos genoß sein höchstes Vertrauen, wie der Auftrag beweist, den Alexander seinem Admiral auf dem Rückweg erteilte: Nearchos sollte vom Indusdelta aus die Küste des Golfs von Oman und des Persischen Golfs erkunden. Eine ähnliche Vertrauensstellung beim König besaßen Eumenes von Kardia, der einflußreiche Kanzleisekretär Alexanders, und Aristobulos von Kassandreia, auf dessen Bericht über den Feldzug sowohl Plutarch wie auch Arrian als Quelle zurückgriffen. Auch mit anderen Griechen – Ärzten, Sehern und Ingenieuren, die das Heer begleiteten – kam Alexander gut aus, weil er sich von Geburt und Kultur als Grieche fühlte. Selbst wenn er seit 330 ein Heer ohne die panhellenischen Truppen kommandierte, blieb er dennoch der *hegemon* der Griechen.

Der Auftrag Nikanors in Olympia

Ebendies bewies er auch durch die Mission, mit der er 324 Nikanor von Stagira beauftragte. Allerdings – und hier lag der Unterschied – handelte er hier nicht als »Führer«, sondern als absoluter Herrscher, der, unter bewußter Umgehung des Rates des Korinthischen Bundes, seinen griechischen Partnern sein Gesetz diktierte, denn Nikanor verlas bei den Olympischen Spielen vor den zu diesem Anlaß versammelten Griechen eine Proklamation Alexanders. Sie befahl den verbündeten Städten, ihre Verbannten zurückzurufen und ihnen auch ihren Besitz zurückzuerstatten.

Was Alexander verlangte, bedeutete einen Eingriff in die Selbstverwaltung dieser Städte und stand im Widerspruch zu den Prinzipien des Korinthischen Bundes, den alle griechischen Städte mit Ausnahme Spartas nach der Schlacht von Chaironeia geschlossen hatten. Diese Grundsätze schützten ihre Autonomie und untersagten insbesondere die Rückkehr der Verbannten; desgleichen verboten sie alle Handlungen, die innerhalb der Städte Unruhe stiften konnten, z. B. Konfiskationen, Grundstücksteilungen, den Erlaß von Schulden und die massenhafte Entlassung von Sklaven. Das zumindest ging aus einer Demosthenes zugeschriebenen Rede hervor, die er kurz nach der Thronbesteigung Alexanders und der Erneuerung des Bundes gehalten haben soll (Über das Bündnis mit Alexander [215] 15-16).

Verbannungen und der Einzug der Güter von Verbannten hatten jene »Krise« des 4. Jahrhunderts geprägt – obwohl der Begriff nicht ganz glücklich gewählt ist –, diese inneren Kämpfe in den Städten zwischen Demokraten und der Oligarchie, die sich auch in den Auseinandersetzungen zwischen den einzelnen Städten widerspiegelten. Die Rückkehr von Verbannten nach einem Machtwechsel stellte die Städte gerade wegen der Rückerstattung des konfiszierten Besitzes der Exilierten, der in vielen Fällen schon verkauft war, vor fast unlösbare Probleme. Wenn Alexander also eine solche Forderung stellte, wußte er genau, welche Unruhe er bei den Betroffenen auslösen würde. Die Frage aber war: Wollte er diese Verwirrung, um bei der geplanten Eroberung der arabischen Halbinsel keinen Aufstand der Griechen befürchten zu müssen? Oder bedeutete seine Forderung ganz einfach eine klare Mitteilung an die Griechen, daß er auch künftig ihr Herr sei, vor dem sie sich zu beugen hätten? Es erscheint auch nicht ausgeschlossen, daß griechische Verbannte, die nach Kleinasien geflohen waren und den Feldzug des Königs begleitet hatten, diese Entscheidung Alexanders beeinflußten, die er nach seiner Rückkehr nach Susa im Frühling 324 traf.

Die Reaktion der meisten Griechen fiel auf jeden Fall feindselig aus. Diejenigen, auf die die Forderungen Alexanders als erste abzielten, waren die Athener, die seit 365 auf den konfiszierten Landgütern vertriebener Oligarchen auf Samos Siedlerstellen für Bauern und Veteranen eingerichtet hatten, und es gab in Athen nicht wenige, die sich bereit erklärten, wegen dieser Sache gegen die makedonische Macht zu kämpfen. Dennoch sieht es so aus, als hätten die Athener zunächst versucht, mit dem König zu verhandeln, allerdings wissen wir über den Ablauf der damaligen Ereignisse in Athen wenig Bescheid. Vorstellbar ist, daß die Entscheidung Alexanders, die Rückkehr der Verbannten notfalls mit Waffengewalt zu erzwingen, schon vor dem Eintreffen Nikanors in Olympia im Herbst 324 bekannt war, denn im Frühjahr oder Frühsommer des Jahres, also einige Zeit vor Nikanors Auftreten, war der Schatzmeister Alexanders, Harpalos, nach Athen gekommen und hatte angeboten, der Stadt Männer und Geld zur Verfügung zu stellen, um sich den Anordnungen Alexanders zu widersetzen. Erstaunlicherweise blitzte er mit seinem Angebot bei den Athenern zunächst ab, und gerade Demosthenes sprach mit einigen anderen entschieden gegen die Aufnahme des Harpalos, obwohl dieser den Athenern einige Jahre zuvor eine Ladung Weizen hatte zukommen lassen und dafür das athenische Bürgerrecht erhalten hatte. Außerdem lebte er mit der Kurtisane Pythonike, einer gebürtigen Athenerin, zusammen, mit der er bei einem früheren Aufenthalt ein Jahr in Athen verbracht hatte. Wie auch immer – Harpalos tauchte, nachdem er einen Teil seiner Soldaten und seines Geldes am Kap Tainaron zurückgelassen hatte, mit 700 Talenten und drei Schiffen wieder vor Athen auf. Dort steckte man ihn ins Gefängnis und hinterlegte sein Geld auf der Akropolis. Als Harpalos wahrscheinlich mit Hilfe einiger Komplizen die Flucht gelungen war, fand sich von seinem auf der Akropolis deponierten Geld nur noch die Hälfte.

Eine Untersuchungskommission stellte fest, daß Demosthenes und einige andere Redner einen Teil des Geldes veruntreut hatten. Bevor aber das Urteil ergangen war, hatte man Demosthenes zum offiziellen Vertreter der Stadt bei den Olympischen Spielen ernannt. Dort soll er mit Nikanor über ein Hinausschieben der Entscheidung bezüglich der Verbannten verhandelt haben. Im Gegenzug bot er offenbar den Verzicht auf eine öffentliche Stel-

Der *hegemon* der Griechen

Kopf des Demosthenes

lungnahme zu Alexanders Verlangen an, daß ihm göttliche Ehren erwiesen würden. Der gegen alles Makedonische eingestellte Redner Hypereides klagte Demosthenes während seines Prozesses in einer Rede, von der noch Bruchstücke erhalten sind, wegen Unterschlagung und Verrat an, aber Demades, ein politischer Gegner des Hypereides, beantragte 324 erfolgreich die Errichtung eines Altars für den göttlichen Alexander in Athen.

Zwei athenische Dekrete, die vor kurzem ediert wurden, beweisen, daß sich die Athener zwar bemühten, die Forderung Alexanders nach der Rückkehr der Verbannten nach Samos auf diplomatischem Wege zu begrenzen, sie sich aber gleichzeitig auf eine militärische Intervention vorbereiteten. Hinsichtlich der Verbannten, denen es gelungen war, auf die Insel zurückzukehren, beschloß die Volksversammlung, den athenischen Strategen auf Samos umgehend damit zu beauftragen, diese Personen festzunehmen und nach Athen zu überstellen, wo sie gefangengesetzt und zum Tode verurteilt würden. Die Ausführung des Urteils verhinderte allerdings ein gewisser Antileon aus Chalkis, der die Verurteilten freikaufte. Davon wissen wir aus einem Erlaß der Samier, die diesen Antileon ehrten, der nach dem Ende des Lamischen Krieges (323–322), als es um die Selbstständigkeit der griechischen Städte im Kampf gegen Makedonien ging, auf der Insel lebte, die Athen von dem makedonischen Statthalter Antipater entrissen worden war. Dieses Dekret beweist, daß die Mehrheit des athenischen *demos*, also fast die gesamte Bürgerschaft, selbst kurz vor dem Tod Alexanders bereit war, den Rednern der antimakedonischen Partei zu folgen und in Kampfhandlungen einzutreten.

Auch andere Griechen reagierten mit Empörung auf den Befehl Alexanders in der Frage der Verbannten, allen voran die Ätoler, die sich zu Beginn des Lamischen Krieges mit Athen verbündeten, aber auch die Achäer und Arkader.

Der vorzeitige Tod Alexanders am 13. Juni 323 in Babylon verlieh diesen Äußerungen latenter Unzufriedenheit, die sich auch auf lokaler Ebene hätten beilegen lassen können, eine ganz andere Dimension. Das Machtvakuum in Makedonien wie in Asien ließ die Griechen hoffen, daß die Zeit zur Wiedererlangung ihrer Freiheit angebrochen sei.

Der Nachfolger der Achämeniden

»Da er nun glaubte, schon am Ziel seiner Unternehmungen zu sein und die persische Monarchie unstreitig zu besitzen, fing er an, den persischen Luxus und die Pracht der asiatischen Könige nachzuahmen [...], er setzte das persische Diadem auf, legte den weißen Rock an, den persischen Gürtel und andere persische Kleidungsstücke bis auf die Beinkleider und den Purpurmantel. Auch seinen guten Freunden teilte er Röcke mit Purpur ausgeschlagen aus und ließ den Pferden persisches Geschirr anlegen. Über dieses alles führte er auch, wie eben Dareios, Mätressen mit sich herum und zwar nicht weniger als Tage im Jahr; alle von auserlesener Schönheit, als der ausgesuchte Kern von allen Frauen Asiens. Diese mußten jede Nacht vor dem Bette des Königs erscheinen, damit er sich diejenige, welche bei ihm schlafen sollte, darunter aussuchte. Doch übte Alexander diese Lebensart nur selten, sondern blieb gewöhnlich bei seiner früheren, weil er fürchtete, bei den Makedonen dadurch Anstoß zu erregen« (Diodor XVII 77).

Dieser Text Diodors weist in aller Deutlichkeit auf eine Wende in Alexanders Verhalten nach dem Tod des Dareios und der Hinrichtung des Usurpators Bessos hin. Künftig war er der Nachfolger der Achämenidenherrscher, und der erste Ausdruck des neuen Status war, wie auch Plutarch anmerkt, »die barbarische Tracht anzulegen«.

Alexander legt die persische Tracht aber nur teilweise an
Für die Griechen war ihre Kleidung eines der Hauptmerkmale, das sie äußerlich von den Barbaren unterschied. Das galt besonders für die lange Hose. So ist es bezeichnend, daß Alexander, als er die Insignien der Achämenidenkönige übernahm, es ablehnte, sie anzuziehen; genausowenig trug er den Kaftan, den Mantel mit Ärmeln. Plutarch ist noch genauer, denn ihm zufolge verweigerte Alexander auch das Tragen des Turbans, einer ausgezackten Kopfbedeckung, die auf alten offiziellen Darstellungen der Achämeniden auftaucht. Er legte nur die Kopfbinde an, ein

flaches Band, das hinter dem Kopf geknüpft wurde und sein königliches Amt in seiner griechischen Umgebung demonstrieren sollte.

Xenophon beschreibt in seiner *Kyrupädie* (»Die Erziehung des Kyros«) (VIII 3,13) die Kleidung eines persischen Königs, die uns den Vergleich zur Bekleidungsauswahl Alexanders ermöglicht:

»Darauf fuhr schließlich Kyros selbst auf einem Wagen aus dem Tor heraus. Er hatte eine aufrecht stehende Tiara auf dem Kopf und trug ein purpurnes Gewand mit weißen Streifen – einem anderen ist es nicht erlaubt, weiße Streifen zu tragen –, scharlachrote Hosen an seinen Beinen und ein Obergewand ganz aus Purpur.«

Danach hat Alexander also das Tragen des Spitzturbans, der langen Hose und des Ärmelrocks abgelehnt, während er sich mit dem Kopfband und der gestreiften Purpurtunika der persischen Könige anfreunden konnte. Offenbar erlaubte er das Tragen dieser Tunika auch seinen engsten Gefährten, nur die Kopfbinde behielt er sich allein vor. Plutarch fügt hinzu: »Er trug […] eine

Alexander mit einer Kappe aus Elefantenhaut (silbernes Tetradrachmon aus Alexandria)

Kleidung, die eine angemessene Mischung darstellte und die Mitte zwischen der persischen und der medischen [Tracht] hielt, minder prunkvoll als jene, aber vornehmer als diese« (Alex. 45). Es ist anzunehmen, daß er, um dieses deutliche Abweichen von der einfachen makedonischen Lebensart vor seinen Freunden zu rechtfertigen, die persische Tradition geltend machte, die er aus dem soeben zitierten Erziehungsroman Xenophons sicherlich kannte. Er wollte zweifellos lieber als Nachfolger des großen Kyros erscheinen, der auch bei den Griechen angesehen war, und nicht des schwachen Dareios. Plutarch fügt hinzu, daß Alexander seine neue Tracht anfänglich nur anlegte, wenn er mit Barbaren zu tun hatte, oder im Umgang mit seinen Freunden; erst später wagte er es, sich vor dem Heer so zu zeigen.

Die Frauen
Spürbar ist das Bemühen Diodors, den Einfluß des Harems auf Alexander zu relativieren, den er von dem Großkönig »erbte«. Auch diese Sitte, sich mit vielen Frauen zu umgeben, schockierte die Griechen oder schien ihnen zumindest typisch für die Barbaren. Die Griechen und die hellenisierten Makedonen lebten in der gesetzlich vorgeschriebenen Einehe, allenfalls besaßen sie noch eine Geliebte, aber sicher keinen Harem. An dieser Stelle drängt sich eine Anekdote Herodots über eine Gesandtschaft auf, die Dareios I. kurz vor den Perserkriegen an den Makedonenkönig Amyntas I. schickte, um »Erde und Wasser« zu verlangen (Herodot V 18–20). Amyntas hatte die persischen Gesandten prächtig empfangen, aber als die Perser nach Frauen verlangten, schickte sein Sohn Alexander, der es nicht ertragen konnte, daß makedonische Ehefrauen, Mütter und Schwestern den Barbaren ausgeliefert würden, bartlose, aber kräftige junge Männer in den Festsaal, die, als Frauen verkleidet, mit ihren Dolchen die Perser massakrierten, als diese sich ihnen nähern wollten. Ob diese

Geschichte nun stimmt oder nicht, sie verweist auf jeden Fall auf ein Denken, dem sich Alexander nur schwer entziehen konnte (und es wohl auch nicht wollte).

Zu seiner griechisch geprägten Auffassung passen auch die Berichte über seine Hochzeit mit Roxane, der Tochter des persischen Adligen Oxyartes, der nach seiner Aussöhnung mit Alexander Satrap von Baktrien wurde. Plutarch analysiert scharfsinnig, welches Motiv Alexander bei dieser Verbindung leitete:

»So ergab sich auch seine Verbindung mit Roxane zwar aus der Liebe, von der er erfaßt wurde, als er sie schön und jugendfrisch bei einem Festmahl im Reigen tanzen sah, sie fügte sich aber auch gut in sein politisches Programm. Denn die Barbaren begannen infolge der geschlossenen ehelichen Verbindung Vertrauen zu fassen und vergötterten Alexander, weil er auf diesem Gebiet so außerordentlich beherrscht war und auch die einzige Frau, die ihn in ihren Bann geschlagen hatte, nicht ohne Einhaltung der gesetzlichen Form zu berühren wagte« (Alex. 47).

Darüber hinaus bot die Tatsache des ganz legalen Charakters dieser Eheverbindung die Rechtfertigung, daß der Sohn Roxanes später als legitimer Erbe Alexanders von seinen Soldaten anerkannt werden konnte.

Die Verwaltung des Reiches
Es besteht aber kein Zweifel, daß die Hochzeit auch viel weiter gespannten Plänen entsprach. Alexander hatte die Tracht eines Großkönigs nicht umsonst wenigstens teilweise angelegt. Als König der Perser und Meder wie auch der Makedonen begann er, künftig Iraner in die Reichsverwaltung und -verteidigung einzubeziehen. Dabei entsprach Alexanders Verhalten gegenüber

den Iranern weder den Prinzipien seines Erziehers Aristoteles, für den die Barbaren »Sklaven von Natur aus« waren, noch den Ratschlägen des Redners Isokrates an seinen Vater Philipp, der ihn aufgefordert hatte, Barbaren grundsätzlich »zu Heloten der Griechen« zu machen. Aber, wie schon hervorgehoben, stand Makedonien zu kurz unter dem Einfluss der jüngsten griechischen Geschichte, als daß ein Makedone diese für die Sieger von Marathon und Salamis typischen Aversionen empfunden hätte. In dieser Hinsicht dachte Aristoteles eher wie ein Athener, obwohl er gar keiner war.

Aber vor allem – wesentlich nüchterner betrachtet – hatte Alexander ein konkretes Problem zu lösen: Er mußte sich der Loyalität der unterworfenen Völker versichern, indem er diejenigen im Amt behielt, die sie regierten. Darüber hinaus blieb ihm angesichts der zunehmenden Zurückhaltung der Makedonen nichts anderes übrig, als frische und ausgebildete Truppen unter den Iranern anzuwerben.

Vom Beginn des Feldzuges an hatte Alexander das persische System der Satrapen beibehalten, aber er hatte an die Spitze dieser Verwaltungseinheiten des damaligen Perserreichs Makedonen gestellt und mitunter aus strategischen wie aus Kostengründen Umschichtungen vorgenommen. So vereinte er zunächst die alten Satrapien Lykien und Pamphylien zu einem Verwaltungsbezirk, den er zu einer größeren Einheit verband und später der phrygischen Satrapie unterstellte, die er einem seiner Getreuen, Antigonos Monophtalmos, dem Einäugigen, anvertraute. Die militärischen Oberbefehlshaber an der Spitze dieser Satrapien besaßen weitreichende Vollmachten, obwohl man auch zumindest theoretisch unabhängige Enklaven beibehalten hatte, z. B. die griechischen Städte in Kleinasien oder phönizische Städte, die insbesondere das Münzprägerecht behalten hatten. Aber auch diese Städte wurden von makedonischen Garnisonen überwacht.

Die unterschiedlichen »Rollen« Alexanders des Großen

Nach der Schlacht bei Gaugamela belehnte Alexander iranische Satrapen mit der Verwaltung der neu eroberten Provinzen. In den östlichen von ihnen sollten die Gouverneure die Dialekte und Landessprachen selbst verstehen. Seit sich Alexander zum Nachfolger des Großkönigs erklärt hatte, war es überdies nützlich, die Unterstützung der iranischen Adligen zu gewinnen. Dennoch achtete er darauf, den Satrapen makedonische Offiziere zur Seite zu stellen, die sich an der Spitze ihrer Garnisonen um die Zuverlässigkeit der Bevölkerung und ihrer iranischen Gouverneure zu kümmern hatten. So wurden die iranischen Satrapen von Babylon und Susa jeweils durch die makedonischen Befehlshaber der Zitadelle kontrolliert.

Wie schon bemerkt, ließ Alexander seit dieser Zeit militärische Stützpunkte einrichten, alle auf den Namen Alexandreia, die an strategisch wichtigen Punkten entstanden. Obwohl theoretisch unabhängig, bildeten sie doch ein relativ dicht geknüpftes und stabiles Netz gegen mögliche Rebellionen von Seiten der Satrapen oder jener Lokalherren, die sich Alexander ergeben hatten, wie der König von Taxila oder Poros, der Herrscher über ein großes indisches Reich.

Dennoch gab es Aufstände, und bei seiner Rückkehr nach Mesopotamien im Jahr 325/324 jagte Alexander eine Reihe von iranischen Satrapen aus ihrem Amt, deren Treue ihm nicht über jeden Zweifel erhaben schien. Nur sein Schwiegervater Oxyartes in Baktrien und Phrataphernes in Parthien behielten ihre Ämter.

Die Satrapen hatten u. a. dafür zu sorgen, daß die unterworfenen Völker ihren Tributzahlungen nachkamen, entweder in Form von Geld oder wie meistens in den östlichen Satrapien auf Naturalbasis. Vor Ort waren Beamte damit beauftragt, den Tribut einzutreiben. Aber wahrscheinlich seit 330 wurde die Generalverwaltung der königlichen Finanzen dem Makedonier Harpalos übertragen, und wir wissen, was aus dem Teil des

Der Nachfolger der Achämeniden

Königsschatzes geworden ist, den er bei seiner Flucht nach Griechenland mitgehen ließ (vgl. S. 74).

Auf Harpalos folgte der Grieche Antimenes von Rhodos. Einem weiteren Griechen, Kleomenes von Naukratis, hatte Alexander schon früher die Finanzverwaltung von Ägypten und die Statthalterschaft über diese Provinz übertragen, die etwas außerhalb der offiziellen Reichsorganisation lag. Kleomenes hat der Überlieferung zufolge allerlei zweifelhafte Finanzgeschäfte getätigt, das Ausfuhrmonopol für Getreide an sich gebracht und so große Reichtümer aufgehäuft.

Für das Heer scheinen sich die Dinge hingegen anders als für den administrativen Aufbau des Reiches entwickelt zu haben. Seit den ersten, noch gedämpften Vorhaltungen der makedonischen Truppenteile dachte Alexander über die Verkleinerung ihrer Sollstärke nach, entweder wegen der Verluste, die sie in den Kämpfen erlitten hatten, oder wegen der vorgesehenen Entlassungen von Veteranen; bei der Verstärkung der Fußtruppen bevorzugte er nun Rekruten iranischer Herkunft. Zusätzlich tauchten Ende 330 persische Reiter im Heer auf, die, obgleich zunächst in eigenen Abteilungen, am Zug nach Indien teilnahmen. Als er diese Verbände in die makedonische Kavallerie integrieren wollte, rebellierte die Reiterei der »Freunde und Gefährten« 324 in Susa.

Für die Infanterie hatte Alexander im Jahr 327 die Rekrutierung von 30 000 jungen Iranern beschlossen, die in der makedonischen Kampfordnung ausgebildet werden sollten. Als diese iranische Phalanx in Susa einrückte, erregte dies den Worten Plutarchs zufolge eine noch weitaus größere Empörung unter den Makedonen als bei der Integration der iranischen Reiterei. »Dennoch bildeten diese ganz jungen Perser, die alle eines Alters waren, eine eigene Phalanx, um der makedonischen Phalanx das Gegengewicht halten zu können.« (Diodor XVII 108). Aber kurz vor dem Tod des Königs in Babylon wurden die Perser dann doch in die makedonische Phalanx integriert, allerdings unter makedonischer Führung (Arrian, Alexanderzug VII 23,3), während persische Garden – vielleicht bereits in Susa – in die Leibgarde Alexanders aufrückten (Plutarch, Alex. 71).

Diese Vorgänge sollten nicht den Unterschied zwischen Griechen und Makedonen auf der einen und Orientalen auf der anderen Seite im Namen der Verschmelzung von »Abendland« und »Morgenland« beseitigen, sondern erfolgten, um die zu geringen militärischen Kräfte Alexanders zu verschleiern, denn die Abteilungen, die Krateros mit sich führen sollte, mußten auf Verstärkung warten. Alles in allem blieb der Vorwurf, Alexander hätte durch sein Handeln den makedonischen *nomos* verraten. Aber der »König« Alexander kümmerte sich künftig nicht mehr um die unterschiedliche Herkunft seiner Soldaten, denn er war der »unbesiegbare Gott«, der Sohn des Zeus.

Der Sohn des Zeus

Von allen Rollen Alexanders wurde sein Anspruch der Gottähnlichkeit sicher am häufigsten kommentiert. Wir erinnerten schon an seinen Besuch der Oase Siwa und die Antwort des Orakels, die Plutarch, obgleich sonst für sämtliche Mythen höchst aufgeschlossen, die die Legende des Eroberers schmücken, absolut sachlich kommentierte: Der Priester hätte in der Absicht, ihn auf griechisch besonders freundlich mit »Söhnchen« (*paidion*) anzureden, aus mangelnder Kenntnis des Griechischen am Ende des Wortes ein *s* für ein *n* gesetzt, so daß sich das Gerücht verbreitete, der Gott habe ihn als »Sohn des Zeus« (*pai Dios*) angesprochen (Alex. 27).

Wichtig ist es allerdings zu begreifen, wie in den Augen der Griechen und Makedonen eine solche direkte göttliche Abstammung vorstellbar war. Obwohl die Grenze zwischen Menschen und Göttern durch die Unsterblichkeit der Himmlischen vorgegeben war, existierten in der Vorstellung der Griechen und Makedonen Übergänge, deren wichtigster darin bestand, daß Götter und Göttinnen mit Sterblichen Kinder zeugen konnten. In diesem Sinn verwiesen die Helden der homerischen Epen auf eine göttliche Abstammung, wenn auch nicht unmittelbar, so doch wenigstens am Anfang ihres Stammbaums. Die großen Aristokratenfamilien in Athen schmückten sich mit solchen Ahnen, obwohl zur Zeit Alexanders die Erinnerung daran schon seit langem verblaßt war. Bei den spartanischen und makedonischen Königshäusern verhielt es sich ebenso.

Die mythischen Ursprünge des makedonischen Königshauses
Wie bereits erwähnt, hielten sich die makedonischen Könige für Abkömmlinge des Herakles. Herakles war einer jener Halbgötter, die aus der Verbindung einer Sterblichen mit Zeus stammten, und der galt, wie allseits bekannt, zum großen Kummer seiner legitimen Gemahlin Hera als Meister des Seitensprungs. Wir kennen auch den Schatz an Mythen, die Herakles als Prototyp des Helden und als Opfer des Zorns der Hera darstellen, der bis an die Grenzen der bekannten Welt vordringen mußte, um seine berühmten Aufgaben zu vollbringen. Wir kennen auch die Überlieferung seines schrecklichen Todes. Herakles starb, als er das Gewand anlegte, das seine Gattin Deianeira mit dem vergifteten Blut des Kentauren Nessos getränkt hatte, in der Meinung, es sei ein Liebeszauber. Doch Zeus erhob seinen Sohn zu göttlichen Ehren. Wir sollten uns an dieses Bild des berühmten griechischen Helden erinnern, dessen Leben, Tod und Apotheose die großen athenischen Dichter des 5. Jahrhunderts inspirierten, um bestimmte Aspekte der »Vergöttlichung« Alexanders zu begreifen.

Die unterschiedlichen »Rollen« Alexanders des Großen

Zu Alexanders Vorfahren zählte mütterlicherseits die Göttin Thetis, die, wenn auch weniger berühmt als Zeus, aus ihrer Verbindung mit Peleus, dem Sohn des Aiakos von Aigina, einen Sohn hatte, Achilleus, den sagenumwobenen Helden und »Besten der Achäer«, die vor Troia kämpften. Im Unterschied zu Herakles wurde er nicht vergöttlicht. Der Dichter der »Odyssee« legt ihm sogar Worte in den Mund, die der Ideologie vom »schönen Tod« im Kampf Hohn sprechen. Bei der Begegnung mit Odysseus in der Unterwelt gesteht er diesem, er wolle lieber als Knecht auf der Erde leben, denn als König unter den Schatten in der Unterwelt. Was man auch immer von diesem Eingeständnis halten mag, das dem unerbittlichen Krieger Achilleus aus der »Ilias« in der »Odyssee« menschliche Züge verleiht – er und sein Sohn Neoptolemos waren die Vorfahren der Herrscherfamilie der Aiakiden (Molosser), die Epirus regierten. Aus ihr stammte Olympias, die Mutter Alexanders, die also nicht weniger göttlichen Ursprungs war als Alexanders Vorfahren väterlicherseits.

Über seinen Vater und seine Mutter durfte sich Alexander folglich über Herakles für einen fernen Abkömmling des Zeus und über Achilleus von der Göttin Thetis halten. Plutarch hebt zu Beginn seiner Alexander-Vita die Abstammung von den beiden größten Helden und Göttersöhnen hervor, läßt es aber nicht dabei bewenden. Das Thema kommt noch einmal bei seinen Aufzeichnungen über die Traditionen und Legenden um die Empfängnis und Geburt des künftigen Eroberers auf. Vor der Hochzeitsnacht von Philipp II. und Olympias träumte die Braut, ein Blitz schlüge in ihren Leib, und es entzündete sich ein heftiges Feuer. Bald darauf stellte sich heraus, daß sie schwanger war. Eine andere Legende behauptete, Philipp habe eines Tages eine Schlange gesehen, die sich neben dem Leib seiner schlafenden Frau ausstreckte. Und Plutarch selbst, der vor pikanten Details nicht zurückschreckt, schreibt: »[...] auch habe er [Philipp] das

Der Sohn des Zeus

eine Auge eingebüßt, welches er an die Türspalte angelegt und beobachtet habe, wie der Gott in Gestalt einer Schlange der Frau beiwohnte« (Alex. 2 f.).

Beide Erzählungen führten die Empfängnis Alexanders auf übernatürliches Walten zurück und nicht etwa auf Philipps Vollzug seiner ehelichen Pflichten, und beide verweisen auf verschiedene Gottheiten. Der Blitz erinnert offensichtlich an Zeus, der mit den Müttern seiner künftigen Söhne nicht unbedingt in körperlich-sexuellen Kontakt zu treten brauchte – man denke in diesem Zusammenhang nur an den Goldregen, durch den er sich Danaë näherte und sie zur Mutter des Perseus machte. Der Blitz spielte bei der Empfängnis des künftigen Alexander also die gleiche Rolle wie bei Danaë der Goldregen.

Anders und viel komplizierter liegen die Dinge in Bezug auf die Schlange. Plutarch erwähnt in seiner Schilderung nämlich auch, daß Olympias »dem ekstatischen Kult des Dionysos im Haimosgebirge mehr als andere Frauen zugetan« war. Wenn sie zu diesen Orgien eilte, »nahm sie große zahme Schlangen mit« (Alex. 2). Plutarch gibt also eine eher natürliche Erklärung für die »göttliche« Schlange im Bett der Königin, doch mochten andere an eine Erscheinung des Dionysos denken, des Gottes der Fruchtbarkeit und orgiastischer Kultpraktiken, der mit Alexander noch auf andere Weise verbunden ist. Dionysos mußte als Sohn des Zeus und der Semele wie Herakles den Zorn Heras fürchten, und um ihn davor zu bewahren, brachte Zeus der Legende zufolge den Säugling nach Nysa, das in der Geschichte der Eroberung Indiens als ein Ort der Dionysos-Verehrung erwähnt wird. Vor allem aber soll der Gott bei Thetis und ihrem Vater Nereus in der Meerestiefe Schutz vor seinen Verfolgern gefunden haben (Nonnos, Dionysiaka 20,354 ff.; 21,170 ff.). Von dort brach Dionysos dann nach Indien auf, das er unterwarf. So konnte er im Triumph nach Griechenland zurückkehren, bevor ihm die Apotheose zuteil wurde und er göttliche Ehren erlangte. Dieser kurze Auszug aus dem Mythos zeigt, wie verflochten man das Schicksal Alexanders mit dem des Gottes hielt. So gesehen, könnten die bakchantischen Riten, mit denen er seinen Zug nach Indien abschloß, als Beweis seiner Beziehung zu Dionysos dienen, zumal Alexander offensichtlich gern den Spuren eines Gottes folgte, ebenso siegreich wie dieser.

Plutarch beendet diesen Exkurs über die angeblichen, mehr oder weniger spektakulären Umstände der Zeugung Alexanders auf jeden Fall wesentlich nüchterner: »An Philipp jedoch, der gerade Potidaia genommen hatte, gelangten zu gleicher Zeit drei Botschaften: die erste, die Illyrer seien von Parmenion in einer großen Schlacht geschlagen worden; die zweite, er habe in Olympia im Pferderennen gesiegt und drittens die Nachricht von der Geburt Alexanders« (Alex. 3).

Alexander und der Mythos

Das Problem, das sich dem Historiker hier stellt, besteht darin, zu bestimmen, welche Rolle Alexander den Mythen zumaß, insbesondere denen, die auf den Ursprung des makedonischen Königshauses eingingen. Zu Beginn seiner Herrschaft merkte man nichts davon: Die Politik Alexanders folgte getreulich der seines Vaters, dessen Lebenswerk er fortsetzen wollte. Wie schon bei Philipp, so beherrschten drei Punkte sein politisches Handeln: Erstens wollte er die Nachbarvölker Makedoniens in Schach halten, zweitens für Ordnung in Griechenland sorgen und drittens den Feldzug nach Asien planen. Das einzige Zeichen, daß er sich dem Mythos verpflichtet fühlte, war, daß er sich nach der Landung in der Troas zum »Grab des Achilleus« begab. Dabei kam aber wahrscheinlich eher der Leser der »Ilias« in ihm zum Vorschein als der Nachfahre des Achilleus-Sohnes Neoptolemos. Plutarch wußte von Onesikritos, einem Vertreter der

Der Sohn des Zeus

kynischen Philosophie, der am Alexanderzug bis Indien teilnahm, daß Alexander die »Ilias« als »Lehrbuch für militärisches Wissen« betrachtete und sie »immer neben seinem Schwert unter dem Kopfkissen liegen« hatte (Alex. 8).

Wenn Alexander zu diesem Zeitpunkt seinem Vater gleichkommen oder ihn sogar übertreffen wollte, war sicherlich Philipp II. und nicht Zeus gemeint. Das geht auch aus der Widmung hervor, mit der zusammen er nach seinem Sieg am Granikos dreihundert erbeutete Schilde nach Athen schickte: »Alexandros, Sohn des Philippos, und die Griechen außer den Lakedaimoniern als Beute von den Asien bewohnenden Barbaren« (Plutarch, Alex. 16; Arrian, Alexanderzug I 16).

Das Problem der göttlichen Abstammung Alexanders stellte sich erst nach dem Besuch in der Oase Siwa. Der junge König war, wenn man Plutarch glaubt, von der Philosophie begeistert. Diese Leidenschaft verbot aber deswegen nicht den Glauben an Zeichen und Orakelsprüche.

Das Ammon-Orakel genoß einen hervorragenden Ruf, und deshalb ist es verständlich, daß ein junger Feldherr, der glänzende Siege errungen und ein gewaltiges Gebiet erobert hatte, seinen Ehrgeiz von einem Gott bestätigt sehen wollte. Es bestand eine hohe Wahrscheinlichkeit, daß die Antwort der Priester des Ammon-Orakels in der von Alexander gewünschten Form ausfallen würde, nämlich in der Zusage, er werde die nächste Schlacht gegen Dareios gewinnen. Erst danach erfolgte die die göttliche Abstammung verheißende Ausschmückung des Priesterspruchs. Bezüglich des ersten Teils der Antwort läßt sich eine Standardantwort vermuten, indem die Priester des Ammon-Orakels dem Pharao als Herrscher über Ägypten unbegrenzte Macht versprachen. All unsere Quellen stimmen darin überein, daß der Gott Alexander geantwortet hätte, er »verspräche zuverlässig, seine Bitte zu gewähren« (vgl. Diodor XVII 51). Erst mit der Ausweitung des Eroberungszuges und vielleicht, um die Pläne Alexanders zu rechtfertigen, hat man dieser Antwort einen Sinn unterlegt, den sie im Augenblick der Befragung des Orakels gar nicht beinhaltete. Wie berichtet, wollte Alexander von dem Gott wissen, ob alle Mörder seines Vaters Philipp bestraft worden seien. Vielleicht hat man sich die Antwort auf die *zweite* Frage erst später zurechtgelegt, als Alexander 324 v. Chr. von den Griechen verlangte, sie sollten ihm göttliche Ehren erweisen.

Auch wenn die Aufforderung Alexanders an die Griechen, man solle ihm göttliche Ehren erweisen, zweifellos erfolgt ist, so steht doch außer Zweifel, daß niemals eine regelrechte Vergöttlichung des Königs, weder als Sohn des Zeus, noch als neuer Dionysos, stattgefunden hat. Im übrigen leiteten sich die Achämenidenherrscher niemals aus einer göttlichen Abstammung her. Die Verehrung, die sie von ihren Untertanen verlangten, begründete sich auf das despotische Wesen ihrer Macht. Ebendiesen Despotismus lehnten die Gefährten und Freunde Alexanders praktisch bis zum Ende des Feldzugs ab.

Das Problem der Vergöttlichung Alexanders ist also eher ideologischer Art.

Der Heroenkult in der griechischen Welt

Wir müssen uns also die Frage stellen: Was bedeutete die Apotheose eines Sterblichen während der letzten Dezennien des 4. Jahrhunderts in der Welt der Griechen? Wir erinnerten schon an die Heroen, die Halbgötter, die entweder direkt oder indirekt von einer Gottheit abstammten. Der Heroenkult stellte seit der archaischen Zeit einen wichtigen Aspekt im religiösen Leben der Griechen dar. Diese Verehrung als Halbgötter genossen insbesondere die wahren oder mythischen Gründer von griechischen Städten. Die Verehrung richtete sich aber auch auf andere Personen, die in fernerer oder näherer Vergangenheit eine bedeutende

Der Sohn des Zeus

zivilisatorische Leistung vollbracht hatten. Sogar Sieger bei den Olympischen Spielen wurden als Heroen verehrt. Das Grab eines Heros wurde besonders in Ehren gehalten. Allen Kulten ist aber gemeinsam, daß sie Prozessionen, Opfer und Wettspiele zu Ehren des Heros umfaßten: Es ist deshalb nicht immer leicht zu unterscheiden, ob es sich um Veranstaltungen für die »echten« Götter des griechischen Pantheons, für die göttlichen Beschützer einer Stadt oder für Persönlichkeiten handelte, die aufgrund ihrer Verdienste heroisiert worden waren.

Solche Verehrung von Zeitgenossen gab es in den griechischen Städten seit dem 8./7. Jahrhundert, und sie bestanden auch in der klassischen Zeit. Ein besonders markantes Beispiel bietet die in der Nordägäis gelegene Stadt Amphipolis, um die Athen und Sparta in den ersten Jahren des Peloponnesischen Krieges stritten. Sie war kurz zuvor von Athen gegründet worden und hatte den athenischen Strategen Hagnon als Heros verehrt. Wie Thukydides berichtet, fiel die Stadt 424 in die Hand des Generals Brasidas aus Sparta, der alle Wiedereroberungsversuche der Athener abwehrte. Auch ein neuer Angriff von athenischer Seite durch den Strategen Kleon scheiterte. Kleon verlor sein Leben in der Schlacht, aber auch der erneute Sieger Brasidas hatte eine tödliche Wunde empfangen. Thukydides beendet seinen Bericht mit den Ehrungen, welche die Bürger von Amphipolis dem General aus Sparta erwiesen.

»Danach bestatteten alle Verbündeten Brasidas, wobei sie ihm mit ihren Waffen das Geleit gaben, in Form eines Staatsbegräbnisses in der Stadt vor dem Platz, wo jetzt die Agora ist. Die Bewohner von Amphipolis – sie hatten eine Einfriedung um sein Grabmal gezogen – opfern ihm seither als Heros und haben zu seinen Ehren Wettkämpfe und jährliche Festopfer eingeführt, betrachten ihn auch als Gründer ihrer Siedlung;

sie rissen Hagnons Bauten nieder und beseitigten alles, was an ihn als Gründer erinnern konnte.« (Thukydides, Der Peloponnesische Krieg V 11).

Zum Schluß fügt Thukydides noch hinzu, daß die Bürger von Amphipolis Hagnon nicht mehr verehrten und daß sie Brasidas als ihren Retter ansahen: *soter*, wie sich dann die hellenistischen Könige gern nannten.

Es darf angenommen werden, daß Hagnon erst nach seinem Tod als Heros verehrt wurde, was auch für den toten Brasidas zutrifft, für den ein heiliger Bezirk um sein Grab auf der Agora gezogen wurde. Auf diesen wichtigen Punkt werden wir im Zusammenhang mit dem Grab Alexanders in Alexandria noch einmal zurückkommen.

Die Heroenverehrung großer Feldherren entwickelte sich gegen Ende des Jahrhunderts noch einen Schritt weiter, und wiederum war es mit dem Admiral Lysander ein Spartiate, der im Mittelpunkt stand. Lysander, der 405 bei Aigospotamoi die athenische Flotte geschlagen hatte, feierte seinen Sieg tatsächlich durch die Errichtung eines Denkmals in Delphi, wo seine Statue mitten zwischen Götterstatuen stand. Plutarch bezieht sich in seiner Biographie Lysanders auf den Historiker Duris von Samos, der erwähnt, daß Lysander »der erste Grieche gewesen sei, für den die Städte schon zu seinen Lebzeiten Altäre errichteten und ihm Opfer darbrachten wie einem Gott« (Plutarch, Lys. 18,5). Das tatsächlich Neue war hier, daß solche göttlichen Ehren einem Lebenden und nicht erst einem Toten erwiesen wurden.

Brasidas und Lysander, zwei Spartaner also, aus dieser Stadt der Gleichen und Ebenbürtigen, gelangten zu quasi göttlichen Ehren. Und wie verhielt es sich mit Athen, der Stadt von Thukydides und Platon? Vor dem Ende des 5. Jahrhunderts erfreuten sich nur die Tyrannenmörder Harmodios und Aristogeiton außerordentlicher Ehren: Vor ihren Gräbern fanden Feierlichkeiten statt, denen der Archon Polemarchos, einer der drei höchsten Beamten Athens, vorstand. Nur für Harmodios und Aristogeiton wurde eine Statue errichtet und geweiht, die berühmte Gruppe der »Tyrannenmörder«, die nach ihrer Zerstörung (oder ihrem Raub) durch die Perser (Arrian, Alexanderzug 3,16) von den Bildhauern Kritios und Nesiotes auf der Agora erneuert wurde.

Selbstverständlich konnte jede Stadt selbst entscheiden, welche Ehrung sie diesem ausländischen Herrscher oder dessen Repräsentanten und jenem Feldherrn zukommen lassen wollte, aber diese Ehren beschränkten sich allermeistens auf die Zuteilung eines bevorzugten Sitzes im Theater der Stadt, wenn ein Drama aufgeführt wurde, oder auf die Ehrenspeisung im Prytaneion, jenem vornehmen Amtsgebäude, wo die obersten Beamten verköstigt wurden. Wir erinnern uns, daß Sokrates gerade dieses Recht von seinen Richtern verlangte.

Das Aufstellen einer Statue blieb Göttern und Halbgöttern vorbehalten. Aber nach dem Peloponnesischen Krieg wurde man in den ersten Dezennien des 4. Jahrhunderts zum ersten Mal Zeuge, daß Athen für seinen Admiral Konon ein Standbild errichten ließ. Konon war 406 Stratege; bei der Katastrophe von Aigiospotamoi 405 entkam er mit acht Schiffen zu König Euagoras nach Zypern. Danach beauftragten ihn die Perser, eine große Flotte in Zypern und Phönizien aufzustellen, mit der er 394 die Flotte Spartas bei Knidos vernichtete. Ein Jahr später (393) kehrte er mit einer größeren Summe nach Athen zurück, die ihm der Großkönig zur eigenen Verfügung überlassen hatte. Sie erlaubte es ihm nun, die »Langen Mauern« wieder aufzubauen, die 405 auf Befehl des Spartaners Lysander geschleift worden waren. Dafür wurde Konon als »Befreier« geehrt, und Demosthenes betonte, daß dieser seit Harmodios und Aristogeiton als erster mit einer Statue auf der Agora geehrt worden sei.

Im Verlauf des 4. Jahrhunderts aber mehrten sich solche Ehrungen, und immer wurden siegreiche Feldherrn damit bedacht. So erhielten die athenischen Strategen Iphikrates, Chabrias und Timotheos für wichtige Siege, die sie errungen hatten, ebenfalls ein Standbild auf der Agora. Daß auch noch andere Feldherren im Dienste Athens »wegen der vielen und schönen kriegerischen Erfolge, die jeder von ihnen vollbrachte« in den Genuß einer solchen Ehrung gelangten, ist einer Passage aus der Rede des Aischines »Gegen Ktesiphon« zu entnehmen (III 243).

Die Errichtung einer Statue auf der Agora bedeutete also eine Form der Heroisierung und war siegreichen athenischen Feldherren vorbehalten. Gleichwohl bietet der Abschluß des von Demades nach der Schlacht von Chaironeia vermittelten Friedens zwischen Athen und Makedonien eine pikante Ausnahme, denn der siegreiche General, der eine Statue auf der athenischen Agora erhielt, war Philipp II., weil er die in der Schlacht gefangengenommenen Athener freigelassen und die Unabhängigkeit der Stadt respektiert hatte.

Wie sich an den Beispielen lakedämonischer und athenischer Feldherren erkennen läßt, wurden sie durch das Privileg, mit einem Standbild für ihre Leistungen geehrt zu werden, zwar nicht in den Rang von Göttern, aber doch in den von Heroen oder Halbgöttern erhoben. Dies bedeutete für einen Griechen des 4. Jahrhunderts also keine Überschreitung der Regeln des religiösen noch des politischen Lebens.

Alexander, der unbesiegbare Gott
Als Alexander 324 seinen Asienzug beendet hatte, bot er zweifellos das Musterbeispiel eines siegreichen Feldherrn, und es war weder für ihn noch für die Griechen verwunderlich, daß ihm besondere Ehren erwiesen wurden. Von daher ist die Position des berühmten Redners Demosthenes verständlich, der wie sein

Ankläger im Prozeß um das verschwundene Geld des Harpalos, Hypereides, ausführte, der athenischen Volksversammlung die Errichtung eines Standbilds für Alexander, den »unbesiegbaren Gott« (*theos aniketos*) auf der Agora mit den Worten empfohlen hatte: »weil er sowohl ein Sohn des Zeus als auch des Poseidon gewesen wäre, wenn er das gewollt hätte« (Gegen Demosthenes frag. 8). Nun enthält der sarkastische Ton der Hypereides-Rede mit der genealogisch höchst heiklen Frage, ob sich Alexander als Sohn des Zeus oder Poseidon fühlte, nicht den Vorwurf des Sakrilegs. Es ging Hypereides vielmehr um die Enthüllung der Beziehungen, die zwischen Demosthenes und der makedonenfreundlichen Partei in Athen bestanden. Es handelte sich also weniger um eine weltanschaulich-religiöse, sondern von Seiten des Hypereides um eine rein politische Kritik. Bekannt ist auch die echt lakonische Antwort der Spartaner: »Wenn Alexander will, soll er ein Gott sein.«

Und was dachte Alexander? Welche Bedeutung maß er der Anerkennung der Griechen, seiner göttlichen Abstammung und seinen Fähigkeiten als *theos aniketos* bei? Antworten auf diese Fragen zu finden ist ein nahezu aussichtsloses Unterfangen, weil wir keine Äußerungen des Hauptbetroffenen kennen. Dennoch ist der Gedanke nicht von der Hand zu weisen, daß er, von seinen Siegen und der Ausdehnung seines Herrschaftsbereichs berauscht, sich wünschte, von den Griechen als Heros anerkannt zu werden und daraus auch die Anerkennung einer göttlichen Abstammung zu verlangen. In seiner Alexander-Vita beruft sich Plutarch auf den Gelehrten Eratosthenes von Kyrene, der 246 zum Leiter der Bibliothek von Alexandria berufen wurde: Olympias habe ihrem Sohn beim Auszug in den Krieg das Geleit gegeben und ihm unter vier Augen das Geheimnis seiner göttlichen Abstammung verraten. Dabei habe sie ihn ermahnt, sich seiner Abkunft würdig zu erweisen. Plutarch fügt aber auch hinzu, daß andere berichten: »sie habe sich hiergegen verwahrt und gesagt: ›Wird Alexander nicht aufhören, mich bei der Hera [der Ehegöttin] zu verleumden?‹« (Alex. 3). Höchstwahrscheinlich folgte Hypereides dieser Auslegung. Viel wichtiger aber ist die Frage, von welchem Zeitpunkt an Alexander die Anerkennung seiner göttlichen Abstammung verlangte und welchen Inhalt er ihr selbst gab.

Nun ist nicht ausgeschlossen, daß Alexander diese Anerkennung von den Griechen unbedingt erreichen wollte, um damit zu dokumentieren, daß er seine Macht unter keinen Umständen in Frage stellen lassen würde. Die Harpalos-Affäre und die Gerüchte um die angebliche Aufkündigung der Gefolgschaft durch Antipater, den Reichsverweser von Makedonien, konnten bei Alexander durchaus die Furcht vor einem Aufstand der Griechen schüren. Wenn es ihm gelang, einer solchen Erhebung den Anstrich eines »Gottesfrevels« zu verleihen, dann ließ sie sich vielleicht vermeiden. Selbstverständlich kann das Verlangen Alexanders nach Vergöttlichung auch durch seine unmittelbare Umgebung verstärkt worden sein. Der Hauptgrund aber bleibt: Alexander wollte seine absolute Macht demonstrieren und sich dadurch absichern.

Aber noch eine andere Seite seiner Vergöttlichung – seine Verbindung mit Dionysos – muß angesprochen werden. Wir wissen, daß einige antike Historiker diesen Aspekt betonen: Schließlich schrieb die mythische Tradition die Eroberung Indiens einerseits einem Gott zu, dessen Vorbild Alexander nur zu folgen brauchte, und dann gab es andererseits ja auch die verschiedenen »Bakchanalien«, durch die Alexander seine Siege bisher gefeiert hatte, zuerst in Persepolis, dann in Nysa, wo sich offenbar ein Dionysos-Kult erhalten hatte, ferner in Karmanien, wo Dionysos nach dem schweren Zug durch die gedrosische Wüste durch ein mehrtägiges Gelage und einen festlichen Umzug (*komos*) geehrt

Der Sohn des Zeus

wurde. Da uns genauere Kenntnisse fehlen, verweisen wir hier nur auf die absolut überzeugende Darstellung Paul Goukowskys (Essai, Bd. 2) über den wissenschaftlichen Wert dieser Interpretation.

Bei seiner Verehrung des Dionysos folgte Alexander der makedonisch-griechischen Tradition, die darin bestand, den Gott der Vegetation und der orgiastischen Feiern durch festliche Aufzüge zu ehren. Wenn wir von den unterschiedlichen und häufig einander widersprechenden Erzählungen unserer Quellen ausgehen, so scheint es, als sei Dionysos erst zu Beginn des Eroberungszuges Alexanders nach Indien bemüht worden: Der König hatte den Sieg des Gottes wiederholt und wollte diesen nun an den Siegesfeiern über die indischen Fürsten teilhaben lassen, ohne sich deshalb selbst als neuer Dionysos zu fühlen – ein völlig natürlicher Vorgang. Die »Bakchanalien« zu Ehren des Dionysos waren übrigens nicht mehr als eine Randerscheinung, eine Entspannung und Erholung nach den gewaltigen Anstrengungen, und es ist bezeichnend, daß sie in der Erzählung des Arrian, die sich auf die Aussagen direkter Zeitzeugen wie Aristobulos und Ptolemaios stützt, erst gar nicht auftauchen. Erst viel später entstand aufgrund der Propaganda der ersten beiden Ptolemäerkönige und interessierter Kreise in Alexandria der Mythos Alexanders als eines »neuen Dionysos«, ein Mythos, der den Zug des Gottes Dionysos ins Innere Asiens mit dem Zug Alexanders nach Indien verband.

Kurz vor seinem Tod hatte Alexander im Jahr 324 von den Griechen verlangt, in ihm den »unbesiegbaren Gott« zu sehen, und auch hier wie in Ägypten sollte es eine Zeitlang dauern, bevor er ihnen als Reinkarnation des Dionysos erschien und der Mythos seiner göttlichen Geburt entstand. Vielleicht sollten wir dieses Kapitel mit den in Bezug auf das Verhältnis von Alexander und Dionysos nicht uninteressanten Bemerkungen Plutarchs über das Ende der Erhebung Thebens und die Zerstörung der Stadt im Jahr 335 beschließen:

> »Später soll ihm [Alexander] das Unglück der Thebaner oft leid getan haben und ihn gegen nicht wenige milder gestimmt haben, und überhaupt führte er auch die im Rausch verübte Tat an Kleitos und die Meuterei der Makedonen bei den Indern, welche so den Feldzug und seinen Ruhm nicht zum Ziel gelangen ließen, auf den Groll des Dionysos zurück, der so an ihm Vergeltung übte« (Alex. 13).

Alexander fühlte sich wahrhaftig nicht als neuer Dionysos, aber wie diese Zeilen zeigen, fürchtete er offenbar die Rache des Sohnes der Thebanerin Semele. Gerade dies fordert zum Nachdenken über eine Persönlichkeit auf, deren komplexer Charakter sich durch die dichten Schleier der Legende hindurch nur schwer erahnen läßt.

DRITTER TEIL
Der Mensch Alexander

Die Aufgabe einer Biographie besteht nicht allein darin, die großen und außerordentlichen Augenblicke im Leben einer Person aufzuzeigen oder die verschiedenen Funktionen zu untersuchen, die sie im Lauf ihres Lebens innegehabt hat. Auch der Versuch, die verschiedenen Aspekte ihrer Persönlichkeit freizulegen, gehört dazu. Dies kann aufgrund der Aussagen von Nahestehenden der Person geschehen, manchmal aber auch, wenn es sich um jemanden handelt, der über sein Handeln schriftliche Spuren hinterläßt, dadurch, daß man auf ihn selbst hört. Was Alexander betrifft, so existieren zwar mehrere Briefe, die ihm zugerechnet und in unseren Quellen zitiert werden, aber ihre Echtheit wurde – aus gutem Grund – oft bezweifelt. Im Fall der ihm nahestehenden Personen sind wir auf das Zeugnis von Autoren nach seiner Zeit angewiesen. Bei ihnen können wir versuchen, die Gefühle zu ermitteln, die sie für eine so außerordentliche Persönlichkeit empfanden. Selbst Plutarch, der in dem nun folgenden dritten Teil unser wichtigster Führer sein wird, sagt, daß Alexander aufgrund seiner Position außer Hephaistion und Krateros nur wenig Freunde hatte, und von keinem der beiden besitzen wir auch nur ein Wort der Überlieferung, nicht einmal auf indirektem Wege.

Warum also Plutarch als Führer? Zunächst einmal, weil er sich als Verfasser einer Alexander-Vita mit dem Titel »Alexandros«

dafür anbietet und sich als gelehrter philosophischer Schriftsteller darin von den Historikern unterscheidet. Mehr als die Großtaten des Königs interessierten ihn nämlich die Einzelzüge, die seinen Charakter, sein Wesen, beleuchten. Die Vielzahl der Anekdoten, die Plutarch in seine Erzählung aufnahm, sind sicher nicht alle authentisch, sie sind aber auch nicht allein die Frucht der Legendenbildung, die in den vier Jahrhunderten entstand, die das Leben des Philosophen aus Chaironeia von der kurzen Herrschaft des Makedonen trennen. So wenig er seine Quellen nennt, wenn er über die Eroberungen Alexanders berichtet, so offenherzig kennzeichnet er sie im Fall dieser Anekdoten, die ihm dazu dienen, die Persönlichkeit seines Helden zu schildern. Schließlich müssen wir noch anfügen, daß Plutarch, wie wir sehen werden, mehr als andere Alexander-Historiker den Entwicklungsprozeß in dessen Verhalten berücksichtigt, je tiefer dieser mit seinem Heer in Asien vordrang.

Zwei ebenfalls Plutarch zugeschriebene Abhandlungen »Über das Glück oder die Tüchtigkeit Alexanders« sind deutlich von der Legendenbildung geprägt. Natürlich finden sich in beiden gemeinsame Anekdoten, und zusammen zeichnen sie ein Bild des Königs, das im wesentlichen mit dem der Biographie vergleichbar ist. Beide aber spiegeln eine neue Dimension des visionären Philosophen, der sich aufmacht, ein Bild Alexanders zu schaffen, das noch viele und in ihrer Art fruchtbare Nachfolger haben sollte.

Wenn wir uns als Führer durch die folgenden Seiten Plutarch wählen, so mit dem Bedenken, das sich – wir können es nicht oft genug wiederholen – angesichts einer Persönlichkeit aufdrängt, die so bald zum Mythos geworden ist.

Kindheit und Erziehung

Wir werden hier nicht noch einmal auf die Legenden zu sprechen kommen, die, umgeben von Anzeichen einer außergewöhnlichen Bestimmung, die Zeugung Alexanders in ein gleichsam magisches Licht rücken. Wir müssen uns aber stets vor Augen halten, daß Plutarch zwar gern an diese Zeichen erinnert, ihnen jedoch nur eine relative Bedeutung zumißt. Für ihn steht außer Zweifel, daß Alexander von Philipp II. abstammte; diese Meinung vertritt er auch in seinen beiden Schriften »Über das Glück oder die Tüchtigkeit Alexanders«. Das so abenteuerliche Leben des Makedonenkönigs hing für Plutarch nicht von irgendeiner Zufallsentscheidung der Schicksalsgöttin Tyche ab, sondern von der persönlichen Tüchtigkeit des Eroberers.

Über die äußere Erscheinung Alexanders sagt Plutarch wenig. Wie alle seine Zeitgenossen hatte er viele Alexander-Statuen vor Augen, alle jedoch mehr oder weniger naturgetreue Kopien des Bronzestandbildes, das Lysippos vom lebenden Alexander geschaffen hat: »[...] die leichte Biegung und Neigung des Halses nach links und das Schwimmende im Blick [in die Weite], das hat der Künstler genau festgehalten« (Alex. 4). Plutarch behauptet auch, daß sich Alexander nur von Lysippos porträtieren ließ und – in der Tat – weicht keine der vielen gefundenen Alexander-Büsten von der ausdrucksstarken Bronzearbeit des Künstlers aus Sikyon ab. Einige Werke seiner Epigonen zeigen einen männlicheren Gesichtsausdruck oder eine fülligere Haartracht. Es ist aber sicher, daß gerade der junge Alexander die Bildhauer des Hellenismus und der Römerzeit inspirierte und unter ihnen insbesondere die in den kleinasiatischen Griechenstädten, die eine andächtige Erinnerung an den Eroberer bewahrten, der sie aus der Barbarenherrschaft »befreite«.

Der Mensch Alexander

Kopf Alexanders

Plutarch erwähnt auch die »weiße Haut« des jungen Königs, die »an der Brust und besonders im Gesicht ins Rötliche überging«, während ihn der Maler Apelles von Kolophon »dunkler und bräunlicher« dargestellt hat. Man kann sich leicht vorstellen, daß die weiße Haut Alexanders unter der Sonne Asiens rasch bräunte. Andererseits ist auch denkbar, daß die Brauntöne bei Apelles auf die Gewohnheiten der griechischen Malerei zurückzuführen sind, Frauen und Kinder in blasser Hautfarbe, die Männer aber wegen ihres ständigen Aufenthaltes im Freien gebräunter darzustellen. Das braune Gesicht und der gebräunte Hals Alexanders in dem berühmten Mosaik von der Schlacht bei Issos werden deshalb auch niemanden erstaunen.

Am Ende dieser kurzen Darstellung der äußeren Erscheinung Alexanders sei noch gesagt, daß er anscheinend nicht sehr groß

Kindheit und Erziehung

Alexander und sein Streitroß Bukephalos (goldenes Medaillon aus Abukir in Ägypten)

war. Sein Biograph erwähnt mehrfach, daß er im Kampf Mann gegen Mann oft gegen Höhergewachsene antreten mußte.

Seine Erziehung am Hof Philipps II. entsprach der eines Prinzen, der eines Tages seinem Vater nachfolgen sollte. Besonders die Jagd war für einen Heranwachsenden wie ihn etwas Normales, und wir besitzen von ihm auch einige Darstellungen bei der Jagd. Ebenfalls sehr detailreich erzählt Plutarch von der erfolgreichen Bändigung eines Pferdes durch den jungen Prinzen, das niemand aufsitzen ließ. Philipp, voller Bewunderung über diese Leistung, schenkte es Alexander, der es Bukephalos taufte. Dieser treue Freund sollte Alexander fast den gesamten Feldzug hindurch begleiten, und sein Tod erfüllte den König mit tiefem Schmerz.

Da sich Philipp um die Ausbildung seines Sohnes sorgte, erhielt der Knabe einen Erzieher namens Leonidas, nach den Worten Plutarchs ein strenger Mann. Er war trotz seines Namens und seiner Strenge kein Spartaner, sondern ein Verwandter von Olympias, Alexanders Mutter. Er lehrte seinen Schüler, sich mit wenigem zu begnügen und sich frugal zu ernähren. Diese Erziehung trug später ihre Früchte, als der König Dürrezonen zu durchqueren hatte. Der zweite Erzieher Lysimachos, ein Lehrer, betrachtete sich eher als Abkömmling des Kentauren Chiron, der einen neuen Achilleus zu erziehen hatte.

Der makedonische Königshof verbreitete strahlenden Glanz und stand, wie die berühmten Ausgrabungen von Vergina beweisen, deutlich unter dem Einfluß der hellenischen Kultur. Die makedonischen Könige verstanden sich als ursprüngliche Griechen, weshalb der junge Prinz selbstverständlich in die Dichtungen Homers, die Grundlagen der griechischen Kultur, eingeführt wurde. Seine beiden Epen wurden ihm so vertraut, daß er die »Ilias« während des gesamten Asienzuges in seinem Gepäck mit sich führte. Da er sich mütterlicherseits als neuer Achilleus sah, betrachtete er diese Expedition zumindest anfangs als einen neuen Trojanischen Krieg.

Die Lektüre des Jünglings Alexander scheint sich aber nicht auf die Dichtungen Homers beschränkt zu haben, auch die griechischen Tragödien schätzte er. Wie wir wissen, verbrachte Euripides seine letzten Jahre am Hof von König Archelaos I., so daß Alexander in seiner Jugend durchaus auch die Verse des Dichters kennenlernen konnte. Auf jeden Fall bat Alexander, wie Plutarch erzählt, als er mitten in Asien weilte, Harpalos, ihm die Tragödien von Euripides, Sophokles und Aischylos sowie die Werke des Staatsmannes und Historikers Philistos von Syrakus (»Sizilische Geschichte« mit der Tyrannis des Dionysios I.) zu schicken, desgleichen die Dithyramben der damals weniger bekannten Lyriker Telestes von Selinus und Philoxenos von Kythera. Wir wissen auch, daß der athenische »Finanzminister« Lykurgos um 330 offizielle Niederschriften der drei großen Tragiker der Stadt anfertigen ließ, und es ist uns ebenfalls bekannt, daß sich Harpalos, der künftige Kämmerer Alexanders, etwa um die gleiche Zeit in Athen aufhielt. Sollte ihn deshalb Alexander gebeten haben, ihm Exemplare dieser Niederschriften zu besorgen?

Kindheit und Erziehung

Nach diesem Exkurs kommen wir auf die geistige Ausbildung des jungen Alexander zurück. Entscheidend für sie war, daß Aristoteles nach Pella kam. Aristoteles wurde 384 oder 383 als Sohn des Arztes Nikomachos in Stagira auf der Chalkidike geboren; sein Vater zog kurz darauf an den Hof des Königs Amyntas II. Wie viele andere junge Männer zog es Aristoteles nach Athen, um dort Rhetorik und bei den »Sophisten« Philosophie zu studieren – beide Disziplinen begründeten den Ruf der Stadt als geistiges Zentrum Griechenlands. Er wurde Schüler des Redners Isokrates, und Anklänge dieser Ausbildung finden sich in seiner später verfaßten »Rhetorik«. Hauptsächlich aber erhielt er seine Ausbildung in der Akademie Platons. Bis zu dessen Tod 348/347 nahm er an den Lektionen des Meisters teil. Danach verließ Aristoteles wie viele andere Schüler Platons Athen und hielt sich am Hof des philosophisch gebildeten Tyrannen Hermeias (Hermias) von Atarneus (bei Assos in der Troas) und später dann in Pella auf, bevor er 335 nach Athen zurückkehrte. Dort eröffnete er eine eigene Schule, das Lykeion. Nach Alexanders Tod wurde er als Anhänger der makedonischen Partei von einer Anklage bedroht; er begab sich nach Chalkis auf Euböa, wo er kurz darauf starb (322).

Aristoteles kam 343 auf die Bitte Philipps II. nach Pella, um die Erziehung seines Sohnes und künftigen Nachfolgers zu übernehmen. Damals hatte Aristoteles noch nicht die Werke verfaßt, die ihn zum größten Denker der Antike auf allen Gebieten, insbesondere der Naturwissenschaften und der Philosophie, erheben sollten. Als Unterrichtsform für Alexander entschied er sich nach dem Vorbild seines eigenen Lehrers Platon für Lehrvortrag und Diskussion. Darauf verzichtete er jedoch schon nach kurzer Zeit und wandte sich der Form der schriftlichen Abhandlung zu, weil sie ihm das Denken entlang einem logischen Konstrukt ermöglichte und deutlich machte, welche Fragen unbeantwortet bleiben

Der Mensch Alexander

Büste des Aristoteles

mußten und wo es sich um unauflösbare Aporien handelte. Vor seinem Aufenthalt in Makedonien hatte Aristoteles das Pflanzen- und Tierreich erforscht. Aber schon da hatte er sich in einer Erweiterung der Bildungsziele Platons nicht nur für alle Wissensgebiete, sondern auch für das, was wir als »Wissenschaft von der Politik« bezeichnen, interessiert – eigentlich war er ihr Erfinder.

Wahrscheinlich träumte Aristoteles am Beginn seiner Erziehertätigkeit davon, einen Prinzen, so wie im Fall seines Freundes Hermeias, zur Weisheit der Philosophie zu bekehren, so wie es schon Platon bei Dionysios II. auf Sizilien vorgeschwebt hatte. Für Plutarch jedenfalls stand der Einfluß von Aristoteles auf Alexander fest: Er habe ihm nicht nur die griechische Poesie und Tragödiendichtung nahe gebracht, sondern auch Alexanders

Kindheit und Erziehung

Neigung zu den Naturwissenschaften geweckt. Dies würde auch das Bestreben des Königs von Makedonien erklären, Gelehrte auf seinen Feldzug mitzunehmen, oder auch seinen Auftrag an Nearchos, bei der Rückkehr des Heeres den Seeweg vom Indus zum Euphrat zu erkunden. Aber hat Aristoteles den jungen Prinzen auch moralisch und politisch beeinflußt? Wir werden diese Frage auf den folgenden Seiten noch einmal erörtern. Tatsache ist, daß weder in der »Nikomachischen Ethik« noch in der »Politik«, also in Werken, die Aristoteles nach seiner Rückkehr nach Athen verfaßte, der geringste Hinweis auf den Mann auftaucht, der sich als *hegemon* der Griechen zur Eroberung Asiens aufmachte.

Einige spätere Quellen erwähnen einen Briefwechsel zwischen dem König und seinem ehemaligen Lehrer. Plutarch erzählt davon in Form eines vorwurfsvollen Briefes von Alexander an Aristoteles: »[…] Du [Aristoteles] hast nicht recht getan, daß du die nur fürs Hören bestimmten Lehren veröffentlicht hast. Denn wodurch werden wir uns über die anderen erheben, wenn die Lehren, nach denen wir erzogen worden sind, Allgemeingut werden?« (Alex. 7) Insgesamt sollten wir Hinweise auf eine derartige Korrespondenz jedoch mit Vorsicht betrachten.

In der »Politik« zeigt Aristoteles gegenüber der absoluten Monarchie übrigens eine gewisse Zurückhaltung. In seinen Augen ist sie nur gerechtfertigt, wenn sie von einer mit *arete* begabten Persönlichkeit ausgeübt wird, also von jemand, der über eine »Tugend« verfügt, die alle anderen Tugenden der Mitglieder einer bürgerlichen Gesellschaft überragt. Und diese Eigenschaft, die den absoluten Herrscher in ein »lebendes Gesetz« verwandelt, folgt für Aristoteles nicht aus einer Herrschaft, die sich auf militärische Eroberungen stützt. Sie ist für ihn vielmehr der bestimmende Teil des »Charakters« eines derartig außergewöhnlichen Menschen. Erfüllte Alexander dieses

Der Mensch Alexander

Kriterium? Es steht jedenfalls zu bezweifeln, daß sein einstiger Lehrer so früh darüber hätte abgewogen urteilen können.

Kommen wir wieder auf den jungen Alexander zurück und räumen mit Plutarch gerne ein, daß Aristoteles ihn für die Medizin, für die Naturwissenschaften und vielleicht auch für die Philosophie begeisterte. In diesem Punkt verweist Plutarch auf das Interesse des Königs an den Brahmanen, jenen indischen Philosophen, mit denen Alexander in Indien verkehrte. Plutarch berichtet auch über die Beziehung Alexanders zu Xenokrates von Chalkedon, dem Leiter der Akademie in Athen nach dem Tode Speusipps, der ihm seine Schrift *Peri basileias* (»Über die Königsherrschaft«) gewidmet hatte. Dennoch sei vor voreiligen Schlüssen gewarnt: Solche »Informationen« könnten auch dem Mythos entstammen, der sich nach dem Tod des Eroberers herausbildete. Selbst Plutarch macht sich in seinen Schriften »Über das Glück oder die Tüchtigkeit Alexanders« zum Sprachrohr des »Königsphilosophen« Alexander – darauf werden wir später noch einmal eingehen. Zuvor aber sollten wir versuchen, die Einzelaspekte einer komplexen Persönlichkeit frei zu legen, über die die Nachwelt so widersprüchliche Urteile fällen sollte.

Die Persönlichkeit Alexanders

Wenn wir uns nun dem Charakter des Königs der Makedonen und den Qualitäten zuwenden, die ihm zugeschrieben wurden, dann stützen wir uns hauptsächlich auf die Begebenheiten, die uns Plutarch in seiner Alexander-Vita und in den beiden Schriften über sein Glück oder seine Tüchtigkeit überliefert hat. Alle drei Quellen wollen nachweisen, daß Alexander seine außerordentlichen Erfolge nicht dem Glück (*tyche – fortuna*), sondern allein seiner eigenen Leistung (*arete - virtus*) verdankte.

Die Persönlichkeit Alexanders

Diese Fähigkeiten könnte man wie folgt kategorisieren: Mut und Ausdauer, Selbstbeherrschung, Großzügigkeit, Freundlichkeit und, wie es einer »philosophischen« Natur zukommt, vernunftgesteuertes Handeln und Verhalten.

Mut und körperliche Ausdauer
Bei der Erzählung Plutarchs über die verschiedenen Etappen des Asienzugs bietet sich ihm oft die Gelegenheit, über die körperliche Ausdauer und den Mut des Königs zu berichten. Schon bei seiner Thronbesteigung scheute er sich nicht, seine überaus mühsam errungene Königsherrschaft durch einen Angriff auf die Barbarenvölker an der Ost- und Westgrenze Makedoniens aufs Spiel zu setzen oder in einem Griechenland, das »Philipp noch nicht Zeit gehabt hatte, unters Joch zu zwingen und zu zähmen« (Alex. 11) und das in Chaos und Aufruhr versetzt war, wieder normale Zustände einzuführen. Mit der gleichen Hartnäckigkeit und dem unbedingten Willen, seine Mission zu erfüllen, setzte er sich über makedonische Traditionen hinweg, die den Beginn eines Feldzugs in bestimmten Monaten verboten; auch den Granikos überschritt er zu einem Zeitpunkt, der ihm am geeignetsten schien. Sein Mut und seine Gleichgültigkeit gegenüber Gefahren zeigte sich auch, als er trotz der eindringlichen Warnung Parmenions die Medizin des Arztes Philippos gegen eine schwere Erkältungskrankheit trank, die er sich bei einem Bad in den eisigen Fluten des Kydnos zugezogen hatte (Plutarch, Alex. 19) Bei dieser Begebenheit zeigt sich wieder einmal, daß Alexander denen Vertrauen schenkte, von deren Treue er überzeugt war.

Er selbst fühlte sich Freunden gegenüber stets zu Dankbarkeit verpflichtet, was sich am Beispiel seines alten Lehrer Lysimachos auf einem Kriegszug in Syrien verdeutlichen läßt: Er blieb bei ihm und redete ihm gut zu, als der vom Fußmarsch völlig er-

Der Mensch Alexander

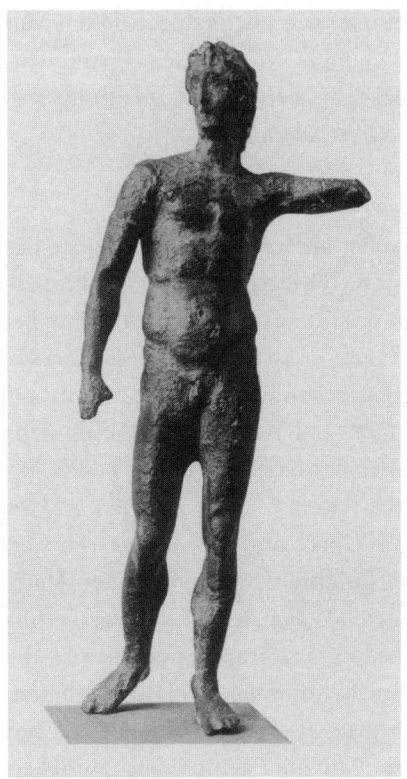

*Bronzestatuette
des Alexander, sich auf eine
Lanze stützend*

schöpfte Lysimachos nicht mehr weiter konnte und er mit ihm allein, abgetrennt von seinem Heer eine bitterkalte Nacht im Freien in der Nähe der Feinde zubringen mußte. Er nützte diese schwierige Situation sogar noch aus: »Da er sich nun auf die Behändigkeit seines Körpers verlassen konnte und gewohnt war, stets durch persönlichen Wagemut und Einsatz den gesunkenen Mut der Makedonen zu stärken«, stürzte er sich auf die Feinde und »stieß zwei […] Barbaren mit dem Schwert nieder!« (Plutarch, Alex. 24). Als er sich in Ägypten auf den beschwerlichen Weg zum Ammon-Orakel machte, überstand er aufgrund seines

Die Persönlichkeit Alexanders

zähen Willens die Gefahren der libyschen Wüste (Alex. 26). Vor der letzten großen Schlacht gegen Dareios weigerte er sich trotz der Ratschläge seiner älteren Kommandeure, bei Nacht anzugreifen. Er sagte: »Ich will den Sieg nicht stehlen.« Statt dessen schlief er fest und tief und präsentierte sich am nächsten Morgen ausgeruht und in aller Form kampfbereit. »Aber nicht nur vor der Schlacht, sondern auch in der Gefahr selbst zeigte er sich groß, geistesgegenwärtig und von mutiger Entschlossenheit« (Alex. 32).

Wegen seines persönlichen Einsatzes in der Schlacht wurde Alexander natürlich häufig verwundet; er biß dann aber die Zähne zusammen und setzte sich umgehend neuen Gefahren aus. So hatte er einmal einen Pfeilschuß ins Schienbein bekommen, so daß ein Knochenstück abgesplittert war und herausgenommen werden mußte, oder einen Steinwurf an den Hals erhalten, so daß er für längere Zeit die Sehkraft verlor (Plutarch, Alex. 45). In Indien schaltete er sich höchstpersönlich in den Angriff auf die Felsenfestung des Simithres ein (Alex. 58). Mit dem gleichen Mut und der gleichen körperlichen Tüchtigkeit überwand er den Hydaspes unter den Augen von König Poros und seinem Heer. Ohne Zögern watete er mit seinen Soldaten durch das brusthohe Wasser (Alex. 60). Die größte Kühnheit bewies er bei der Erstürmung einer befestigten Stadt der Maller in Indien, als die Sturmleiter brach und er, nur mit drei Getreuen, von der Mauer mitten unter die Feinde sprang (Alex. 63). Alexander war also nicht nur ein begnadeter Feldherr, der die verschiedenen Heeresabteilungen geschickt hin und her schob, sondern beteiligte sich auch höchstpersönlich an der Schlacht ohne Furcht vor Verletzungen oder dem Risiko, sein Leben zu verlieren.

Der Mensch Alexander

Selbstbeherrschung

Für Plutarch war dieser Schneid nur einer der hervorstechenden Charakterzüge Alexanders – eine andere, ebenso herausragende, weil »philosophische« Eigenschaft war in seinen Augen die Genügsamkeit des Königs: Alexander brauchte nur wenig zum Essen und Trinken. Mit Vergnügen erzählt Plutarch eine Anekdote über das Verhältnis Alexanders zu Ada, der Königin von Karien, die er zur Regentin dieses Landes ernannt hatte:

> »Denn als diese, um ihm Liebes zu erweisen, ihm täglich viele gute Speisen und Leckerbissen schickte, schließlich auch die geschicktesten Küchenmeister und Bäcker, da ließ er ihr sagen, er brauche nichts von alledem, denn er habe bessere Köche; diejenigen, die ihm von seinem Pädagogen Leonidas gegeben worden seien: für das Frühstück einen Nachtmarsch und für das Abendessen ein mageres Frühstück« (Alex. 22).

Als er Bessos verfolgte, der Dareios nach der Schlacht bei Gaugamela gefangengenommen hatte, litten er und sein Gefolge, »besonders in der wasserlosen Wüste« gewaltigen Durst. Da begegneten ihm einige Makedonen, die für ihre Kinder auf Maultieren Wasser in Schläuchen vom Fluß mit sich führten. Als sie dem vor Durst ermatteten Alexander einen Helm voll Wasser anboten, lehnte der König ab, weil er keine Vorzugsbehandlung gegenüber seinen ebenso durstigen Reitern wollte:

> »Er nahm den Helm in die Hand, blickte sich um und als er sah, wie die Reiter um ihn die Köpfe gesenkt hielten und auf ihn blickten, gab er den Helm zurück, ohne getrunken zu haben, dankte den Leuten und sagte: ›Wenn ich jetzt allein tränke, würden diese Männer den Mut verlieren‹. Angesichts dieser Enthaltsamkeit und dieser Seelengröße schrieen die

Die Persönlichkeit Alexanders

Reiter auf, er solle sie getrost weiterführen [...] sie wären nicht müde, hätten keinen Durst und fühlten sich überhaupt nicht mehr als sterbliche Menschen, solange sie einen solchen König hätten« (Alex. 42).

Diese Enthaltsamkeit und Selbstbeherrschung trat insbesondere auch in seinem Umgang mit Frauen zu Tage – Plutarch streicht diesen Aspekt in Alexanders Persönlichkeit deutlich heraus. Gerade die Frauen der Familie des Großkönigs, seine Mutter, seine Ehefrau und seine beiden jungfräulichen Töchter, die nach der letzten Schlacht gegen Dareios bei Gaugamela in die Hand Alexanders gefallen waren, behandelte er mit schier unglaublicher Rücksichtnahme, obwohl man seit Homer in der griechischen Welt wußte, wie mit Kriegsgefangenen verfahren wurde – sie waren dem Sieger auf Gnade und Erbarmen ausgeliefert. Alexander nun gewährte den Frauen nicht nur sämtliche Privilegien, derer »sie unter der Regierung des Dareios gewürdigt waren«, sondern hütete sich trotz ihrer Schönheit vor jeglichem Gewaltakt ihnen gegenüber, ja er wollte sie nicht einmal ansehen. Diesem wahrhaft überraschenden Satz läßt Plutarch eine ebenso schier unglaubliche Begründung folgen: »Aber Alexander hielt es offenbar für königlicher, sich selbst zu beherrschen, als die Feinde zu besiegen, und er rührte weder diese Frauen an noch erkannte er eine andere Frau vor seiner Ehe außer Barsine« (Alex. 21).

Diese Barsine, Witwe Memnons von Rhodos, entstammte über ihren Vater Artabazos, selbst Sohn einer königlichen Prinzessin, dem Achämenidengeschlecht und war von Truppen Alexanders bei Damaskus gefangengenommen worden. Alexander nahm sie zu seiner einzigen Geliebten und verhielt sich damit nach dem Vorbild seines mythischen Vorfahren Achilleus, der sich aus dem Kampf um Troia zurückzog, weil ihm Agamemnon seine geliebte Gefangene Briseis weggenommen hatte. Bestens vorstellbar, daß der König seine Freunde an diesen historischen Bezug erinnerte. Im übrigen war Alexander, so Plutarch, durchaus für die Schönheit der gefangenen Perserfrauen empfänglich. Sie seien, wie er im Scherz geäußert haben soll, für ihn »Schmerzen für die Augen«, eine Bemerkung, die seine männliche Enthaltsamkeit in ein noch besseres Licht rückte.

Diese Eigenschaft brachte ihn offenbar auch dazu, was Plutarch als Anekdote sowohl in seiner Alexander-Vita wie auch in seiner ersten Schrift »Über das Glück und die Tüchtigkeit Alexanders« gleich doppelt berichtet: Einem seiner Kommandeure, Philoxenos mit Namen und Befehlshaber einiger Küstenabschnitte, waren offenbar zwei wunderschöne Knaben zum Kauf angeboten worden, und Philoxenos wollte vom König wissen, ob er sie für ihn kaufen sollte. Alexander wies diese Anfrage voller Entrüstung zurück: »Welche Gemeinheit hätte Philoxenos denn je an ihm beobachtet, daß er dasitze und ihm [Alexander] so schändliche Dinge besorgen wolle, schrie er seine Freunde mehrmals an« (Plutarch, Alex. 22; Über das Glück ... I 333 A).

Ein weiterer Beweis für seinen Respekt vor Frauen ist seine Zurückhaltung gegenüber Roxane, nachdem er sich entschlossen hatte, sie zu ehelichen. Auch darin setzte er sich über ein makedonisches oder auch griechisches Gesetz insofern hinweg, wenn man unterstellt, daß nur Ehen unter Angehörigen der gleichen Nation als legitim anerkannt wurden. Barsine, obwohl königlicher Abstammung, war nur seine Geliebte und der Sohn, den sie Alexander gebar, hätte nie und nimmer Thronansprüche stellen können, während der Fall bei Roxane anders lag: Als persische Prinzessin konnte Alexander sie völlig legitim heiraten und sein Ziel bei dieser Verbindung, mit ihr den rechtmäßigen Erben zu zeugen, ließ sich deshalb umsetzen, weil er Nachfolger der Achämenidenherrscher geworden war. Was aber Plutarch im Fall die-

Die Persönlichkeit Alexanders

ser Verbindung deutlich erwähnt – er insistiert sogar darauf – war, daß sie in erster Linie auf der Liebe (*eros*) zwischen dem König und der jungen Frau beruhte und Alexander vor allem deshalb »nicht wagte, sie zu berühren, bevor er nicht nach Recht und Gesetz mit ihr verbunden war« (Alex. 47).

Aber, wie man weiß, hinderte ihn das nicht, auch Stateira, eine der Töchter Dareios' III. zu heiraten. Bei ihr bestand allerdings ein anderer Grund, wie Plutarch in der zweiten Schrift »Über das Glück oder die Tüchtigkeit Alexanders« berichtet: Obwohl er sich immer wieder zur Liebe zu seiner einzigen Frau Roxane bekannte, stand hinter dieser zweiten »gesetzlich legitimierten Verbindung« das klare politische Ziel der »Verschmelzung zweier Dynastien mit all den großen Vorteilen, die sich daraus ergaben«.

Was ist von diesem Bild Alexanders zu halten, der seine Leidenschaft zu beherrschen verstand und ein treuer und liebevoller Gatte war? Wir können diese Frage allein schon deshalb nicht beantworten, weil der Alexander Plutarchs eine, wie wir noch sehen werden, unglaublich komplexe Persönlichkeitsstruktur besaß. Zunächst aber bleiben wir bei der Darstellung seiner Vorzüge.

Großzügigkeit
Von allen positiven Eigenschaften Alexanders erwähnt Plutarch am häufigsten seine Großzügigkeit gegenüber Griechen, Makedonen und, seit er die Nachfolge des Dareios angetreten hatte, auch in Bezug auf die Perser; selbst für besiegte Feinde empfand er Nachsicht. Diese Eigenschaft zeigte sich aber vor allem in regelmäßigen Geschenken an sein Gefolge und seine Soldaten.

Plutarch zitiert dafür einige Beispiele. Als Athen wegen des Strafgerichts, das Alexander über Theben gebracht hatte, öffentlich trauerte und die geflohenen Thebaner nach der Zerstörung ihrer Stadt aufgenommen hatte, grollte der König der Stadt nicht, sondern »empfahl ihr sogar, ihre Aufmerksamkeit auf ihre Verhältnisse zu richten, denn wenn ihm [Alexander] etwas zustoße, werde ihr die Führung Griechenlands zufallen« (Alex. 13). Plutarch erzählt aber auch von dem Auslieferungsbegehren des Königs, der von Athen verlangte, ihm alle makedonenfeindlichen Redner zu überstellen, wobei es nur dem Einschreiten des Atheners Demades zu verdanken war, daß er darauf verzichtete.

Großmütig und ritterlich behandelte er nicht nur, wie ausgeführt, die Frauen aus der Familie des Großkönigs, sondern auch diesen selbst. Nachdem er zu spät gekommen war, um dessen letzte Worte noch zu hören, »nahm er schmerzlich bewegt durch das Geschehene seinen Mantel ab, legte ihn über den Leichnam und ließ ihn darin einhüllen. [...] [danach] sandte er den Leichnam des Dareios, königlich geschmückt, seiner Mutter zu« (Plutarch, Alex. 43).

Vor allem seinen Freunden und Soldaten kam die Hochherzigkeit des Königs zugute. Bei der Abfahrt nach Kleinasien bestieg er sein Schiff erst, nachdem er sich nach den persönlichen Verhältnissen seiner Kampfgefährten erkundigt und »dem einen ein Grundstück, dem anderen ein Dorf, einem dritten die Erträge einer Gemeinde oder eines Hafens zugewiesen hatte. Als schon fast alle königlichen Güter vergeben und verschrieben waren, sagte Perdikkas: ›Und was behältst du für dich übrig, König?‹, und als er erwiderte: ›Die Hoffnung‹ [...] lehnte [er] den ihm überschriebenen Besitz ab« (Plutarch, Alex. 15).

Als ihm im Lauf seiner Eroberungen rasch märchenhafte Reichtümer zufielen, beanspruchte er sie nur deshalb für sich, da sie ihm Gelegenheit boten, seine Großzügigkeit unter Beweis zu stellen. So ließ er nach der Eroberung von Tyros seiner Mutter Olympias, seiner Schwester Kleopatra und seinen in Makedo-

Die Persönlichkeit Alexanders

nien verbliebenen Freunden einen Großteil der Beute schicken. Sein Erzieher Leonidas erhielt Weihrauch und Myrrhe im Wert von 500 bzw. 100 Talenten mit den Worten: »Wir haben dir Weihrauch und Myrrhe im Überfluß geschickt, damit du aufhörst, den Göttern gegenüber zu knausern«; Leonidas hatte nämlich den Knaben Alexander ermahnt, mit dem Räucherwerk sparsamer umzugehen (Plutarch, Alex. 25).

Nach dem Sieg bei Gaugamela, der Alexander die Gesamtherrschaft über das Perserreich einbrachte, »veranstaltete er prachtvolle Opferfeste für die Götter – und schenkte seinen Freunden Reichtümer, Paläste und Statthalterschaften [...] Er sandte ferner den Bürgern von Kroton nach Italien einen Teil der Siegesbeute, um den hohen Mut des Athleten Phayllos zu ehren, der zur Zeit der Perserkriege [...] auf einem selbst ausgerüstetem Schiff nach Salamis gefahren war, um an der Gefahr teilzunehmen« (Plutach, Alex. 34).

Nach der Einnahme von Susa und Persepolis raffte Alexander zwar große Gold- und Geldmengen an sich, aber nur um sie grenzenlos freigebig wieder zu verschenken. Plutarch berichtet in einer Anzahl von Anekdoten auch über die Empfänger der Geschenke – ihm nahestehende Freunde, die Kommandeure oder einfache Soldaten seines Heeres. Einer von ihnen führte ein mit einem Sack Gold beladenes Maultier und lud sich, als das Tier erschöpft war, den Sack selbst auf die Schultern, und erst als er selbst nicht mehr konnte, setzte er ihn ab. Alexander ermunterte ihn, den Sack weiterzuschleppen, indem er ihm sagte, er gehöre jetzt ihm.

Diese grenzenlose Schenkungssucht brachte ihn von seiner Mutter Olympias, mit der er in regelmäßigem Briefwechsel stand, aber auch Vorhaltungen ein: Er mache seine Freunde durch seine Geschenke Königen gleich und entblöße sich selbst. Dieser Meinung war auch der Sohn des persischen Generals

Mazaios, dem Alexander zu dessen schon bestehender Statthalterschaft noch eine zweite, größere schenken wollte und der mit den Worten ablehnte: »O König, damals gab es nur einen Dareios; jetzt hast du aber viele Alexander geschaffen« (Plutarch, Alex. 39).

Eine andere Facette seiner Großzügigkeit, die eher in Richtung Verzeihen neigt, zeigte sich nach der Rückkehr nach Susa. Dort bezahlte er die Schulden seiner Soldaten, die während des Feldzugs aufgelaufen waren. Als sie, von Eifersucht auf die wachsende Zahl der Perser im Heer getrieben, ihm vorwarfen, er bevorzuge diese Perser und wolle sich von ihnen, den Makedonen trennen, nahm ihnen Alexander das gewaltig übel. Erst als sie die Unhaltbarkeit ihrer Vorwürfe eingesehen und sie zwei Tage und zwei Nächte vor seinem Zelt laut geklagt hatten, »kam er heraus, […] redete freundlich zu ihnen und entließ die Invaliden großartig beschenkt« (Plutarch, Alex. 71).

Diese Hochherzigkeit, die ihm bei seinem Biographen Plutarch das Attribut eines *megalodōrotos*, d. h. des größten Geschenkverteilers einbrachte, verband sich mit echter Fürsorglichkeit für seine Nächsten. In diesem Zusammenhang erwähnt Plutarch einen Brief, den Alexander an seinen Freund Peukestas schrieb, der bei der Jagd von einem Bären gebissen worden war, oder seine Aufregung über die Verwundung des Krateros beim Spiel mit einem Ichneumon und schließlich seine ständige Sorge um die Gesundheit seiner engsten Freunde, wobei er auch vor direkten Anweisungen an die sie behandelnden Ärzte nicht zurückschreckte (Alex. 41).

Alexander, der Philosoph

Die Fähigkeiten des Königs ließen sich am besten durch seine eines Philosophen würdige Lebensweise erklären – so Plutarch. In ihr begründet lägen seine Selbstbeherrschung und Wider-

Die Persönlichkeit Alexanders

standskraft gegen alle Formen oberflächlichen Vergnügens, aber auch die Sorge, seine Gefährten von der Übersättigung, in der die meisten von ihnen lebten, wieder abzubringen. Dabei ließ er es jedoch auf keinen Konflikt ankommen, sondern »machte ihnen nur sanfte Vorwürfe mit Vernunftgründen« (Alex. 40), um sie wieder auf den Pfad der Tugend zurückzuführen.

Diese »philosophische« Einstellung erklärt auch, was man als Alexanders Wahrheitsliebe bezeichnen könnte. Trotz aller Schmeicheleien und Orakel erlag er niemals irrationalen Selbsttäuschungen. Obwohl er um seine göttliche Herkunft wußte und trotz der hohen Meinung, die er von sich selbst hatte, berief er sich nie auf einen anderen Vater als Philipp II. Als er einmal verwundet in seinem Zelt lag, äußerte er zu den Freunden, die um sein Krankenlager standen: »Was da rinnt, meine Freunde, ist Blut und nicht Ichorsaft, wie er rinnt in den Adern der seligen Götter« (Plutarch, Alex. 28; nach Homer, Ilias 5,340; Plutarch, Über das Glück ... II 341 A-C).

Plutarch schloß daraus: »Jedenfalls ergibt sich aus dem Gesagten deutlich, daß Alexander selbst sich nicht innerlich gewandelt hatte und keiner Verblendung anheim gefallen war, sondern die anderen nur durch den Ruf seiner Göttlichkeit sich unterwerfen wollte« (Alex. 28).

Diese Weisheit (*sōphrosyne*) wurzelte unbestritten in der Erziehung Alexanders durch Aristoteles. Dennoch hat es nicht den Anschein, daß er, indem er den Maximen dieser Erziehung treu blieb, sich zum reinen Philosophen (*philosophotatos*) entwickelt hatte, wie Plutarch meint. Dennoch verfolgte er das Ziel, nicht alle Barbaren in »Heloten« der Griechen zu verwandeln, wie Isokrates noch Philipp II. geraten hatte, sondern sie zu zivilisieren. Insofern schwebte ihm ein den Lehren Platons überlegenes Erziehungsziel vor, denn:

Der Mensch Alexander

> »[Er lehrte] die Hyrkanier die Ehe, die Arachosier den Ackerbau, die Sogdianer, ihre Väter nicht zu töten, sondern sie im Alter zu pflegen. Den Persern brachte er Respekt vor ihren Müttern bei, den Skythen, daß sie ihre Toten lieber begraben als verspeisen sollten, und den Indern, daß sie sich den Göttern unterwerfen, alle Homer lesen sowie sich in die Tragödien von Euripides und Sophokles vertiefen sollten« (Plutarch, Über das Glück ... I 328 D-E).

Das große Verdienst des »Philosophen« Alexander bestand jedoch nicht darin, alle Menschen als eine Gemeinschaft aus Griechen und Barbaren zu betrachten oder den Erdkreis dem gleichen Gesetz der Vernunft und derselben *politeia* zu unterwerfen oder gar aus allen Menschen einen *demos* zu bilden (Plutarch, Über das Glück ... I 330 D). Die Verwendung politischer Begriffe ist bezeichnend: Charakteristisch ist für Alexander laut Plutarch weniger die Vorstellung einer Universalität des Menschengeschlechts, sondern mehr sein Bemühen, die Barbaren durch rücksichtsvolles Auf-sie-Zugehen und die Bereitschaft, einige ihrer Sitten, z. B. aus dem Bereich ihrer Bekleidung zu übernehmen, für sich zu gewinnen und sie an das Hellenentum als die höchste Form der Zivilisation heranzuführen und so die Ziele zu verwirklichen, an denen sich in einer mythenumkränzten Vergangenheit schon Herakles und Dionysos versucht hatten.

Was aus der mit der Gestalt Alexanders verknüpften Vision einer geeinten Welt wurde, in der sich Barbaren nicht mehr von Griechen unterscheiden, ist bekannt. Gewiß berief er Perser in hohe Ämter, ließ persische Adelssöhne für die makedonische Phalanx ausbilden und schließlich die berühmte Massenhochzeit in Susa feiern. Dabei sollte man Alexander aber nicht – wie häufig geschehen – unterstellen, er hätte die Vereinigung von Griechen und Barbaren unter einer gemeinsamen Rechtsord-

Die Persönlichkeit Alexanders

Alexander der Große bei den indischen Philosophen
(Alexanderroman des Nizami [1140-1209], persische Miniatur, 15. Jh.)

nung als Ideal verstanden, das alle Unterschiede zwischen Griechen und Barbaren verwischen würde. In seiner zweiten Schrift »Über das Glück Alexanders« vermutet Plutarch aber den Wunsch des Königs, »alle Menschen einem homogenen Gesetz zu unterwerfen und sie so zu einer Art genormtem Leben zu zwingen« (342 A-B). Und diese Lebensform sollte auf jeden Fall griechisch geprägt sein. Alexander verhielt sich in diesem Punkt als Schüler des Aristoteles, ohne sich dabei selbst zu verraten. Bei der Gründung von griechischen Militärkolonien oder typischen Griechenstädten während seines Eroberungszuges hätte er, wie J. Ober bemerkt, Vorstellungen umgesetzt, die Aristoteles in den beiden letzten Büchern seiner »Politik« darlegt, weil die Bürger dieser neuen Städte allein politischen oder militärischen Beschäftigungen nachgegangen seien, während die Bauern im Umland der Städte für deren Ernährung gesorgt hätten. Infolgedessen sei Alexanders Interesse an den Persern rein utilitaristischer Natur gewesen, als er, wie Plutarch berichtet (Alex. 5), in Vertretung seines abwesenden Vaters in Pella die Delegation des Großkönigs empfing und dabei die Perser über ihre Sitten und Gebräuche ausgefragt hätte. Ober zufolge wollte er sich dadurch nur die notwendigen Informationen verschaffen, um sich selbst zum Herrn über das riesige Perserreich aufzuschwingen. Freilich berichtet Plutarch dies aus der frühen Jugend Alexanders und will damit auch belegen, daß dieser sich schon von Kindesbeinen an für Land und Leute interessierte. Daß er damals schon den Plan gehabt habe, das Perserreich zu erobern, geht aus seiner Darstellung nicht hervor.

Plutarchs Analyse der politischen Aspekte in Alexanders Persönlichkeit fördert jedoch mehr subtile Erkenntnisse zu Tage, als eine nur oberflächliche Lektüre hätte vermuten lassen. Wir würden dem Bild Alexanders jedoch nicht gerecht, wenn wir seine charakterlichen Schattenseiten vernachlässigten; gerade sie wurden während des Eroberungszuges immer dichter.

Licht und Schatten

Es steht selbstverständlich außer Frage, auf die Schattenseiten Alexanders einzugehen, die uns auch Plutarch nicht verschweigt. Schon in seiner Jugend geriet er schnell in heftigen Zorn. Als Attalos, der Onkel der neuen Frau Philipps II., Kleopatra, bei der Hochzeit die Makedonen aufforderte, zu den Göttern zu beten, Philipp möge von Kleopatra »ein echtbürtiger Sohn geboren werden« und damit darauf anspielte, Alexander sei als Sohn einer Nicht-Makedonin vor dem Gesetz ein Bastard (*nothos*), da warf ihm der junge Mann einen Becher an den Kopf. Alexander hätte es darüber hinaus mit seinem eigenen Vater aufgenommen, wenn der mit dem blanken Schwert in der Hand nicht glücklicherweise gestolpert und gestürzt wäre (Plutarch, Alex. 9). Aus dem gleichen Jähzorn erstach er auch seinen engen Freund Kleitos im Rausch. Plutarch erwähnt diese »zufällige« Tötung schon am Anfang seiner Biographie (Alex. 13), beschreibt sie allerdings viel später als »wilde« Tat überaus ausführlich (Alex. 50–51): Man dürfe sie nicht nur auf die Trunkenheit des Königs zur Tatzeit selbst, sondern auch auf Kleitos zurückführen, denn »schon betrunken und von Natur aus jähzornig und ein hochfahrender Mann« machte er dem König Vorwürfe: »Es ist nicht fair, wenn im Beisein von Barbaren und Fremden Makedonen verhöhnt werden.« Kleitos steigerte sich vom Zorn in den offenen Hohn, als er vor Alexander Verse von Euripides zitierte, die – ebenfalls höhnisch gemeint – allein dem Feldherrn das Verdienst am Sieg zusprechen und nicht der Leistung der Soldaten im Kampf. Es kam, wie es kommen mußte: »Jetzt riß Alexander einem seiner Trabanten den Spieß aus der Hand und rannte ihn Kleitos, der ihm entgegen kam […] durch den Leib« (Alex. 51).

Es handelte sich also nicht um einen unbegründeten jähen Gewaltakt – trotz seiner Wildheit und trotz seiner Betrunkenheit, die den Geist des Königs verdunkelte –, sondern um die Bestrafung eines Angriffs auf seine Person. Das aber hindert Plutarch nicht hinzuzufügen, Alexander hätte sich, als er vor der Leiche des Kleitos die Schwere seiner Tat begriff, selbst getötet, wenn seine Leibgarde nicht eingegriffen hätte.

Plutarch berichtet auch an anderen Stellen von der Gewalttätigkeit Alexanders, ganz gleich, ob im Rausch oder nüchtern. Als er sich beispielsweise nach Delphi begab, um das Orakel zu befragen, und die Priesterin ihm die Antwort mit der Begründung verweigerte, man befinde sich in einer Sperrzeit, in der es der Brauch verbiete, Orakel zu stellen, brachte sie Alexander umgehend mit Gewalt zum Tempel, woraufhin sie zu ihm sagte: »Du bist unwiderstehlich, Knabe!« Auch hier läßt es Plutarch nicht dabei bewenden, sondern fügt hinzu: »Als Alexander das hörte, sagte er, nun brauche er weiter kein Orakel, denn er habe schon den Wahrspruch von ihr, den er sich wünsche« (Alex. 14).

Zwei Kapitel später erzählt Plutarch eine Begebenheit während der Schlacht am Granikos, in der Alexander vom Zorn überwältigt wurde: Als die persische Infanterie floh, sammelten sich die in ihr dienenden griechischen Söldner und boten ihm an, sich zu ergeben: »Aber er stürmte, mehr seinem Zorn als ruhiger Überlegung gehorchend, als erster gegen sie an [...] und die meisten der auf makedonischer Seite Gefallenen kamen dort zu ihren Wunden oder zum Tode«, da sie es mit Männern zu tun hatten, die mit dem Mut der Verzweiflung kämpften (Alex. 16).

Plutarch konnte die grausamen Taten Alexanders gegenüber Besiegten nicht verschleiern, die erstmals nach dem Sieg über die Thebaner sichtbar wurden. Wir lernten bereits die widersprüchlichen Quellenaussagen kennen, einige schieben die Schuld an diesem Gemetzel den griechischen Verbündeten der Stadt zu. Plutarch hingegen leugnet die Verantwortung Alexanders nicht. Er handelte »aus der allgemeinen Erwägung, daß die Griechen,

Licht und Schatten

durch ein so furchtbares Strafgericht erschreckt, sich fügen und Ruhe halten würden« (Alex. 11). Aber auch hier ist Plutarch bemüht, das grausame Verhalten des Königs etwas abzuschwächen, indem er von der vornehmen Thebanerin Timokleia erzählt, die ihren Vergewaltiger getötet hatte, aber von Alexander mit ihren Kindern freigelassen wurde. Auch erwähnt er die Gewissensbisse, die Alexander über seine Behandlung der Stadt empfand: »Später jedoch soll ihm das Unglück der Thebaner oft leid getan und ihn gegen nicht wenige milder gestimmt haben« (Alex. 13).

Nach dem Brand von Persepolis plagten Alexander ebenfalls schwere Gewissensbisse. Auch hier soll aus Siegestrunkenheit eine Tat begangen worden sein, die scheinbar das Versprechen erfüllte, die Griechen an denen zu rächen, die einst Athen in Brand gesteckt hatten. Unter diesem Blickwinkel wäre zu verstehen, daß sich Alexander durch die Einflüsterungen der athenischen Kurtisane Thais zu dem hinreißen ließ, was Plutarch genüßlich berichtet:

»Sie sagte nämlich, für die Mühseligkeiten, die sie auf der langen Fahrt durch Asien erduldet habe, empfange sie an diesem Tage den Lohn, da sie über das stolze Königsschloß der Perser triumphieren dürfe. Noch lieber aber würde sie hinziehen und das Haus des Xerxes, der Athen niedergebrannt habe, in Brand stecken und selber die Fackel hineinwerfen vor den Augen des Königs, damit es unter den Menschen hieße, eine schwerere Strafe als jene Feldherren zu Wasser und zu Lande hätten den Persern die Frauen im Gefolge Alexanders auferlegt zur Rache für Griechenland« (Alex. 38).

Diese Thais wurde später die Geliebte von König Ptolemaios, und vielleicht verdanken wir ihm diese deutlich »feministisch« gefärbte Erzählung. Um aber auf Alexander zurückzukommen:

Der Mensch Alexander

Wir sehen in seiner Person Licht und Schatten nebeneinander; gerade seine grausamen Taten, die er entweder im Rausch oder bei klarem Verstand begangen hat, weckten danach in ihm Selbstzweifel, die ihm einen Teil seiner Menschlichkeit zurückgeben.

Aber gerade diese partielle Menschlichkeit schien ihm nach dem Tod des Dareios mehr und mehr abzugehen, wie sich insbesondere bei der Hinrichtung des Bessos zeigt:

> »Als er später des Bessos habhaft wurde, ließ er ihn ›zerschleudern‹, nämlich zwei gerade Bäume nach einem Punkt hin zusammenbiegen, den Körper an beide befestigen und sie dann loslassen, so daß jeder Baum beim Emporschnellen den an ihn gebundenen Körperteil mit sich riß« (Plutarch, Alex. 43).

Diese qualvolle Todesart erinnert an den Räuber Sinis, der vorbeiziehende Wanderer so zu töten pflegte, bevor ihn Theseus, der mythische König von Athen, erschlug und an einer besonders hohen Fichte aufhängte. Da die Hinrichtung des Bessos aber in Ekbatana vor einer Vollversammlung der Meder und Perser erfolgte, muß damit gerechnet werden, daß dies die übliche Hinrichtungsart für Hochverräter und Königsmörder war. Arrian berichtet, daß Bessos zuvor Nase und Ohren abgeschnitten wurden, eine bei Herodot bezeugte Strafe des Großkönigs an verräterischen Untertanen. Arrian bringt seine Mißbilligung zum Ausdruck, daß sich Alexander zu diesem Barbarenbrauch hinreißen ließ (IV 7).

Der tatsächliche Wendepunkt in Alexanders Gefühlsleben ist mit der Philotas-Affäre erreicht: Von da an ließ er seinen schlimmen und grausamen Neigungen freien Lauf. Der Bruch mit Kallisthenes, der in seinem Gefolge die Weisheit der Griechen verkörperte, verstärkte in Alexander das Gefühl seiner absoluten Macht und Überlegenheit.

Licht und Schatten

»Als er im Begriff war, den Feldzug nach Indien anzutreten [...] war er nunmehr auch furchtbar und unerbittlich im Bestrafen derer, die sich an ihm vergingen. So ließ er den Menandros, einen der Freunde, den er zum Befehlshaber eines festen Platzes ernannt hatte, hinrichten, als er nicht dableiben wollte, und von den abtrünnig gewordenen Barbaren erschoß er den Orsodates mit eigener Hand« (Plutarch, Alex. 57).

Nach der Einnahme der Festung Massaga im Land der Assakener schloß er mit den Söldnern im Dienst der Inder einen Waffenstillstand, ließ sie beim Abzug aber alle niedermachen. Arrian zufolge hätten sie des Nachts fliehen wollen (IV 27). Auch ließ er viele Brahmanen, die indischen Philosophen, hängen, »welche die zu ihm [Alexander] übertretenden Könige beschimpften und die freien Völker gegen ihn aufwiegelten« (Plutarch, Alex. 59).

Es ist freilich zu fragen, ob diese Akte der Grausamkeit, die in einer Phase geschahen, als man in immer weitere und unbekannte Räume Asiens vordrang, nicht auch das Zeichen einer inneren Unsicherheit waren und der Ungewißheit, ob und wie man sich in diesen fremden Welten auf die Dauer behaupten könne. Auch die gleichzeitig zunehmende Trunksucht und die im Rausch verübten Gewaltexzesse samt mangelnder Selbstkontrolle sind möglicherweise unter diesem Aspekt zu sehen. So ermordete er mit eigener Hand den Satrapen von Paraitakene, Oxathres, weil dessen Vater Abulites, selbst Satrap von Susiane, versäumt hatte, das Futter für die Pferde bereitzustellen und ihn und das Heer bei seinem Wüstenmarsch in Not gebracht hatte. Abulites selbst landete dafür im Gefängnis.

Bei einer anderen Gelegenheit war Alexander, dessen Selbstbeherrschung Plutarch so überschwenglich gerühmt hatte, nicht im Stande, den Schmerz über den Tod seines Freundes Hephaistion zu beherrschen und erließ Befehle ohne jegliches vernünftige Maß. Er ließ den unglücklichen Arzt Glaukos, der nicht überwacht hatte, daß Hephaistion nach seiner Krankheit die erforderliche Diät einhielt, kreuzigen, »ließ in den umliegenden Städten die Zinnen der Mauern abbrechen [...] Zum Trost für sein Leid [...] zog er gleichsam auf Menschenjagd aus, unterwarf das Volk der Kossaier und schlachtete alle ab, jung und alt. Das hieß das Totenopfer für Hephaistion« (Alex. 72).

Die letzten Kapitel der Alexander-Vita betonen besonders diese Persönlichkeitsentwicklung des Königs, die Plutarch nicht allein den Alkoholexzessen des Königs zuschreibt, sondern auch den immer häufiger eintretenden schlimmen Prophezeiungen: »Alexander war aber selbst in gedrückter Stimmung, bereits ohne Hoffnung auf die Gottheit und mißtrauisch gegen seine Freunde« (Alex. 74).

Der strahlende, philosophisch gebildete König wich einem ängstlichen Menschen, »der den göttlichen Dingen gegenüber schwach, ängstlich und schreckhaft geworden war« (Plutarch, Alex. 75). Diese Furcht und dieses Mißtrauen gegenüber seiner Umgebung verleiteten den König zu unerhört heftigen Attacken. So packte er z. B. Kassandros, einen Sohn des Antipater, an den Haaren und stieß ihn mit dem Kopf an die Wand, weil dieser, gerade erst aus Griechenland angekommen, beim Anblick einiger Perser, die sich zum Fußfall niederwarfen, in Gelächter ausgebrochen war:

> »Überhaupt soll sich hernach eine so heftige [...] Furcht in der Seele des Kassandros festgesetzt haben, daß er viele Jahre später, als er, schon König der Makedonen und Herrscher über Griechenland, einmal in Delphi herumging und Statuen besichtigte, angesichts eines Bildes Alexanders plötzlich vor Schrecken schauderte und am ganzen Körper bebte und sich nur langsam erholte; ein solcher Schwindel hatte ihn bei dem Anblick befallen« (Plutarch, Alex. 74).

Licht und Schatten

Büste des Alexander

Diese Anekdote enthüllt deutlich die Furcht, die die Gewaltakte Alexanders bei seinen Freunden auslösten.

Das Bild, das Plutarch von der Persönlichkeit des Königs der Makedonen zeichnet, ist in seiner Alexander-Vita also viel facettenreicher und komplexer als in seinen beiden Schriften »Über das Glück Alexanders ... «. In der ersten dieser Abhandlungen wird Alexander als Philosoph und Inkarnation der griechischen Kultur dargestellt, dessen »Tugend« die Größe der Heldentaten innerhalb seines relativ kurzen Lebens eher erklärt als sein »Glück«. In der zweiten Abhandlung preist Plutarch Alexanders »Tugend« noch viel mehr, daneben aber auch seine Selbstbeherrschung, seine körperliche Einsatzbereitschaft und seine Fähigkeiten als Feldherr. Seine Liebe zum Wein wird nur am Rande erwähnt (Über das Glück ... II, 338 AB). Die Schatten, die sich in

Der Mensch Alexander

der Alexander-Vita auf den König legen, werden tiefer und häufiger, je mehr ihn die Macht erhöht – in den beiden Schriften über Alexander erwähnt sie Plutarch nicht. Der Unterschied erklärt sich daraus, daß Plutarch in dieser Doppelschrift Stellung bezieht zu der Frage, ob Alexander mehr seinem Glück oder seiner Tüchtigkeit verdankt habe. Er will der Ansicht entgegentreten, Alexander habe seine Erfolge nur der *tyche/fortuna*, dem Glück, verdankt und nicht seinen Fähigkeiten. Auch Curtius Rufus behandelt dieses Thema (10,18).

Was ist nun in diesem komplexen Porträt, das uns Plutarch von dem Menschen Alexander liefert, wahr? Eine solche Frage entschieden und klar zu beantworten, ist offenbar unmöglich. Die Schwarz-Weiß-Beurteilungen, die man bei vielen Alexander-Historikern findet, zielen ins Leere. Alexander war vermutlich weder das politisch-militärische »Genie«, das manche in ihm gesehen haben, noch der Weise, den Aristoteles zur perfekten Herrschaft über sich selbst erzogen hatte, noch der permanente Trunkenbold, der seine Wutanfälle nicht mehr zu steuern verstand, und schon gar nicht der ungezügelte »Barbar«, der Theben zerstörte und Persepolis in Flammen aufgehen ließ. Alexander war ein Mensch seiner Zeit. An ihm zerrten die Widersprüche, die sich aus seiner griechischen Erziehung, dem Stolz auf seine gewaltigen Eroberungen, aber auch – wenigstens teilweise – aus der Unterwürfigkeit seines persischen Gefolges ergaben, die ihm als König der Makedonen eigentlich zuwider sein mußte und die ihn seinen Makedonen entfremdete und ihn immer einsamer werden ließ. Aber gibt dieses Bild am Ende den Ausschlag? Sollte man Alexander nicht eher an seinem Werk und der Zukunft des Reiches beurteilen, zu dessen Herrn er sich in wenig mehr als zehn Jahren aufgeschwungen hat?

Eben mit dieser Frage müssen wir uns nun beschäftigen.

VIERTER TEIL
Das Erbe Alexanders

Der Verfasser einer Alexander-Vita kann sich nicht mit dem Wiederkäuen der Debatten begnügen, die um die Persönlichkeit des Eroberers geführt wurden und werden: Der König der Makedonen nimmt zwar einen hervorragenden Platz in der Geschichte ein, aber gewiß nicht nur wegen seiner Fähigkeiten als großer Feldherr, sondern auch – und noch viel mehr – weil die kurze Dauer seiner 13jährigen Herrschaft einen radikalen Bruch in der Entwicklung des östlichen Mittelmeerraums bedeutete. Bevor er die geschichtliche Bühne betrat, bestanden auf der östlichen Seite der Ägäis das riesige Perserreich und auf der westlichen viele griechische *poleis*. Unter ihnen ragten einige Städte heraus, die einen Grad der Zivilisation erreicht hatten, der in den Augen der damaligen Griechen als das direkte Gegenteil des »barbarischen« Despotismus erschien. Dies waren Städte, die sich nach – zugegeben – unterschiedlichen Maßstäben und Normen selbst regierten; aber alle verstanden den Begriff des Bürgers als Synonym für höchst erstrebenswerte politische Aktivitäten. Nach Alexander bestanden in erster Linie riesige, von Königen regierte Staaten, die sich dennoch der griechischen Kultur verpflichtet fühlten. Natürlich gab es sowohl im europäischen Teil Griechenlands als auch in Kleinasien weiterhin unabhängige griechische Staatsgebilde oder untereinander verbündete Städte und Staaten. Und in den Städten zumindest blieben die in den vergangenen Jahrhunderten erworbenen Formen des Zusammenlebens erhalten, und so gesehen stimmt es, daß der Typus der griechischen Stadt durch den Eroberungszug des Makedonen nicht untergegangen ist. Aber diese Städte besaßen, selbst wenn sie nicht innerhalb der ausgedehnten Königreiche lagen, die aus Eroberungen hervorgegangen waren, bezüglich ihrer äußeren Beziehungen nur noch begrenzte Autonomie. Sie standen trotz einiger kurzlebiger Ausbrüche in Form von Unabhängigkeitsbestrebungen doch mehr oder weniger im Schatten hellenistischer Könige, bevor sie dann unter römische Herrschaft gerieten.

Die kurze Herrschaft Alexanders führte also zu einem Bruch, auf politischem, aber auch auf kulturellem Gebiet in dem Maße, in dem sich im Lauf der Zeit neue Formen des Denkens, der religiösen Synkretismen oder von Akkulturationsphänomenen herausbildeten. Natürlich können wir beobachten, daß die Zivilisation der klassischen Zeit nicht plötzlich verschwand, der Trend in die genannte Richtung auch schon vor Alexander erkennbar war und die Veränderungen nur in bestimmten Gebieten und auch dann erst seit dem Ende des 3. Jahrhunderts einsetzten. Dennoch steht fest, daß Alexander zwar nicht das Gesicht dieser Welt völlig verändert, dafür aber zumindest eine Entwicklung eingeleitet hat, die der antiken Welt ihr endgültiges Aussehen gab.

Das Reich Alexanders – ein zerbrechliches Gebilde

In den 13 Jahren Alexander-Herrschaft reihte sich ein Feldzug an den anderen oder, wie Paul Goukowsky meint, »das Reich Alexanders bestand eigentlich nur in den Jahren 324 und 323 v. Chr.«.

Das Reich Alexanders – ein zerbrechliches Gebilde

Versucht man, sich die verschiedenen Maßnahmen vor Augen zu halten, die der König unter den jeweils gegebenen Umständen ergriff, um diesem Reich eine vernünftige Verwaltung zu geben und seinen sofortigen Zerfall nach dem Tod des Eroberers zu verhindern, so erweist sich die Zerbrechlichkeit seiner Organisation. Deshalb müssen wir zunächst diese zweifache Bewegung begreifen.

Organisation und Verwaltung des Reiches
Zunächst gilt es, seine beiden Teile – Makedonien und Griechenland auf der einen und die eroberten Gebiete des ehemaligen Achämenidenreiches auf der anderen Seite – zu unterscheiden. Dabei lassen wir bewußt Vermutungen beiseite, was in Makedonien geschehen wäre, wenn Alexander länger gelebt oder wenn, wie zunächst geplant, sein Freund Krateros den bisherigen Reichsverweser Makedoniens in Alexanders Namen, Antipater, ersetzt hätte. Während die Herrschaft Philipps II. in der Tat von tiefgreifenden Umwandlungen geprägt war, die mit der Stärkung seiner Herrschaft, der Entwicklung der Städte und – dank der Goldminen vom Pangaion – mit einer Politik der Ressourcenbildung zusammenhingen, scheint das von Antipater während der Abwesenheit Alexanders verwaltete Makedonien von seinen Eroberungen nur wenig berührt worden zu sein; ihre Auswirkungen zeigten sich erst später bei der Rückkehr der Veteranen. Ansonsten bemühte sich Antipater, die von Philipp II. errichtete Kontrolle über die griechischen Verbündeten aufrechtzuerhalten, ohne deshalb die Regularien innerhalb des Korinthischen Bundes zu verändern.

Über Athen sind wir für diese Zeitspanne relativ gut informiert. Das politische Leben der Stadt verlief in den traditionellen Bahnen. Spuren, daß ein echter Wille bestand, sich gegen Makedonien zu erheben, lassen sich nicht entdecken, selbst dann nicht, als Agis III., König von Sparta, versuchte, in Griechenland einen Aufstand anzuzetteln. Obwohl Aischines und Demosthenes 330 vor Gericht darum stritten, ob letzterem der goldene Kranz gebühre, der ihm 337 wegen seiner Verdienste verliehen worden war, so scheint dieser Prozeß den inneren Frieden der Stadt nicht berührt zu haben, die damals unter dem Finanzexperten, Staatsmann und Redner Lykurgos eine neue, wirtschaftliche wie finanzielle Blüte erlebte. Dieser Aufschwung erklärt teilweise auch das geringe Interesse an dem Angebot des Harpalos, der Stadt Soldaten und Geld aus dem Teil der Kriegskasse zur Verfügung zu stellen, mit dem er vor Alexander geflohen war. Selbst wenn in Athen und anderswo Leute lebten, die beim geringsten Anzeichen makedonischer Schwäche bereit waren, sich gegen die Repräsentanten der herrschenden Macht aufzulehnen, so brauchte sich Alexander unter dem Aspekt seines Machterhalts um diese Anwandlungen von Unabhängigkeit kaum zu kümmern, was ja auch, wie bereits gezeigt, seine Botschaft bewies, die Nikanor während der Olympischen Spiele verlas.

Alexander mußte also nur für die eroberten Gebiete eine neue Verwaltung aufbauen. Das Perserreich selbst besaß nach der überaus straffen Regierung seines Großkönigs Artaxerxes III. nicht einmal vergleichbare Verwaltungsstrukturen. In Satrapien eingeteilt, kannte es einerseits mehr oder weniger autonome Enklaven in Kleinasien, z. B. die griechischen Städte, und andererseits die von Priesterkönigen regierten Staaten oder halbautonomen Königreiche an den nördlichen und östlichen Reichsgrenzen.

Nach seinem Sieg am Granikos beherrschte Alexander den größten Teil Kleinasiens und erkannte die Autonomie der meisten Griechenstädte an, als deren Befreier er auftrat. Ebenso behielt er die Satrapien in ihrer einstigen Gestalt bei oder legte einige unter ihnen zusammen, wobei er sich begnügte, Makedonen an die Spitze zu stellen. So übergab er zu Beginn seines Zuges die ehemalige Satrapie Phrygien am Hellespont an den Makedonen Kalas. In Lydien teilte er die Macht zwischen Asandros, dem Sohn des Philotas, als Satrap und dem ebenfalls makedonischen Kommandanten der Garnison in Sardes. Im Fall Kariens, das unter der Herrschaft seines Satrapen Mausollos praktisch unabhängig geworden war, respektierte er die Souveränität und unterstellte das Land Ada, der letzten Nachfahrin der Hekatomnidendynastie, legte aber eine Garnison von 3 200 Söldnern unter dem Kommando des Ptolemaios nach Halikarnaß. Lykien, das er von Karien trennte, vereinigte er mit Pamphylien zu einer Satrapie. Später gingen beide in der Großsatrapie Phrygien unter dem alleinigen Kommando des Antigonos auf, was, wie wir noch sehen werden, weitreichende Konsequenzen nach sich zog. Fürs erste erhielt Antigonos eine Streitmacht von 1500 Söldnern in der Hauptstadt Kelainai. Einige andere Regionen in Anatolien blieben, wie Kappadokien und Paphlagonien, weitgehend unabhängig.

Kilikien unterstellte er Balakros, dem Sohn Nikanors, der die Positionen des Satrapen und Heereskommandeurs in einer Hand vereinte. Die syrisch-phönizische Küstenregion stellte Alexander vor ungleich komplexere Probleme. Von der Satrapie Syrien erhielt Menon den nördlichen Teil, während die phönikischen Küstenstädte ihre örtlichen Machthaber behielten, bis auf Tyros; in diese Stadt, die er nur mit größten Anstrengungen erobert hatte, legte Alexander eine makedonische Garnison. Samaria und Judäa blieben theoretisch zwar unabhängig, wurden aber der Kontrolle des makedonischen Militärgouverneurs Andromachos und nach dessen Ermordung durch samarische Rebellen seinem Nachfolger Menon unterstellt. Kurze Zeit später, als ihn die Umtriebe des Spartanerkönigs Agis beunruhigten, der im Begriff war, nach Ägypten einzurücken, vereinigte er Kilikien, Syrien und Phönikien und unterstellte alle drei der Macht des Hyparchen, d. h. Statthalters Menes. Später, als die von Agis ausgehende Bedrohung nicht mehr bestand, erhielten Kilikien und Syrien den Status von einzelnen Satrapien wieder zurück.

Ägypten erhielt eine Art Sonderbehandlung: Das Land wurde nicht zur Satrapie erklärt, sondern Alexander beließ es bei der traditionellen Teilung in Ober- und Unterägypten unter jeweils ägyptischen Nomarchen, denen er jedoch makedonische Offiziere zur Seite stellte. Darüber hinaus betraute er Kleomenes, einen Griechen aus Naukratis mit dem Amt des Steuereinnehmers für ganz Ägypten, das seine Steuern hauptsächlich in Naturalabgaben bezahlte. Wie schon erwähnt, spekulierte dieser äußerst erfolgreich mit dem ägyptischen Getreidepreis, wodurch seine Position so gestärkt wurde, daß er de facto als Satrap herrschte. Sein Geschick als Finanzfachmann ermöglichte ihm eine Steigerung der Einkünfte, die teilweise in den Bau Alexandrias flossen. Als sich Ptolemaios, einer der Diadochen Alexanders, Ägyptens bemächtigte, profitierte er von dem Steuersystem, das Kleomenes eingerichtet und weiterentwickelt hatte, dieser aber wurde während der Diadochenkämpfe getötet.

Nach dem Tode des Dareios erklärte sich Alexander zu dessen Nachfolger und vergab innerhalb der Reichsverwaltung immer mehr Posten an Perser, denn das Eindringen des makedonischen Heeres in fast unbekannte Regionen und die Unkenntnis von Lokalsprachen erforderten einfach die Zusammenarbeit mit loyalen Einheimischen; die Garnisonen, die Alexander jeweils zurückließ, blieben selbstverständlich unter dem Kommando makedonischer Offiziere. Ein Beispiel für diese Politik bietet Mazaios, der seine Stadt Alexander öffnete und danach zum Satrapen von Babylonien ernannt wurde. Abgesehen von der Steuereintreibung erhielt er die vollständige Kontrolle über die Verwaltung seiner Satrapie, deren militärischer Schutz von bewaffneten Streitkräften und der Festung von Babylon unter dem Kommando der Makedonen Agathon und Apollodoros gewährleistet wurde.

Alexander legte größten Wert darauf, sich der Loyalität der persischen Würdenträger zu versichern und war bereit, Nachsicht gegenüber denen zu üben, die zunächst den Usurpator Bessos unterstützt hatten. So war es geschehen im Fall des Atropates, der die Satrapie Medien bekam und des Phrataphernes, dem Satrapen von Parthien. In unsicheren Gegenden hingegen setzte Alexander lieber Makedonen ein oder ersetzte manchmal einen persischen Satrapen durch einen seiner makedonischen Gefährten, beispielsweise in Baktrien oder Sogdiane, wo er zunächst den persischen Satrapen Artabazos amtieren ließ, ihn aber nach dem Aufstand von 329 zum Rücktritt zwang und ihn zuerst durch Kleitos und später durch Amyntas ersetzte.

In Indien stellte sich die Frage ein wenig anders, denn dort bestand das persische Satrapensystem nicht. Deshalb bemühte sich Alexander um die Anerkennung seiner Oberhoheit durch die jeweils lokalen Herrscher. Dennoch übertrug er gerade in jenen fernen Gegenden die militärische Kontrolle über diese unsicheren Verbündeten makedonischen Befehlshabern. Dem König von Taxila überließ er die Herrschaft über sein Reich, aber eine Garnison überwachte die Hauptstadt. Nur Poros blieb nach den Worten Plutarchs uneingeschränkter Herrscher und von einer makedonischen Besatzung verschont. Die Kleinherrscher im Industal standen hingegen unter seiner Kontrolle.

Die verschiedenen Ernennungen, die Alexander vornahm und die Arrian genau aufzählt, sollten uns dennoch nicht verführen zu glauben, daß er die indischen Territorien jemals seinem Reich wirklich eingegliedert hätte. Auch zwangen ihn Revolten in einigen Satrapien in Zentralasien immer wieder, seinen Herrschaftsanspruch zu erneuern. Die aufständischen Satrapen Orxines in

Das Erbe Alexanders

Persis, Abulites in Susiane und Astapes in Karmanien wurden eingekerkert und durch Makedonen ersetzt, z. B. durch Peukestas, von dem Plutarch erzählt, er habe Persisch gelernt. Unter den Aufständischen befanden sich mit Kleandros und Sitalkes auch Makedonen, die gefangengenommen und anschließend hingerichtet wurden. Sie waren aber wegen Übergriffen angeklagt worden, und ihre Verurteilung wurde von der Bevölkerung positiv aufgenommen (Arrian VI 27).

Das alles erhellt die große Anpassungsfähigkeit Alexanders, die den Umständen Rechnung trug und die ganz sicher keiner vorgefaßten Planung entsprach, was sich schon zuvor erkennen ließ. Der König dachte gar nicht an einen systematischen Eroberungszug, noch hatte er eine idealistische Vorstellung über die Eingliederung der Perser in seinen Herrschaftsbereich. Dort, wo es notwendig schien und unter der Voraussetzung, daß militärische Stützpunkte die Kontrolle der unterworfenen Völker sicherten, vertraute er ohne Zögern die örtliche Macht Persern oder bei nur im Vorübergehen unterworfenen Regionen sogar einheimischen Machthabern an. Die militärische Kontrolle lag aber stets in den Händen makedonischer Offiziere.

Der vielleicht wichtigste Aspekt dieser Verwaltung betraf die Erhebung und Eintreibung der Tribute – häufig eine Aufgabe der Satrapen. Offensichtlich hatte Alexander das Steuer- und Abgabensystem der Achämenidenherrscher übernommen. Die Geld- oder Naturalabgaben waren für das reibungslose Funktionieren der Satrapenverwaltung und den Unterhalt der Garnisonen bestimmt. In einigen Fällen erhielt jedoch auch ein Sonderbeauftragter des Königs wie Kleomenes in Ägypten, Nikias in Lydien und Philoxenos in Karien die Aufgabe der Tributerhebung zugewiesen.

Die Einnahme der persischen Königsstädte durch Alexander brachte ihm persönlich beachtliche Einnahmen ein. Wann er die

Das Reich Alexanders – ein zerbrechliches Gebilde

Verwaltung dieser Schätze Harpalos anvertraute, ist unbekannt. Wir wissen nur, daß nach dessen Flucht 325 Antimenes von Rhodos zu seinem Nachfolger ernannt wurde. Harpalos verfügte offenbar über viel Macht, weil ihm die Münzprägestätten unterstanden. Es ist aber bekannt, daß Alexander in seinem Reich neben dem Aufbau einer eigenen Geldwährung auch lokale Münzprägungen zuließ.

Die Einnahmen des Königs waren vorrangig für den Unterhalt seiner Armee bestimmt. Wir erwähnten bereits mehrfach die Schwierigkeit, die Gesamtzahl der an seinen Eroberungszügen beteiligten Soldaten zu schätzen, denn die Quellen bieten hier entweder nur unpräzise oder gar widersprüchliche Angaben. Allgemein wird jedoch angenommen, daß Alexanders Heer zu Beginn seiner Operationen in Kleinasien etwa 40 000 Fußsoldaten und vier- bis fünftausend Reiter zählte, wobei es sich zu etwa einem Drittel um Makedonen handelte; die restlichen zwei Drittel bestanden aus Kontingenten der griechischen Verbündeten, aus Truppen, die von militärdienstverpflichteten Balkanvölkern gestellt wurden, aus der Hypaspisten-Leibwache des Königs sowie aus Söldnern. Deren Bedeutung wuchs zunehmend, vor allem, nachdem der König die Truppen der hellenischen Verbündeten nach Griechenland zurückgeschickt hatte. Der Besitz der Achämenidenschätze erlaubte es, die Söldner auszuzahlen und auch die persischen Truppen, die in den letzten Jahren des Eroberungszugs in das Heer eingegliedert worden waren.

Die Veränderungen der inneren Struktur der Armee erforderten organisatorische Anpassungen, auch was die Kommandeursposten betraf. Die Makedonen, deren Zahl von 15 000 Mann zu Beginn des Feldzugs nach der Entlassung der Veteranen kurz vor Alexanders Tod auf etwa 10 000 Mann zurückgegangen war, teilten sich stets in die aus sechs, vielleicht auch sieben Regimentern (*taxeis*) bestehende Phalanx der *Pezhetairoi* auf. Die Reiterei der *hetairoi* wurde künftig in Hipparchien aufgeteilt, welche die früheren *ilai* ersetzten. Die leichtbewaffnete Infanterie bestand hauptsächlich aus Söldnern. Die einschneidendsten Veränderungen in Alexanders Heer ergaben sich offensichtlich jedoch aus der Aufnahme von persischen Reiterregimentern, möglicherweise schon Ende des Jahres 330. Für 328/327 ist die Anwesenheit persischer Truppen sicher bezeugt. Anfänglich handelte es sich, wie gesagt, um Reiter, die in getrennten Abteilungen kämpften. Erst als sie in die makedonische Kavallerie eingegliedert wurden, kam es zum »Aufstand von Susa (oder Opis)«. Für die Infanterie war am wichtigsten, daß die aus Persern bestehende Phalanx in makedonischer Kampftechnik geschult wurde. Als dieser Verband 324 in Susa ankam, war dies ein weiterer Grund für heftige Beschwerden seitens der Makedonen.

Diese internen Umgruppierungen wirkten sich auch auf die Kommandeure aus. Nachdem Parmenion verurteilt und hingerichtet war, wurde die Führung auf der obersten Kommandoebene geteilt. Im übrigen erhielt je nach den Umständen der eine oder andere Freund Alexanders ein Kommando. Aus diesem Kreis traten dann allmählich die Personen hervor, die nach dem Tod des Königs eine wichtige Rolle spielen sollten: Krateros, Perdikkas, Ptolemaios, Lysimachos, Antigonos ...

Alexander führte also ein buntgemischtes Heer, in dem natürlich dem makedonischen Element eine besondere Bedeutung zukam, allerdings mehr durch die Rolle, die es an der Seite des Königs spielen konnte, als durch seine rein zahlenmäßige Größe. Diese Tatsache müssen wir berücksichtigen, wenn wir die unterschiedlichen Verhaltensweisen der Militärspitzen nach dem Tod Alexanders und das rasche Auseinanderfallen seines Reiches verstehen wollen, dessen innere Strukturen in den wenigen Monaten nach der Rückkehr des Heeres nach Babylon geschmiedet worden waren.

Der Zerfall des Alexanderreichs

Das Reich brach nicht auf einen Schlag auseinander, sondern als Konsequenz aufeinanderfolgender Teilungen, wobei zunächst (zumindest theoretisch) die Reichseinheit und die dynastische Legitimität der makedonischen Königsfamilie gewahrt bleiben sollten. Nachdem die beiden »Zwischenkönige« (Perdikkas und Krateros) sukzessive von der Bühne verschwanden, wurde schließlich die Fiktion einer Einheit aufgegeben und deren Ende mit der Annahme des Königstitels durch zwei der Protagonisten im Jahr 306 sanktioniert.

Schon zu Beginn dieser Alexander-Biographie wurde an die Praxis oder die Regularien erinnert, die für die Ernennung eines neuen Königs galten: Er mußte von der Versammlung aller Makedonen bestätigt werden. Häufig wurde darüber diskutiert, was man sich unter einer makedonischen Volksversammlung vorzustellen habe, wo doch noch ungeklärt sei, woraus sich »das Volk« in diesem Territorialstaat genau zusammensetzte. Oder mußte der König vom Heer akklamiert werden, das aus Reitern der aristokratischen Oberschicht und aus Fußsoldaten bestand, von denen wir nicht wissen, wie sie rekrutiert wurden? Daß sich die Frage der Nachfolge Alexanders in diesem Wortlaut in Babylon nicht stellte, wird sofort klar. Denn wenn die Akklamation des neuen Königs voraussetzte, daß man sich zuvor an die Makedonen wandte, so konnten es nur die in Asien anwesenden sein. Zu dieser Schwierigkeit in Bezug auf den makedonischen *nomos* gesellte sich noch eine zweite, im Augenblick viel drängendere: Es gab keinen eindeutig legitimierten Erben. Wie wir schon gesehen haben, hatte Alexander die Perserin Roxane geheiratet, damit sie ihm den legitimen Erben gebäre, und die junge Frau war auch schwanger. Aber noch kannte niemand das Geschlecht des Ungeborenen. Einige der Gefährten Alexanders fühlten Unbehagen angesichts der Aussicht, einen halbbarbarischen

König zu bekommen. Zwar gab es noch einen anderen Sohn Philipps II., den schwachsinnigen Arrhidaios, den dieser mit einer Konkubine gezeugt hatte. Aber dieser Arrhidaios war ganz offensichtlich nicht in der Lage, seinem Halbbruder nach- oder dessen Ziele weiterzuverfolgen.

Besonders schwierig gestaltete sich die Situation, weil die beiden einflußreichen Männer, Antipater und Krateros, nicht in Babylon weilten, sondern der eine in Makedonien und der andere in Asien. Antipater sollte dem Heer eigentlich frische Kräfte zuführen, wurde aber durch den Aufstand in Griechenland aufgehalten, der beim Eintreffen der Nachricht von Alexanders Tod losbrach. Krateros hingegen befand sich mit seinen reich beschenkten Veteranen im Aufbruch nach Europa, um sie nach Makedonien zurückzuführen. Deshalb nahmen die Offiziere aus Alexanders Umgebung die Dinge in die Hand. Die Kommandeure und Generäle neigten aus leicht verständlichen Gründen eher dazu, das Kind, das Roxane erwartete, als Alexanders Nachfolger anzuerkennen, denn das würde einigen Ehrgeizlingen unter ihnen erlauben, eine zwar zeitlich begrenzte, aber so lange faktische Macht auszuüben. Sie konnten dann das wiederholen, was Philipp II. im Jahr 359 vorgeführt hatte, als er sich anstelle des jungen Amyntas, seines Neffen, zunächst als Regent und später als König bestätigen ließ. Unter denen, die auf die Übernahme des Regentenamtes brannten, befand sich auch Perdikkas, und es ist sehr wohl möglich, daß von ihm die Losung ausging, auf die Geburt des Kindes von Roxane zu warten, um inzwischen im Namen des künftigen Königs die Regentschaft zu übernehmen.

Wenn wir uns aber insbesondere dem Bericht von Curtius Rufus anschließen wollen (10,22), so war bei jenen Soldaten Unruhe ausgebrochen, die Arrhidaios als Philipp III. für die Nachfolge vorgeschlagen hatten. Angesichts dieses, wegen der Möglichkeit eines Übergreifens auf andere Heeresteile hoch

Das Reich Alexanders – ein zerbrechliches Gebilde

gefährlichen Zwistes setzte sich schließlich folgender Kompromiß durch: Arrhidaios und Roxanes Sohn sollten unter dem Oberbefehl von Perdikkas, den er mit Krateros teilte, gemeinsam regieren; wobei Perdikkas den aus der persischen Militärhierarchie entlehnten Titel eines Chiliarchen erhielt – den schon Hephaistion geführt hatte – und Krateros das Amt eines Reichsverwesers für die beiden Thronanwärter übernahm.

Gleichzeitig besetzten die Generäle die Provinzen mit neuen Spitzen. Ptolemaios erhielt die Satrapie Ägypten, Leonnatos Klein-Phrygien, Lysimachos Thrakien, während Antigonos, der bisher wenig von sich reden gemacht hatte, in seiner Großsatrapie Phrygien / Lydien / Pamphylien bestätigt wurde. Alexander hatte ihm den Schutz einer für das Gesamtreich lebenswichtigen Region in Kleinasien übertragen, sodaß er nicht in die Konflikte verwickelt war, die die direkte Gefolgschaft Alexanders zerrissen. In den folgenden Jahren sollte er jedoch immer mehr an Bedeutung gewinnen.

Fürs erste aber herrschte Perdikkas und konnte auf die Unterstützung von Eumenes, dem Leiter der Reichskanzlei unter Alexander, zählen. Auch der Aufstand, der sich in der Ägäis ausbreitete, bot ihm Vorteile. Athen war nämlich unter der Führung des Politikers Hypereides und des Strategen Leosthenes an die Spitze einer Koalition aus ätolischen, thessalischen und vielen anderen Griechenstädten getreten, und an diesem Bündnis hatte der aus dem Exil zurückgekehrte Demosthenes mitgeschmiedet. Er war wegen seiner Beteiligung an der Harpalos-Affäre verbannt gewesen. Antipater jedenfalls sah sich plötzlich in seiner Festung Lamia in Thessalien eingeschlossen und wartete auf Verstärkungen, die ihm Krateros aus Asien heranführen sollte. Und zu allem Übel waren auch an der östlichen Reichsgrenze, namentlich in Baktrien, Aufstände ausgebrochen.

Perdikkas nützte diese Situation, um Krateros sein Amt als Reichsverweser der beiden Königsanwärter Arrhidaios und des

Kindes von Roxane zu entziehen. Dadurch schwang er sich zum alleinigen Regenten auf, wobei die oft widersprüchlichen Berichte der Quellen unsere Kenntnis dessen, was tatsächlich passierte, nicht gerade erleichtern. Wie es scheint, dachte Perdikkas an eine Heirat mit Kleopatra, der Schwester Alexanders, um seine Position zu festigen; auch von einer Wiedereinsetzung der Königin Olympias war die Rede, jedenfalls berichten unsere Quellen ausführlich über die entsprechenden Intrigen.

Innerhalb weniger Monate überstürzten sich die Ereignisse. Die beiden Hauptgegner Perdikkas und Krateros verschwanden kurz hintereinander von der politischen Bühne. Perdikkas wurde von seinen Soldaten ermordet, und Krateros zog sich in einem Gefecht gegen Eumenes von Kardia in Kappadokien eine tödliche Wunde zu.

Kurz zuvor hatte Antipater den Belagerungsring um Lamia gesprengt, die Makedonen errangen bei Amorgos einen glänzenden Seesieg über die athenische Flotte, und bald darauf wurden die griechischen Streitkräfte bei Krannon geschlagen. Antipater zwang Athen eine Oligarchenregierung und eine makedonische Garnison im Hafen von Piräus auf, um sich dann, nachdem er sich fürs erste von allen Sorgen hinsichtlich der Griechen befreit hatte, mit den wichtigsten makedonischen Führern 321 in Triparadeisos in Syrien, zu treffen. Die Konferenz übertrug ihm das Amt des *epimeletos*, des persönlichen Schützers der Thronanwärter Arrhidaios und Alexander IV., des Sohnes von Roxane. Und auch eine Neuverteilung der Satrapien wurde vereinbart: Antigonos wurde Satrap von Asien mit dem Auftrag, sich Kappadokiens zu bemächtigen und Eumenes zu beseitigen. Seleukos erhielt seine Ernennung zum Satrapen von Babylon, während Lysimachos Thrakien und Ptolemaios Ägypten behielten.

Antipater starb 319 und hinterließ sein Amt, mit dem er in Triparadeisos betraut worden war, Polyperchon, einem Mann

Das Reich Alexanders – ein zerbrechliches Gebilde

aus der zweiten Ebene, und nicht seinem Sohn Kassandros, der sich darauf große Hoffnungen gemacht hatte. Deshalb versuchte dieser umgehend, ein Bündnis gegen Polyperchon zu organisieren, der sich wiederum durch die Wiederherstellung des Korinthischen Bundes an die Griechen wandte und Athen dabei unterstützte, die von Antipater der Stadt aufgezwungene Oligarchenherrschaft abzuschütteln. Plutarch erwähnt in seiner Biographie des Phokion (Phok. 35) die damaligen Ereignisse in Athen, die nach einem äußerst kurzen Prozeß mit dem Todesurteil für den Strategen Phokion endeten, das umgehend vollstreckt wurde (318 v. Chr.). Kassandros gelang es zwei Jahre später, Athen wieder einzunehmen; die Regierungsgeschäfte übertrug er dem Philosophen Demetrios von Phaleron.

Danach setzte eine außerordentlich unruhige Zeit ein, in der Bündnisse um die beiden unglücklichen Thronanwärter, die nur dem Namen nach Könige waren und die den Fortbestand des Alexander-Reichs symbolisieren sollten, entstanden und wieder zerfielen. In dieser ganzen konfusen Zeit wurde nur Antigonos' Stellung immer stärker. Zunächst Verbündeter Polyperchons, kokettierte er mit Bündnisangeboten der wichtigsten griechischen Staaten, wobei er von Mal zu Mal deutlicher erkennen ließ, daß er Herrscher von Makedonien werden wollte. Aber das gleiche Ziel verfolgte auch der mit Seleukos, Ptolemaios und Lysimachos verbündete Kassandros, zumal seine Schwester Eurydike als Gattin von Philippos Arrhidaios seinem Ehrgeiz einen legalen Anstrich verlieh. Die Rechtmäßigkeit seiner Ansprüche schien noch zu wachsen, als Arrhidaios, wahrscheinlich auf Anstiftung von Olympias hin, im Jahr 317 ermordet wurde. Kassandros, inzwischen Herr in Makedonien und einem Teil Griechenlands, ließ Olympias den Prozeß vor der makedonischen Volksversammlung machen, die die Königin zum Tode verurteilte.

Das Erbe Alexanders

Aber noch gab es den kleinen Alexander IV., der in der Obhut von Polyperchon und Antigonos lebte. Gegen Antigonos braute sich ein Bündnis zusammen mit schlimmen Folgen für ihn. Sein Sohn Demetrios wurde von den Bündnispartnern 311 in Gaza geschlagen, und Antigonos stimmte daraufhin dem Abschluß eines allgemeinen Friedensvertrages mit seinen Gegnern zu – ausgenommen mit Seleukos, den ein Feldzug in Asien aufhielt. Dieser Friedensschluß bestätigte die früheren Teilungen, stärkte aber auch die Machtposition von Kassandros, der nun zum Feldherrn im europäischen Teil des Reiches, d. h. von Griechenland und Makedonien, ernannt und in seinem Amt als persönlicher Beschützer Alexanders IV. bestätigt wurde. 310, also ein Jahr später, (oder schon 311), entledigte er sich des Kindes und beendete damit eine Fiktion, die seit dem Tod Alexanders die Reichseinheit aufrechterhalten hatte.

Tatsächlich bestand dieses Reich nur noch aus einer Illusion. Während im europäischen Teil Kassandros Makedonien fest in seinen Händen hielt, stritten sich seine Gegner Antigonos und sein Sohn Demetrios, Ptolemaios und Lysimachos um die Herrschaft im ägäischen Raum. 307 gelang es Demetrios, Athen einzunehmen. Im Namen der von den griechischen Staaten proklamierten Autonomie führte er das demokratische System wieder ein und verjagte Demetrios von Phaleron, den Günstling des Kassandros. Der Athener floh nach einem Zwischenaufenthalt in Theben zu Ptolemaios nach Alexandria.

Aber erst das Hauptereignis dieser wirren Zeit, die Selbstproklamation des Antigonos und seines Sohnes Demetrios zu Königen im Anschluß an eine gewonnene Schlacht gegen Ptolemaios in Zypern, setzte der Reichseinheit tatsächlich ein Ende. Einige Monate später erklärten sich auch Ptolemaios, Lysimachos, Seleukos und Kassandros zu Königen.

Aber nur einer von ihnen – Kassandros – beherrschte Makedonien, und folglich durfte nur er sich als *basileus Makedonias* bezeichnen. Aber durfte auch nur er allein von sich als *basileus Makedonōn* sprechen? Schließlich dienten Makedonen auch in den Heeren der anderen Diadochen, wie man die Nachfolger Alexanders in der Folgezeit nannte. Und sofort erkennen wir ein Problem, mit dem wir uns noch länger unter folgender Fragestellung beschäftigen müssen: Wenn die von Philipp II. auf Alexander vererbte Königswürde eine Vollmacht darstellte, die auf einem *nomos,* d. h. auf einem Grundgesetz beruhte, über das allein die Makedonen zu wachen hatten – wie konnte es dann mehrere »Könige« geben? Und was bedeutete dann der Titel *basileus*, den sie an sich gerissen hatten? Auf eben diese Frage müssen wir versuchen, eine Antwort zu finden.

Eine neue Monarchie wird definiert

Die Annahme des Königstitels durch die Hauptkontrahenten der Kämpfe, die 17 Jahre lang die Zeit nach dem Tod Alexanders prägten, wirft die Frage nach den Motiven dieser Männer auf. Mit Sicherheit dachten sie nicht an die traditionelle makedonische Königsherrschaft, denn nur ein einziger unter ihnen, Kassandros, herrschte über Makedonien. Es kann ihnen auch nicht ausschließlich um die Nachfolge Alexanders gegangen sein. Schließlich hatte sich sein Reich nach ihrer gemeinsamen Überzeugung aufgelöst, und sie selbst hatten es ja mehrere Male neu verteilt. Selbst wenn einige der Diadochen, insbesondere Antigonos und sein Sohn Demetrios, noch den Ehrgeiz besaßen, das Gesamtreich wiederherzustellen, so hatten sich Ptolemaios, Seleukos und auch Kassandros längst entschieden, nur noch über einen Teil des Riesenreichs zu herrschen, das Alexander erobert hatte.

Wir müssen uns also mit dem Königtum hellenistischer Prägung beschäftigen, das sich als einer der Hauptaspekte des Alexander-Erbes herausbildete.

Im 4. Jahrhundert entsteht eine Königsideologie
Das erste Lob für das Königtum, das uns die griechische Tradition überliefert hat, stammt paradoxerweise aus dem Munde des Großkönigs Dareios I., den die Griechen für die Verkörperung eines Despoten schlechthin hielten. Der berühmte Dialog, in dem Herodot drei vornehme Perser über die jeweiligen Vorzüge der drei wichtigsten Regierungsformen – der Form, in der dem Volk die Entscheidung zusteht; der Form, in der nur wenige herrschen; und schließlich der Monarchie – diskutieren läßt, legt Dareios I. folgenden Satz in den Mund:

»Denn Besseres kann man nicht finden als den einen Mann, der der Beste ist. Denn er hat auch das beste Urteil und wird so für das Wohl des Volkes sorgen ohne Tadel, und was zu beschließen ist gegen Feinde, wird so am wenigsten verraten« (Herodot III 82,2).

Das zweite Lob der Monarchie findet sich – nicht weniger paradox – in dem Bild, das Thukydides von Perikles, dem eigentlichen Begründer der athenischen Demokratie und ihrem glühenden Verteidiger, zeichnet. Der athenische Historiker legt großen Wert auf die Feststellung, daß Perikles das Volk leitete, anstatt sich von ihm leiten zu lassen, und aufgrund dieser Tatsache »war es dem Namen nach eine Demokratie, in Wirklichkeit aber eine Herrschaft des ersten Mannes« (Thukydides, Der Peloponnesische Krieg II 65,11).

Natürlich erinnerten sich die Griechen noch an die Königsgestalten der Frühzeit. Aber für sie handelte es sich dabei um

Eine neue Monarchie wird definiert

Heroen einer fernen Vergangenheit, die sie hauptsächlich durch die Bearbeitungen der Tragiker kannten und die sie nicht mit ihren Vorstellungen einer *polis* verbanden.

Erst und vor allem seit dem vierten Jahrhundert tauchen in den Schriften von Philosophen, Rednern und Historikern Denkweisen auf, die man als »monarchistisch« bezeichnen kann. Diese Strömung stellte die Auswüchse der Demokratie, aber auch die schlimmen Folgen der Oligarchie den guten und nützlichen Folgen einer Machtausübung gegenüber, die in die Hände eines Einzelnen, eben des Besten gelegt wird. Natürlich standen diesem hohen Lied vom »guten König« die anderen Formen königlicher Macht wie die Tyrannis oder die Despotenherrschaft des persischen Großkönigs entgegen: Ein Tyrann wie er herrsche über Sklavenvölker, während der mit »königlichen« Herrscherqualitäten Begabte freie Männer regiere. Deshalb, so Xenophon, bestand eine der Voraussetzungen gerade für diese Machtbefugnis darin, daß sie freiwillig anerkannt wurde, wie bereits sein Lehrer Sokrates gesagt hatte:

»Königtum und Tyrannis betrachtete er beide als Staatsformen, doch meinte er, sie unterschieden sich voneinander. Als Königtum betrachtete er nämlich die Staatsform, die dem Willen des Volkes und den Gesetzen des Staates entspricht, als Tyrannis dagegen die Form, wenn die Regierung gegen den Willen des Volkes und nicht nach den Gesetzen erfolgt, sondern wie es dem Herrscher beliebt.« (Xenophon, Erinnerungen an Sokrates IV 6,12).

Diese freiwillige Zustimmung ergibt sich zunächst aus den verschiedenen Begabungen, über die derjenige verfügt, dem die Herrschaft aus freien Stücken anvertraut wird. Selbstverständlich decken sich diese Eigenschaften nicht vollständig mit den Zügen

des idealen Königs bei Xenophon, Isokrates oder Platon, der sich in seinen Dialogen um dessen Wesen bemüht. Für Isokrates ist das Ideal des monarchischen Fürsten, wie er in seiner Rede »An Nikokles«, einen zypriotischen Fürsten ausführt, die »höchste und behutsamste Form allen menschlichen Handelns« (6). Demnach besteht die oberste Pflicht eines Königs darin, »seinen Geist zu stärken« (11), seine Vernunft zu gebrauchen (14) und dadurch seine Untertanen zum besseren Gebrauch der ihrigen anzuhalten (15). »Erfülle deine Pflicht gegenüber den Göttern, so wie es dich deine Vorfahren gelehrt haben. Sei aber überzeugt, daß das schönste Opfer und die edelste Geste deiner Ehrerbietung darin besteht, dich als den hervorragendsten und gerechtesten Mann deines Volkes zu erweisen« (20), fährt Isokrates, an den zypriotischen König gewendet, fort. Ein wenig später ermahnt er ihn: »Beherrsche dich selbst ebenso wie du über die anderen herrschst und bedenke, daß die höchste Würde eines Königs darin besteht, von Genüssen unabhängig zu sein und seine eigenen Wünsche noch mehr zu zügeln als die seiner Untertanen« (29)
(Isokrates, An Nikokles 6, 11, 14, 15, 20, 29).

Isokrates beläßt es jedoch nicht bei Betrachtungen über eine relativ simple Moral. In einem Sendschreiben an eben diesen Nikokles fingiert er eine Rede zum Ruhme seiner Herrschaft, in der er die Vorzüge der Monarchie in einer sehr viel »praktischeren« Weise, insbesondere in Bezug auf die Vorbereitung und Durchführung eines Krieges unterstreicht: »Eine absolutistische Regierung kann eher als andere Regierungen ihre Kräfte für den Kampf vorbereiten oder sie dazu verwenden, die eigene Beweglichkeit zu verschleiern und dem Feind zuvorzukommen. Die einen kann sie überreden und die anderen mit Gewalt zwingen, und sie kann schließlich Einzelne kaufen oder sie durch allerlei verführerische Versprechungen lenken (Isokrates, An Nikokles 22).

Eine neue Monarchie wird definiert

Aber auch hier bestehen die »Tugenden« eines Königs in seiner Selbstzucht und gerechten Denkweise, wie sie Isokrates dem Vater des Nikokles, Euagoras, zuschreibt und die er in einem Enkomion preist; diese Form eines Prosahymnus sollte sich als literarische Gattung später großer Beliebtheit erfreuen. Gerade diese Eigenschaften rechtfertigen auch den Wunsch des Isokrates, daß man doch nach dem Vorbild seines Stammvaters Herakles Philipp II. den Oberbefehl im Kampf der vereinigten Griechen gegen die persischen Barbaren übertragen solle.

Wie Isokrates betonte auch Xenophon seine Neigung zur Monarchie und breitet sie sowohl in seiner romanhaften Biographie über die »Erziehung des Kyros«, des Begründers des Perserreiches, als auch in den Ratschlägen vor dem Leser aus, die er seinen »Memorabilien« (deutscher Titel auch: »Erinnerungen an Sokrates«) oder seinem *Oikonomikos* (»Von der Hauswirtschaft«) zufolge von Sokrates erhalten hat; auch die Lobrede auf seinen Freund Agesilaos, den König von Sparta, ist voll davon. Es mag überraschen, daß sich das Bild des idealen Königs an einem persischen Großkönig, aber auch an einem König von Sparta festmachen läßt, der im Gegensatz zum König der Perser nur ein von der Gerusia (»Rat der Alten«) und den Ephoren streng kontrollierter höherer Beamter war. Noch frappierender aber ist wohl, daß Xenophon das Bild des idealen Vorgesetzten am Beispiel eines athenischen Gutsbesitzers entwickelt. In all diesen Texten spüren wir das Bemühen um die Definition dessen, was Sokrates (Erinnerungen an Sokrates IV 2,5; 8) als die »königliche Kunst« bezeichnet, die in der Fähigkeit besteht, über andere zu herrschen und sie gleichzeitig auf eine höhere Stufe zu heben. Im *Oikonomikos* erwähnt er eine besonders zukunftsgerichtete Entwicklung: Im Gespräch mit Sokrates bezeichnet Isomachos, ein Gutsherr über viel Land, die Kunst des Regierens ihrer Natur nach als ebenbürtig mit der Landwirtschaft, der Politik, der

Wirtschaft oder der Kriegsführung. Über diesen letzten Punkt stellt er fest:

»Die von Gott begabten, guten und verständigen Feldherren dagegen haben, wenn sie ebensolche Leute und oft auch noch andere übernehmen, an ihnen Soldaten, die sich schämen, etwas Schimpfliches zu tun, und es für besser halten zu gehorchen, ja die sogar – jeder Einzelne für sich und alle miteinander – stolz darauf sind, zu gehorchen und sich nicht mißmutig plagen, wenn es notwendig wird, sich anzustrengen […]. Diesen [Befehlshaber] nennt man wohl mit Recht großherzig, dem viele – dies anerkennend – folgen, und von dem kann man zu Recht sagen, er ziehe mit starker Hand einher, dessen Entscheidung viele Hände zu gehorchen bereit sind, und wirklich groß ist der Mann, der Großes mehr mit Hilfe des Verstandes als mit Gewalt auszuführen vermag« (Xenophon, Oikonomikos XXI 5).

Diese Zeilen lesen sich so, als ob Xenophon schon im voraus die Fähigkeiten beschrieben hätte, welche die Nachwelt später Alexander zuerkennen sollte. In gleicher Weise weitet sich das Porträt, das er von Agesilaos zeichnete, der – obwohl in wesentlich geringerem Maße als Alexander – Teile von Asien eroberte, zu einem Hymnus auf seine »Tugenden« aus. Sie zeigten sich nach Xenophon in Agesilaos' Respekt vor den Göttern und in seiner Großzügigkeit, mit der er ihm Nahestehende mit materiellen Freundschaftsbeweisen überschüttete, während ihm selbst Reichtum nichts bedeutete. Diese Tugenden manifestierten sich aber auch in der Unterdrückung von persönlichen Sehnsüchten und Begierden und in einer ausgeprägten sexuellen Enthaltsamkeit, mit deren Hilfe er den Annäherungsversuchen eines gewissen Megabates, in den er sich verliebt hatte, widerstehen konnte, und schließlich in einer körperlichen Einsatzbereitschaft, die er bei

Eine neue Monarchie wird definiert

jeder Prüfung bewies. Die höchste Tugend, die Xenophon an Agesilaos jedoch pries, bestand in seiner Fähigkeit, sich den Gesetzen seiner Heimatstadt Sparta zu unterwerfen. Dieses Sparta und sein so hoch über allen anderen königlichen Amtsinhabern stehender König konnten die Gesetze gar nicht mißachten, die Sparta zur vornehmsten aller Griechenstädte erhoben. Schon allein dadurch unterschied er sich vom König der Perser, seinem natürlichen Feind. Wenn also Agesilaos aufgrund seiner von Xenophon geschilderten »Tugenden« Alexander gleichsam ankündigte, so hätte er doch nie das prunkvolle Leben eines Achämenidenherrschers geführt. Somit verkörperte er also eine der idealen Königspersönlichkeiten, die das griechische Denken des 4. Jahrhunderts ermöglichte, er war aber auch eine Gestalt, die sich wegen ihrer Einbindung in das reale Leben Spartas klar vom Typus des absoluten Herrschers unterschied, dem die hellenistischen Könige nach Alexander entsprachen.

In den staatstheoretischen Dialogen Platons, in der *Politeia,* dem »Staat«, und im *Politikos,* dem »Staatsmann«, begegnet uns ein anderer Typus des idealen Monarchen. Von der Feststellung ausgehend, daß »keine der jetzigen Staatsverfassungen der philosophischen Natur entspricht« (Platon, Der Staat VI 497 b), sind für Platon die Probleme einer *polis* erst dann zu lösen, wenn »diese wenigen Philosophen, die man gegenwärtig zwar nicht als böse, aber als unbrauchbar verlästert, durch eine besondere Fügung genötigt werden, sich, ob sie wollen oder nicht, um die Stadt zu kümmern, und für die Stadt die Notwendigkeit, ihnen zu gehorchen«, ersichtlich ist, »solange nicht die Söhne der gegenwärtigen Machthaber und Könige oder sie selbst durch eine göttliche Eingebung die wahre Lust nach der wahren Philosophie ankommt« (Der Staat VI 499 b-c).

Wie er selbst bekennt (zumindest wenn sein 7. Brief authentisch ist), hat Platon – allerdings erfolglos – versucht, die beiden

Tyrannen von Syrakus, Dionysios I. und seinen Sohn Dionysios II. zur Philosophie zu bekehren, bevor er seine Hoffnungen auf Dion, den Schwager des älteren Dionysios, richtete. Und tatsächlich erwies es sich als besser, eine ideale Stadt unter der Leitung von Philosophen zu entwerfen, als regierende Könige zur Philosophie bekehren zu wollen. Obwohl Platon erkannte, daß die Umsetzung einer idealen Stadt in die Wirklichkeit nur unter Schwierigkeiten möglich sein würde, zog er dennoch den Schluß: »Und gebt ihr nun zu […] daß ich euch über die Stadt und die Verfassung nicht nur Wunschgebilde vorgetragen habe, sondern Dinge, die zwar schwer, aber doch irgendwie möglich sind, und zwar nur auf die beschriebene Weise: wenn nämlich wahre Philosophen, mehrere oder einer, in einer Stadt Herrscher werden und wenn sie die heutigen Ehren geringschätzen, weil sie sie für gemein und wertlos halten, dagegen das Richtige und die von ihm ausgehenden Ehren über alles stellen, vor allem und als Notwendigstes aber das Gerechte; indem sie diesem dienen und es fördern, richten sie ihre Stadt ein« (Platon, Der Staat VII 540 d-e).

Zuvor hatte Sokrates als die wahren Tugenden eines Philosophen Wissensdurst, Mäßigung und Mut, der auch vor dem Tod nicht zurückschreckt, aufgezählt.

Dennoch propagiert Platon die Einzelherrschaft in der *Politeia* nicht wirklich, denn im Dialog *Politikos* spricht er zwar von der Notwendigkeit eines königsgleichen Führers an der Spitze der Stadt und definiert auch dessen Machtbefugnisse, z. B. sich über die Gesetze der Stadt hinwegzusetzen, wenn diese ungerecht seien. Seine wichtigste Pflicht sei es, seine Mitbürger moralisch besser, d. h. glücklicher zu machen. Aber auch Platon mußte erkennen, daß mit derart »königlichen« Fähigkeiten ausgestattete Männer selten waren, und er schloß daraus: »Nachdem es nun aber, wie wir doch sagen, in den Staaten keinen solchen König gibt – so wie in den Bienenstöcken einer ausschlüpft und sich sogleich als einziger an Leib und Seele auszeichnet – so muß man sich eben anscheinend zusammentun und Gesetze schreiben und dabei den Spuren der einzig wahren Staatsverfassung folgen« (Platon, Der Staatsmann 301e).

Gerade aus diesem Grund bemühte er sich bei der Abfassung der »Gesetze« später und in Erinnerung an sein Ideal darum, einen Philosophenkönig als jugendlichen Inhaber einer gleichsam »tyrannischen« Macht zu zeichnen, der Erinnerungsfähigkeit mit Weltaufgeschlossenheit, Mut und Hochherzigkeit verbindet und dem das Glück beschieden sei, auf einen herausragenden Gesetzgeber zu treffen:

»Gebt mir eine Stadt, die von einem Tyrannen beherrscht wird; der Tyrann aber soll jung sein, mit gutem Gedächtnis, gelehrig, tapfer und großzügig von Natur; das aber, wovon wir vorhin gesagt haben, es müsse alle Teile der Tugend begleiten, das soll auch jetzt im Gefolge der Tyrannenseele stehen, wenn im Vorhandensein der übrigen Eigenschaften irgend ein Nutzen liegen soll« (Platon, Die Gesetze 709 e-710 d).

Um die *polis* von den Übeln zu heilen, die sie plagten, wünschte sich Platon nicht so sehr die Einführung einer klassisch monarchischen Ordnung, sondern schuf durch die immer genauere Definition der Fähigkeiten und Qualitäten eines »Königsgleichen« eine Neukonzeption des früheren *basileus,* die von ihrem Amtsinhaber gewiß mehr verlangte als die gängige Vorstellung von einem König bei seinen Zeitgenossen. Diese neue, zwar noch auf eine bestimmte athenische Intelligenzia zugeschnittene Denkweise enthüllt aber gleichzeitig ein neues Bestreben.

Wir erwähnten bereits die Problematik der Beziehung zwischen Alexander und seinem Erzieher Aristoteles, und wir erinnerten auch an die Überlieferungen, die mehr oder weniger authentisch einen Briefwechsel zwischen beiden bezeugen, sowie die Kritik des Philosophen an einer Politik der Aufnahme von Barbaren in die Regierung und die Verteidigung des Reiches. In diesem Punkt interessiert uns, wie Aristoteles in seinen Schriften zum Königtum stand. In seiner »Rhetorik« bietet er eine höchst simple Definition an:

>»Die Monarchie ist ihrem Namen nach die Verfassung, in der ein einziger Herr über alle ist. Sie hat entweder eine gewisse Ordnung und heißt Königtum oder sie ist der Willkür unterworfen und heißt Tyrannis« (Rhetorik 1366a).

In seiner »Politik« unterscheidet er fünf Formen des Königtums:

>»Eine ist die der Heroenzeit. Sie bestand über Freiwillige und betraf bestimmte Aufgabengebiete. Denn Feldherr und Richter war der König, und er hatte die Aufsicht über den Götterkult. Die zweite ist die barbarische. Sie ist eine erbliche Herrschaft im Einklang mit dem Gesetz. Die dritte aber ist die, die man die Aisymnetie nennt. Sie ist eine gewählte Tyrannis. Die vierte ist die spartanische. Sie ist, um es einfach zu sagen, eine erbliche Feldherrnwürde auf Lebenszeit. [...] Eine fünfte Art der Königsherrschaft aber gibt es dann, wenn *Einer* die Entscheidung über alles hat [...]« (Aristoteles, Politik 1285b).

Gerade an diese letzte Form der Königsherrschaft knüpft Aristoteles eine höchst bedeutungsvolle Weiterführung seines Gedankengangs. Er fragt sich nämlich, ob es besser sei, unter der Herrschaft des besten aller Männer oder des besten aller Gesetze zu leben. Nach gründlicher Abwägung der Vor- und Nachteile beider Gesellschaftsordnungen entscheidet er sich für die gesetzlich legitimierte Staatsordnung, weil sie der Herrschaft eines Einzel-

Eine neue Monarchie wird definiert

nen überlegen sei. Unter all den Argumenten, die er aufzählt, erscheint ihm die Frage der königlichen Erbfolge als ausschlaggebend: Wer garantiert, daß die Kinder des Besten die gleichen charakterlichen Qualitäten besitzen wie ihr Vater? (Aristoteles, Politik 1286b)

Dennoch war sich Aristoteles nicht sicher, ob seine erste Schlußfolgerung auch auf alle menschlichen Gemeinschaften paßte.

»Von Königen beherrscht sein will nun eine derartige Menge, die von Natur aus dazu veranlagt ist, ein Geschlecht zu ertragen, das in seiner Natur hinsichtlich der staatsbürgerlichen Führung hervorragt« (Politik 1288a, 8-9).

»Wenn es sich also ereignen möchte, daß es entweder ein ganzes Geschlecht oder einen Einzelnen geben sollte, der sich von den anderen seiner Tugend nach dermaßen unterscheidet, daß seine Tugend die aller anderen überragt, dann ist es doch gerecht, daß dieses Geschlecht das Königtum besitze und über alles zu entscheiden habe, und daß dieser *Eine* König sei [...]. So bleibt nur noch, einem solchen Mann zu gehorchen und daß er der Herr sei, doch nicht nur wechselweise, sondern überhaupt« (Politik 1288a, 15-19; 28-29).

Zuvor aber hatte er hinsichtlich dieser, die Grenzen des normal Menschlichen sprengenden Persönlichkeit zwei denkwürdige Merkmale formuliert: Die Überlegenheit »macht ihn zum Gott unter den Menschen«, und »für ihn kann es kein Gesetz geben, denn er selbst ist das Gesetz« (Aristoteles, Politik 1284a). Damit haben wir die beiden Hauptaspekte der hellenistischen Königsherrschaft.

Also spielte im Athen des 4. Jahrhunderts, dem Brennpunkt des intellektuellen Lebens in Griechenland, bei den Besuchern der Rhetoren- und Philosophenschulen, wenn sie sich als die Erzieher künftiger Staatslenker begriffen, die Frage nach der Königsherrschaft (*basileia*) eine wichtige Rolle. Da sie in einer Stadt lebten und lehrten, wo die letzte Entscheidung bei der Volksversammlung lag, erschien es ihnen offensichtlich, daß nur die Macht eines Königs die für die Demokratie typische Unordnung und ihre Schwächen beseitigen könnte. Die Masse der Athener aber blieb wohl der Ordnung verbunden, die die Stadt groß und bedeutend gemacht hatte, obwohl auch sie sich für einen siegreichen Strategen begeistern und ihm besondere Ehren erweisen konnten. Deshalb waren sie jedoch nicht bereit, sich mit einem solchen Mann zu verbinden, wenn er der Bürgergesellschaft fernstand. Die besiegten Athener konnten sich für Philipp II. und Alexander zwar ungewöhnliche Ehrenbezeugungen ausdenken, aber das hinderte sie nicht, sich umgehend zu erheben, als die Nachricht vom Tod des Eroberers eintraf. Die Situation in Athen traf nicht auf ganz Griechenland zu, und wir können an diesem Punkt besser begreifen, wie das, was sich zunächst als pure Spekulation von Philosophen und Rhetoren ausnahm, Realität werden sollte. Fünfzehn Jahre nach Alexanders Tod sollte die athenische Bevölkerung Demetrios Poliorketes, den Sohn des Antigonos, als Retter (*sōter*) begrüßen.

Basileus Alexandros
Die Frage ist: Hat die kurze Regierungszeit Alexanders nun dazu beigetragen, das Bild vom guten König zu erweitern, das sich die griechischen Denker vorstellten? Wir erwähnten ja schon die verschiedenen Gestalten, die er als König der Makedonen, *hegemon* der Griechen, Nachfolger der Achämeniden und schließlich als Sohn des Zeus verkörperte. Er hat – nicht nacheinander, son-

dern, je nach Anlaß – jede Rolle gleichzeitig gespielt, die diese Verhaltensmuster erforderten, selbst wenn er die göttliche Verehrung seiner Person erst nach seiner Rückkehr nach Babylon von eben jenen Griechen verlangte, als deren Führer er ausgezogen war. Wenn wir uns also fragen, was Alexander zur Entstehung eines neuen Königsbildes beigetragen hat, können wir nur auf seine Rolle als Herrscher der Makedonen und als Nachfolger der Achämeniden zurückgreifen.

Wir wollen an dieser Stelle keine früheren Äußerungen über die Beziehungen zwischen dem König und den Makedonen in seinem Heer wiederholen, die sich in dem Maß verschlechterten, wie sich seine persönliche Macht verfestigte. Die Hauptschwierigkeit für die Einschätzung der Autorität Alexanders bei den makedonischen Soldaten und folglich für das, was bei seinem Tod noch an Vorstellungen über das traditionelle makedonische Königtum übrig war, hängt wiederum selbst von den Umständen ab. Den größten Teil seines Lebens und seiner Herrschaft verbrachte Alexander außerhalb Makedoniens, das in seinem Namen von Antipater regiert wurde. Von dieser Zeit an wurde die makedonische Volksversammlung, die die Beziehungen zwischen König und Volk regelte, nicht mehr in gleichem Maße respektiert wie früher. Insbesondere beim Sturz des Philotas stellen wir hinsichtlich der Rolle, die die Heeresversammlung als Inhaberin der richterlichen Gewalt hätte spielen können, in unseren Quellen erhebliche Deutungsunterschiede fest.

Auch auf jene Vorfälle in Indien wurde schon hingewiesen, als Alexander gezwungenermaßen darauf verzichten mußte, in die Gebiete jenseits des Hyphasis vorzudringen. Auch was sich bei der Rückkehr des Heeres nach Susa und Opis zutrug, wurde berichtet, so daß sich die Frage erhebt, ob Alexander den Makedonen in seinem Heer immer noch ihre Sonderstellung sichern konnte, als griechische Söldner – und dann Perser – an Zahl immer mehr zunahmen? Wenn er vor seinen Soldaten sprach (Diodor verwendet für die Versammlung das Wort *ekklesia*), richtete er sich dann allein an die Makedonen? Anders gesagt: Wenn wir aufgrund der häufig unterschiedlichen Berichte in unseren Quellen Spannungen zwischen Alexander und seinem Heer vermuten können, so müssen sie sich nicht immer auf Äußerungen der makedonischen Heeresversammlung beziehen. Handelte es sich beispielsweise um einen günstigen Zeitpunkt, die Schlacht zu beginnen oder mit einem Gegner einen Pakt auszuhandeln, dann hat man deutlich den Eindruck, daß Alexander allein entschied. Und was sein Biograph Plutarch als eine Wesensänderung erklärt, erweist sich in der Realität eher als Ausfluß einer gestärkten persönlichen Macht. Die Umstände rechtfertigten diese Stärkung in jeder nur erdenklichen Weise: Ein Heer, das in feindliches Gebiet vordringt, hat in erster Linie dem zu gehorchen, der es kommandiert.

Im übrigen entnehmen wir unseren Quellen, daß einige »Gefährten« Alexanders zunehmend Einfluß auf ihn gewannen. Die griechischen Quellen verwenden für diese Gruppe den Begriff *synedrion*. Es ist aber ungewiß, ob dieses »Küchenkabinett« einen juristisch präzise definierten Status erlangt hat, und das um so weniger, als einige dieser »Freunde« des Königs auch Opfer seines Jähzorns und Mißtrauens wurden – man denke nur an Kleitos, der plötzlich in Ungnade gefallen war, oder an Kallisthenes. Gerade der Fall Kallisthenes beweist, daß Alexanders unmittelbare Umgebung nicht ausschließlich aus Makedonen bestand und deshalb auch nie einen wie immer gearteten gesicherten Platz in den lockeren Strukturen der makedonischen Monarchie hätte einnehmen können. Und ganz offensichtlich trug die Aufnahme von Persern in die Armee und ihren innersten Kreis nicht dazu bei, die Überlebenschancen der traditionellen makedonischen Gefolgschaft Alexanders zu verbessern.

Eine neue Monarchie wird definiert

Aber das allein bedeutete noch keine Orientalisierung der Macht. Wenn Alexander demonstrierte, daß er von seinen persischen Untertanen jenen Respekt erwartete, den sie einem Achämenidenherrscher schuldeten, oder wenn er für sie einen Teil der Kleidung dieses Herrschers, insbesondere die Stirnbinde, anlegte oder sich im übrigen von einem gewissen Luxus in Versuchung führen ließ, wurde er ausschließlich für die Perser der Nachfolger des Großkönigs. Das gilt auch, wenn er aufgrund offensichtlicher Effizienzüberlegungen das System der persischen Satrapien oder deren Erhebung von Steuern oder Abgaben übernahm. In den Königsstädten der Perser hat er sich aber immer nur kurz aufgehalten.

Worin bestand nun die wahre Natur der Führungskunst Alexanders? Es scheint, als ob man ihrem Kern recht nahe kommt, wenn man diese Autorität als die eines siegreichen Generals versteht, denn in der Tat machten ihn seine ständigen Siege zum Herrn über ein derartiges Riesenreich; die nicht enden wollenden Feldzüge verstärkten natürlich seine Machtposition. Wenn es stimmt, daß er noch kurz vor seinem Tod an neuen Eroberungsplänen arbeitete, so läßt sich ermessen, was die Ideologie ständiger Siege für die Anerkennung durch seine Soldaten und die Untertanen des riesigen Reiches bedeutete – sie rechtfertigte eine geradezu grenzenlose Autorität.

Die Frage ist müßig, wie sich sein Königtum weiter entwickelt hätte, wenn er schließlich nach Makedonien zurückgekehrt wäre. Es genügt schon die Feststellung, daß es sich bei seiner Herrschaft um eine Art »Reisekönigtum« handelte und daß die Autorität Alexanders ganz mit seiner Person verknüpft war. Sie läßt sich deshalb weder als nur makedonisch noch als rein orientalisch bezeichnen. Sie war eine ganz persönliche Schöpfung, die, indem sie beide Elemente überwölbte, sowohl über das eine wie über das andere hinausragte.

Das Erbe Alexanders

In dieser Hinsicht ist die Titulatur Alexanders auf den Münzen mit seinem Bild, über deren Emissionszeitpunkt schon heftig diskutiert wurde, absolut charakteristisch. In Silber geprägt, erscheint vor uns nicht mehr nur der *basileus Makedonōn*, auch kein *basileus* ohne Umschrift, wie der persische König, sondern ein *basileus Alexandros*, dessen Name allein für die Autorität eines Königs steht. Man könnte sagen, er verkörperte in gewisser Weise das monarchische Ideal, das die griechischen Denker im vierten Jahrhundert entwarfen. Allerdings stellt sich die unumgängliche Frage: Ist dieser »König« Alexander nur das Produkt des Bildes, womit ihn seine Zeitgenossen betiteln wollten, oder hat er, der von Aristoteles erzogen wurde, selbst ganz bewußt daran gearbeitet? Ohne, wie bereits mehrfach festgestellt, die Schwierigkeiten zu verkennen, durch die vielfältigen, ihm angedichteten Rollen zum wahren Kern des Menschen Alexander vorzudringen, müssen wir annehmen, daß er in seinen letzten Lebensmonaten bewußt an seinem Bild als vorbestimmter Führer gefeilt hat – einige seiner Handlungen lassen dies zumindest vermuten. Die Pläne, die er hegte, die Forderung, die er in Olympia vortragen ließ, daß die Griechen seine Göttlichkeit anerkennen sollten, auch sein Wunsch, durch die Heirat mit Roxane eine Dynastie zu gründen, erklären sich nicht allein aus einer charakterlichen Entwicklung, sondern eher aus dem Bewußtsein eines besonderen Schicksals: Alexander wollte nicht nur aufgrund seiner militärischen Erfolge als *theos aniketos*, als unbesiegbarer Gott, verehrt werden.

Als König der Makedonen ist er von Europa ausgezogen und war nach dem Tode des Dareios Nachfolger der Achämeniden – die Autorität des Königs Alexander bestand aus mehr als der Summe der beiden Machtpositionen. Sein Königtum war etwas Neues, das in den letzten Jahren der Eroberungszüge entstanden ist und das wesentlich zur Entstehung einer neuen Form von Macht beigetragen hat, nämlich das hellenistische Königtum.

Eine neue Monarchie wird definiert

Die hellenistische Monarchie

Die unmittelbaren Folgen von Alexanders Tod, die verschiedenen Reichsteilungen sowie das Verschwinden von Philippos III. Arrhidaios und des kleinen Alexander IV. wurden bereits erwähnt. Die Fiktion der makedonischen Argeadenherrschaft hatte nach 310 ausgedient, und vier Jahre später nahm Antigonos den Königstitel an.

Man hätte sich vorstellen können, daß sich der makedonische *nomos* nach dem plötzlichen Tod Alexanders über seinen verlängerten Arm, die Heeresversammlung, wieder zu Wort gemeldet hätte. Aber das passierte in den Jahren, in denen sich die Diadochen noch nicht als Könige bezeichneten, nur selten. In Babylon konnten sie ihr Gewicht noch voll einbringen und sogar den letztendlich gefundenen Kompromiß durchsetzen. Aber in den folgenden Jahren, als Streitereien die Diadochen untereinander entzweiten, konnte sich jeder von ihnen nur auf den Teil des Heeres stützen, der ihm folgte, und die Makedonen waren dabei ohnehin in der Unterzahl. Allein Kassandros, dem bei der Reichsteilung Makedonien zugefallen war, konnte vielleicht den Willen der makedonischen Volksversammlung vollziehen, so, als er Königin Olympias wegen des von ihr organisierten Mordes an Philipp III. Arrhidaios anklagte. Und es ist natürlich nicht ausgeschlossen, daß der eine oder andere Diadochenkönig außerhalb des Landes und bei bestimmten Umständen den ihm unterstehenden Heeresteil zusammenrief und von ihm eine Entscheidung oder ein Bündnis billigen ließ.

Unter diesem Aspekt verdient eine Passage aus Plutarchs Biographie des Eumenes Interesse: Antigonos, der sich, nachdem er die Nachricht vom Tode Antipaters erhalten hatte, die Unterstützung des Eumenes sichern wollte, nahm mit dem ehemaligen Kanzler und Feldherrn Alexanders, den er in der kappadokischen Stadt Nora eingeschlossen hatte, Verbindung auf. Das

Ergebnis ihrer Verhandlungen legte Eumenes den gegnerischen Soldaten vor, die ihn belagerten. Er wollte von ihnen wissen, ob der Eid, der sie alle vereinte, auch die Diadochenkönige und Olympias betreffe. Plutarch spricht in diesem Text (Eumenes 12,4) nur von Makedonen, was sich aber dadurch erklären ließe, daß diese Ereignisse sich so kurz nach Alexanders Tod abspielten. Auf jeden Fall hätte man hier ein Beispiel für die politische und nicht nur die richterliche Funktion des makedonischen Heeres im Feld. Man kommt aber rasch dahinter, daß dabei nur die Heere in Betracht kamen, die jeder der Diadochen kontrollierte, die dem, der sie befehligte, voll zur Verfügung standen und die zusätzlich recht heterogen zusammengesetzt waren. So verurteilte beispielsweise die Heeresversammlung, die Antigonos 315 vor Tyros zusammengezogen hatte, Kassandros – wegen der Tötung der Olympias!

Der Annahme des Königstitels durch Antigonos, der sich in der Zeit nach Alexanders Tod als der bei weitem ehrgeizigste aller Diadochen gezeigt hatte, unterlag eine sehr genau definierte Bedeutung: Antigonos ließ sich, obwohl er persönlich von der Wiederherstellung des Alexanderreichs unter seiner Herrschaft träumte, nicht zum *basileus Makedonōn*, sondern zum *basileus Antigonos* ausrufen. Wie Alexander, so beanspruchte auch er den Titel eines Königs für sich, und da diese Proklamation anläßlich eines Sieges seines Sohnes Demetrios in Zypern erfolgte, bezog ihn der Vater sogleich in die *basileia* ein und verlangte die Anerkennung von Königsqualitäten nicht nur für sich allein, sondern für seine gesamte Familie.

Kurze Zeit später übernahmen auch alle anderen Diadochen den Königstitel. Mochte sich ihr Ehrgeiz dabei mehr in Grenzen halten als der des Antigonos, so verzichteten sie wie auch er auf jede nationale Bezeichnung in ihrer Titulatur. Nur für Kassandros tauchte wieder einmal ein Problem auf: Die Münzen seines

Eine neue Monarchie wird definiert

Reiches trugen die Umschrift *basileus Kassandros*, während ihn eine Inschrift als *basileus Makedonōn* bezeichnete. Unter diesem Aspekt repräsentierte Kassandros schon, was die makedonische Monarchie in hellenistischer Zeit noch werden sollte – ein »nationales« Königtum. Und wenn, wie André Aymard in verschiedenen Beiträgen nachgewiesen hat, das hellenistische Königtum eine geschlossene kulturelle Einheit darstellt, so präsentiert es sie zumindest in zwei unterschiedlichen Formen. Die kulturell gemeinsamen Züge aller Diadochenherrscher kommen dadurch zustande, daß sich jeder von ihnen auf das Erbe Alexanders beruft, was in die Praxis umgesetzt bedeutet, daß jeder dieser Herrscher das im Nacken geknüpfte Stirnband trug, das Alexander nach dem Tod des Dareios angelegt hatte. Ferner, daß sich jeder von ihnen mit einem mehr oder weniger hierarchisierten Hofstaat von Freunden und Gefährten umgab, innerhalb dessen bei Fragen der Nachfolge umgehend intrigiert wurde. Schließlich – und das ist als Drittes allen Diadochen der ersten Generation gemeinsam – gründeten sie alle eine Dynastie.

Diese Gemeinsamkeiten dürfen aber nicht die beiden unterschiedlichen Formen verschleiern, die das hellenistische Königtum angenommen hat. In Makedonien setzte sich nach einer Reihe von Konflikten zwischen verschiedenen Thronprätendenten (Lysimachos, Demetrios I. Poliorketes, der Sohn des Antigonos I. Monophtalmos sowie Pyrrhus von Epirus) schließlich der Sohn des Demetrios, Antigonos II. Gonatas, endgültig als Herrscher über Makedonien durch: Die makedonische Monarchie behielt also ihren »nationalen« Charakter wie einst zur Zeit der Argeaden. Deshalb taucht in den Inschriften neben dem Namen des Königs der Zusatz »der Makedonen« auf, während einige Hinweise auf die Rolle der makedonischen Volksversammlung bei der Akklamation eines neuen Königs schließen lassen oder im Fall der Minderjährigkeit eines Nachfolgers auf ihre Mitwirkung bei der Bestimmung eines Regenten (*epitropos*) und schließlich auf ihre juristische Kernkompetenz, einen Hochverratsprozeß durchzuführen.

Nichts davon hingegen in den auf persönlicher Alleinherrschaft gegründeten Diadochendynastien der Seleukiden und Lagiden, d. h. der Ptolemäer, oder auch bei all den Dynastien, die, begünstigt durch den Zerfall des Seleukidenreichs in Asien, den Königstitel für sich beanspruchten. In solchen Staaten brauchte der König auf keine Volksversammlung an seiner Seite Rücksicht zu nehmen. Er allein war der Staat und das personifizierte Gesetz. Die Gebiete, die er »mit dem Speer erworben« hatte und nun beherrschte, galten als Früchte *seines* Sieges. Heeresversammlungen, die aus irgendwelchen Gründen das Recht zur Rechtsprechung oder zur Designation des Königs besaßen, gab es nicht. Und wenn sich die Regenten im Vorderen Orient bisweilen von ihren Soldaten bestätigen ließen, so hatte das mit der Existenz eines *nomos*, der ihre Macht hätte beschränken können, nichts zu tun. Diese Herrscher hatten sich vom Erbe Alexanders nur dessen persönliches Regime bewahrt, und das um so mehr, wenn sie über Völker herrschten, die absolute Unterwerfung schon seit langem gewohnt waren. Die Gebiete, zu deren Herren sie sich aufgeschwungen hatten, gehörten ihnen als persönliches Eigentum, über das sie nach Belieben verfügen konnten: Sie verschenkten sie zuweilen an ihre »Freunde«, um durch solche Zueignungen die Anerkennung ihres Gefolges zu verstärken.

Aber was diese Monarchien, die aus den Eroberungen des Makedonenkönigs und auch in seiner neuen Funktion als Achämenidenherrscher entstanden sind, vielleicht am meisten von dem makedonischen Königtum unterscheidet, ist der Personenkult des Königs. Wir haben gesehen, wie Alexander aus diesem Grund dazu kam, von den Griechen die Anerkennung seines

Eine neue Monarchie wird definiert

göttlichen Wesens zu verlangen, und wir erinnerten daran, welche Züge der griechischen Tradition diese Forderung erklären, wenn nicht rechtfertigen konnten. Die direkten Nachfolger Alexanders sollten sich damit zunächst noch zurückhalten. Als Antigonos und Demetrios aber den Königstitel angenommen hatten, wurden ihnen in Athen göttliche Ehren zuteil. Ptolemaios I. erhielt auf Rhodos den Ehrentitel *sōter* (Retter), und Lysimachos, Seleukos und Antiochos, sein Nachfolger, wurden ebenfalls mit ähnlichen Ehrungen bedacht. Es gilt aber sogleich festzuhalten, daß ihnen diese Kulthandlungen nur in Griechenstädten erwiesen wurden, die mehr oder weniger unter ihre direkte Kontrolle geraten waren und die sich wiederum in eine Tradition einfügten, die innerhalb der griechischen Welt entstanden war.

In der zweiten Generation der Nachfolger Alexanders kam jedoch vor dem Kult um die lebenden Könige die Verehrung der toten Könige auf. In diesem Sinn institutionalisiert Ptolemaios II. das Andenken an seine Eltern als »göttliche Retter« (*theoi sōteres*) und danach die Verehrung seiner Schwester Arsinoë und seiner selbst als »göttliche Geschwister« (*theoi adelphoi*). Diese Entwicklung verstärkte sich allerdings erst im dritten Jahrhundert.

Im Seleukidenreich ist die Entwicklung des Königskults weniger deutlich. Sie scheint hauptsächlich in den Griechenstädten entstanden zu sein, die direkt zum Reich gehörten. Auch dort bemühte sich die zweite Generation um die Vergöttlichung des Königs, indem man seinem Namen kultische Attribute anfügte. So wollte Antiochos I. die göttliche Würde seines Vaters Seleukos I. mit dem Beinamen *nikator* (Sieger) betonen. Doch erst zu Beginn des folgenden Jahrhunderts verpflichtete Antiochos III. das Reich zur Verehrung seiner Vorfahren und seiner eigenen Person.

An dieser Stelle sollten wir allerdings zwei wichtige Anmerkungen machen. Erstens: Die Autorität und Macht eines Königs beruhte nicht auf seinem gottgleichen Wesen, sondern – umgekehrt – begründet erst ihr Königtum als Zeichen des von den Göttern gewährten Beistands ihre Göttlichkeit.

Zweitens: Für die gesamte Vorgeschichte wie auch für das Wesen der Königsmacht und für alle Begründungen der Autorität eines Königs gilt – und das sollten wir nicht vergessen –, daß sich zuerst die Griechen (und die hellenisierten Makedonen) dieser neuen Form der Königsherrschaft stellen mußten. Wie André Aymard schreibt, war das hellenistische Königtum »eine griechische Angelegenheit, die von echt griechischen Herrschern und von anderen (Herrschern) umgesetzt wurde, die entweder tatsächlich oder nur vorgeschoben, hellenisiert waren« (A. Aymard, Études d'histoire ancienne, S. 125).

Dieser Satz führt uns zum dritten Aspekt des Alexander-Erbes, der Entstehung einer »neuen, hellenisch geprägten Welt«.

Das Werden einer neuen Welt

Alexander hatte seinen Asienzug als *hegemon* der Griechen begonnen, und das Ziel bestand in der Umsetzung eines Plans von Philipp II., in dem er vielleicht durch den athenischen Redner Isokrates bestärkt worden war. Isokrates hatte nämlich in Reden, die er seinen Schülern als musterhaft empfahl, und in einem an Philipp II. gerichteten Brief dem Makedonenkönig vorgeschlagen, sich an die Spitze eines Krieges gegen die Barbaren zu stellen. Dieser Krieg sollte als erstes der Befreiung griechischer Städte in Kleinasien vom persischen Joch dienen und die Verbrechen rächen, die Xerxes an den Griechen und insbesondere den Athenern verübt hatte. Außerdem würde ein Krieg auch erlauben, auf erobertem Land die Söldner anzusiedeln, die mit ihrer großen Zahl zunehmend den Frieden und die soziale

Ordnung bedrohten. Ob nun die Ratschläge des Isokrates tatsächlich ausschlaggebend für den Plan Philipps waren oder ob er, der kurz zuvor eine große Zahl griechischer Städte im Korinthischen Bund zusammengeschlossen hatte, nicht lediglich ein Bündnis zwischen einigen dieser Staaten und dem Großkönig befürchtete: die Expedition, deren Kommando Alexander nach der Ermordung seines Vaters erbte, war zu Anfang ein rein griechisches Unternehmen.

Es sollte seinen Charakter in dem Augenblick ändern, als sich Alexander als Nachfolger von Dareios III. betrachtete und Perser in die Reichsverwaltung und zur Verteidigung eroberter Gebiete einsetzte. Das änderte aber nichts an der Tatsache, daß er selbst und seine engsten Gefährten ihre griechische Bildung stets hochhielten und Griechen zusammen mit Makedonen das Gros seines Heeres ausmachten. Obwohl nach der Rückkehr nach Babylon einige mit Verwaltungsaufgaben betraute Perser ihre Ämter behielten, blieb die Reichsorganisation doch überwiegend griechisch geprägt. Die vielen Städtegründungen entlang des Weges, den der Eroberer mit seinen Armeen genommen hatte, festigten die Anwesenheit der Griechen in Asien und Ägypten.

So hatte Alexander seinen Nachfolgern eine unendlich erweiterte griechische Welt hinterlassen. Und wenn die Reichseinheit den Tod des Eroberers nicht überleben sollte, so zeigten die riesigen Territorialstaaten, die aus der Eroberung entstanden waren, zusammen mit dem Rest der ursprünglich griechischen Welt doch schon nach kurzer Zeit ein neues Gesicht. Es ist für uns nun wichtig, die unterschiedlichen Aspekte dieser neuen Welt herauszuschälen, um ermessen zu können, inwieweit das Erbe Alexanders die gesellschaftliche Entwicklung im östlichen Mittelmeerraum beeinflußt hat.

Das Erbe Alexanders

Veränderungen im Wirtschaftsleben

Diese Wandlungen untersucht eines der umfangreichsten Werke der zeitgenössischen Historiographie, nämlich das Buch von Michael Rostovtzeff, The Social and Economic History of the Hellenistic World, 1941 in Oxford erschienen [dt.: Gesellschafts- und Wirtschaftsgeschichte der hellenistischen Welt, übers. von G. u. E. Bayer, Darmstadt 1955]. Gestützt auf literarische, archäologische und papyrologische Quellen präsentiert die Studie Rostovztzeffs die aus den Eroberungen Alexanders hervorgegangene Welt als »neue Welt«, die den Griechen den Übergang von einer noch relativ primitiven Wirtschaft zu sehr viel »rationelleren« und »moderneren« Formen der Wirtschaftsentwicklung ermöglicht hat. Heutzutage gehen wir mit den Schlüssen Rostovtzeffs sehr viel vorsichtiger um, obwohl eine Anzahl seiner Erkenntnisse zeitlose Gültigkeit besitzt. Nachdem sich Griechen in Asien und Ägypten angesiedelt hatten, folgte ganz unausweichlich der geographischen Erweiterung des griechischen Horizonts eine Ausweitung der Handelsbeziehungen. Viele Gegenden, die bisher vom Mittelmeerhandel ausgeschlossen waren, sahen sich nun plötzlich integriert. Besonders signifikant war aber zum einen die Verlagerung der Warenströme des Seehandels und zum anderen die Fortentwicklung des Geldes.

Im 5. und noch im 4. Jahrhundert war der Hafen von Piräus Hauptumschlagsort des Handels im östlichen Mittelmeerraum und stützte die Hegemonie Athens in der Ägäis. Kaufleute aus dem gesamten Orient, aber auch aus dem fernen Abendland strömten in Piräus zusammen, und die Abgaben, die Athen auf Handelsgüter erhob, bildeten eine wichtige Einnahmequelle der Stadt, wie das Werk Xenophons über die Staatseinkünfte um die Mitte des 4. Jahrhunderts beweist; dieses Programm sollte übrigens der Steigerung der Einnahmen dienen, indem Xenophon besonders die Niederlassung fremder Kaufleute in Athen berück-

Das Werden einer neuen Welt

sichtigte. Piräus war noch im 3. Jahrhundert einer der bedeutendsten Handelsplätze, aber bald sollten ihm in Bezug auf das Handelsvolumen zwei andere Orte den Rang ablaufen – zunächst Rhodos, gleichsam Pflichtstation im Handelsverkehr zwischen Ägypten und der Ägäis. Daß die Insel während der Konflikte zwischen den Diadochen und ihren Nachfolgern eine kluge Neutralitätspolitik verfolgt hatte, stärkte ihre Position nur noch mehr. Die Handelsschiffe konnten sicher sein, in Rhodos aufgenommen zu werden und entsprechende Einrichtungen für ihre Geschäfte zu finden.

Der andere neue Konkurrent von Piräus war offensichtlich Alexandria, und das aus zwei wesentlichen Gründen: Einerseits war Ägypten für die griechische Welt stets ein Hauptlieferant für Getreide gewesen, das man für die eigene Bevölkerung selbst nicht in ausreichender Menge produzieren konnte. Auf der anderen Seite kontrollierten königliche Beamte den Getreideverkauf. Man sollte in diesem Zusammenhang nicht, wie oft geschehen, von »Dirigismus« oder »Planwirtschaft« sprechen. Je mehr aber der ägyptische Boden zum persönlichen Eigentum des Königs wurde, um so mehr Geld spülten ihm die Exporterlöse sowie die steuerliche Abschöpfung in die Hände. Vermutlich bestand auch eine gewisse Kontrolle über den Getreideanbau, ob sie auch tatsächlich wirksam war, ist schwer zu sagen.

Im übrigen war Alexandria der reguläre Absatzmarkt für sämtliche Produkte aus dem Raum des Indischen Ozeans, der arabischen Halbinsel und natürlich auch aus dem Inneren Afrikas. Leider kennen wir die Organisation dieses Handels sowie die Personen zu wenig, die im Hafen von Alexandria Handel betrieben – es werden wie in Rhodos wohl hauptsächlich Syrer und Phönizier gewesen sein. Es ist auch nicht gesichert, ob die Ptolemäer diesen Handel kontrollierten. Ihnen standen nur die Zölle aus all diesen Geschäften zu.

Das Erbe Alexanders

Diese Ausweitung der Handelsbeziehungen und die Verlagerung der Warenströme im Mittelmeerhandel wurden auch dadurch begünstigt, daß Geld sich als Zahlungsmittel zunehmend durchsetzte. Umgekehrt verlangte der Handel geradezu nach einer verbindlichen Währung. Wir erwähnten schon die gewaltigen Mengen an Edelmetall, die Alexander in den persischen Residenzen vorfand. Er ließ sie zu Münzen prägen, mit denen er hauptsächlich seine Söldner entlohnte oder die Verpflegung für sein Heer bezahlte. In den Jahren nach der Eroberung kam es also zu einer beachtlichen Steigerung des Geldumlaufs, und dadurch sank der Gold- und Silberwert. Die persischen Könige ließen vor allem Gold-, daneben auch Silbermünzen prägen. Diese Doppelwährung hatte Alexander weitergeführt, aber sie wich nach seinem Tod rasch der bei den Griechen üblichen Silberwährung. Ganz wichtig aber war, daß diese Münzen nun auch in Gegenden gelangten, die sie bis dahin praktisch nicht kannten, aber auch, daß die Diadochen in ihrer Nachahmung Alexanders den attischen Münzfuß übernahmen, so daß attische Münzen nun – bis auf Rhodos, das seiner Sonderstellung treu blieb – als Zahlungsmittel fast überall in Umlauf kamen. Nur das ptolemäische Ägypten entschied sich, vielleicht weil es größere Schwierigkeiten hatte, sich ungeprägtes Edelmetall zu besorgen, bald für eine leichtere Münze.

Als Korrelat zum Anwachsen des Geldumlaufs ist die Aufnahme von Bankgeschäften zu sehen. Die meisten dieser Banken arbeiteten wie schon in Athen auf Privatbasis. Aber auch die Kassen einiger Heiligtümer, z. B. auf der Insel Delos, wickelten Darlehensgeschäfte ab, wie übrigens auch einige Banken in den kleinasiatischen Städten oder im Ägypten der Ptolemäer.

Wir sollten allerdings nicht übersehen, daß sich diese Geldwirtschaft nicht auf alle eroberten Landstriche erstreckte. In vielen Gegenden blieb die Naturalwirtschaft erhalten, vor allem in fernab von Handelsstraßen liegenden Provinzen, wo die Steuern in Naturalabgaben geleistet wurden, ohne daß es sich als notwendig erwiesen hätte, Geld als Zahlungsmittel zu benutzen.

Diese neuen Merkmale der Wirtschaft wirkten sich hauptsächlich in den Städten aus, denn ihr Aufblühen ist in der Tat das wichtigste Merkmal dieser neuen, aus den Eroberungen Alexanders entstandenen Welt.

Die Entwicklung der Städte
Die griechische Welt war eine urbanisierte Welt. Selbst wenn viele Regionen außerhalb dieser Urbanisierung blieben, entstand gerade um die Städte jener für das klassische Griechenland so charakteristische Staatstyp der *polis*. Die *polis* bildete den Mittelpunkt des politischen und religiösen Lebens. Sie kontrollierte auch das mehr oder weniger große ländliche Gebiet, das den Bürgern der *polis* gehörte. Der Besitz einer Parzelle auf städtischem Grund bildete übrigens in vielen Städten die erste Voraussetzung für die Zugehörigkeit zur Bürgerschaft. Selbst in Athen, wo man ohne Immobilienbesitz Bürger werden konnte, bestand der größte Teil der bürgerlichen Bevölkerung aus Leuten, die von den Erträgen ihres Grund und Bodens lebten. Dennoch blieb das Stadtleben mit all seinen politischen, religiösen, aber auch handwerklichen und Händleraktivitäten, die nur dort und nirgends anderswo stattfanden, das Hauptmerkmal dieser Zivilisation. Im 4. Jahrhundert erlebten einige Küstenstädte in Kleinasien die Auswirkungen einer Städteplanung, die auf den im 5. Jahrhundert berühmten Architekten Hippodamos von Milet zurückging. Besonders Priene, Milet und Ephesos hatten von seinen architektonischen und städtebaulichen Ideen profitiert.

Von diesen Vorbildern ließ sich Alexander bei seinem Entschluß leiten, in Ägypten eine Stadt zu gründen, die seinen Namen tragen sollte. Diodor berichtet, wie er, nachdem er den

Platz für die neue Stadt gefunden hatte, deren Grundriß entwarf und die Stadtteile »nach allen Regeln der Kunst« festlegte. Der Historiker fügt hinzu:

»Die Stadt macht eine Figur wie ein ausgebreiteter Kriegsmantel und hat eine Straße, welche sie fast in der Mitte teilt und eine bewunderungswürdige Länge und Breite hat« (Diodor XVII 52).

Mit der Gründung einer derartigen Stadt wollte sich Alexander auf die gleiche Ebene mit den Städtegründern der vergangenen Heroenzeit stellen. Aber er dachte auch an die Sicherung seiner rückwärtigen Verbindungen; schließlich versuchte der Spartanerkönig Agis etwa um die gleiche Zeit, Kreta zum Aufstand anzustacheln. Es ist aber fraglich, ob sich Alexander in diesem Augenblick je die Zukunft »seiner« Stadt vorstellen konnte, die sich schon nach wenigen Dezennien zur reichsten und am dichtesten bevölkerten Stadt im Mittelmeerraum entwickeln sollte.

Es steht zu vermuten, daß Alexander, unabhängig von dem Wunsch, seinen Namen mit den vielen Städten, die er auf seinem Eroberungszug gründete, zu verbinden, sich haupsächlich von strategischen Überlegungen leiten ließ. Gerade die Plätze der neuen Siedlungen an wichtigen Straßenkreuzungen oder entlang der Nordgrenze des Perserreichs garantierten ihm vermutlich die militärische Absicherung der eroberten Provinzen. Leider kennen wir die Auswahlkriterien der Siedler nicht. Wir wissen auch nicht, ob sie landwirtschaftliche Anbauflächen im Umland einer bestehenden Stadt erhielten oder nur die Garnison bildeten. Es ist ebenso unbekannt, ob diese Siedlungen schon nach den traditionellen Merkmalen einer griechischen Stadt angelegt wurden, denn eine konsequente Ansiedlungspolitik ist tatsächlich erst unter Alexanders Nachfolgern zu beobachten. Die Inschriften aus einigen dieser Stadtgründungen, die zusätzlich erst aus späterer Zeit stammen, beweisen aber, daß diese Städte allesamt über eine Volksversammlung, einen Rat und gewählte Beamte verfügten.

Die Siedler kamen hauptsächlich aus Griechenland und Makedonien, während es ausgesprochen selten vorkam, daß Einheimische von Anfang an in die neue Siedlung integriert wurden. Das hieß für Alexander wie für seine Nachfolger, daß zu den militärischen Überlegungen auch die klare Absicht einer Verbreitung der griechischen Kultur und Lebensart trat.

Vor allem die Seleukiden kümmerten sich um die Entwicklung ihrer Städte. Deshalb läßt sich anhand archäologischer Zeugnisse aus ihrem Herrschaftsbereich das Wesen dieser Städte am besten erkennen. Nach dem Beispiel Alexanders und nach ihm unter Antigonos, dem Herrscher über Asien bis zu seinem Tod, sowie unter den beiden ersten Seleukidenkönigen Seleukos I. und seinem Sohn Antiochos I. stieg die Zahl der Städtegründungen kontinuierlich an. Dabei ragten insbesondere die vier großen Städte des Reiches hervor: Antiochia am Orontes und Apameia, auch am Orontes, aber mehr im Landesinneren gelegen, sowie Seleukeia und Laodikeia an der syrischen Küste.

Als Griechenstädte verwalteten sie sich theoretisch eigenständig, aber da sie von allen Seiten durch Königsland (*chora basilika*), d. h. von »speergewonnenem Land«, umschlossen waren, unterlagen sie faktisch der Macht des Königs. Selbst wenn ihre Institutionen frei und unabhängig zu arbeiten schienen, bestand ein autonomes politisches Leben eher der Form als dem Inhalt nach. Dies bestätigte selbst Antiochia, die als theoretisch autonome Griechenstadt dem Seleukidenreich als Hauptstadt diente, so wie Alexandria als Hauptstadt des Ptolemäerreiches.

Diese neuen Städte unterschieden sich neben ihrer engeren Abhängigkeit von den durch Alexander »befreiten« älteren Städten in Kleinasien vor allem durch die Art ihrer Bevölkerung. Natürlich setzten sich alle ihre Bürger aus Griechen und hellenisierten Makedonen zusammen, aber die Griechen unter ihnen stammten aus unterschiedlichen Gegenden des Mutterlandes, was Inschriften belegen, die den ethnischen Ursprung der Namen bewahren. Das trifft übrigens vor allem für jene Griechen zu, die nach Ägypten ausgewandert waren. Die Ptolemäer gründeten im Unterschied zu den Seleukiden nur verhältnismäßig wenige Städte in Ägypten oder in ihren Besitzungen außerhalb. Die Söldner, die sie gerufen hatten, wohnten in eigenen Siedlungen ohne städtische Verfassung, die man als *politeuma* bezeichnete. Sie erhielten Parzellen aus dem Königsland zugeteilt, von deren Einkünften sie lebten.

Alexandria war ein Sonderfall. Während in den meisten von Alexander und seinen Nachfolgern gegründeten Städten von Anfang an nur Hellenen (Griechen und Makedonen) lebten, besaß Alexandria schon zu Ende des 4. Jahrhunderts einen bedeutenden Ausländeranteil. Die am besten bekannte Gruppe bildete die jüdische Diaspora. Die Anwesenheit von Juden in der Stadt erklären zwei unterschiedliche Überlieferungen. Die erste geht auf Hekataios aus Abdera zurück, der berichtet, das »Wohlwollen« des ersten Ptolemäers habe die Einwanderung der Juden nach Alexandria gefördert. Die andere Überlieferung aus späteren alexandrinisch-jüdischen Kreisen behauptete, die ersten Juden seien als Gefangene eines Syrien-Feldzugs desselben Ptolemaios nach Alexandria verschleppt und dort von ihm freigelassen worden. Welcher der beiden Überlieferungen man auch Glauben schenken mag: Festzuhalten ist, daß in Alexandria eine der größten Gemeinden der Auslandsjuden lebte. Diese Juden besaßen zwar kein alexandrinisches Bürgerrecht, aber sie hatten entweder von Ptolemaios I. oder Ptolemaios II. die Genehmigung zur Ausübung ihrer Religion und zur Wahrung ihres Rechts erhalten. Andere Ausländergruppen besaßen allem Anschein nach ähnliche Privilegien.

Das Werden einer neuen Welt

Die meisten dieser neuen Städte präsentierten sich wie eine traditionelle griechische Stadt: im Mittelpunkt die Agora, die von den wichtigsten öffentlichen Gebäuden und von Heiligtümern umgeben war. Sie verfügten auch über ein Theater und ein Gymnasion, wo sich die Jugend der Stadt traf. Es symbolisierte aber auch die *paideia*, die griechische Erziehung, welche die sportliche Betätigung mit der Dichtkunst, aber auch mit der Erziehung zur Demokratie eng verband. Allerdings konnten nur wenige privilegierte Einheimische von sich sagen, sie kämen »vom Gymnasion«.

Es steht außer Zweifel, daß sich aus diesen Städtegründungen Ausstrahlungspunkte des griechischen Lebens entwickelten. Dabei war aber abzusehen, daß die Söldner, die Alexander gefolgt, und auch die Griechen, die in den letzten Jahrzehnten des 4. und in den beiden ersten Dezennien des 3. Jahrhunderts in Massen ausgewandert waren, in Asien und Ägypten stets als Minderheit leben würden.

Wir besitzen keine Möglichkeit, diese Auswanderungswellen numerisch zu überprüfen. Waren die ersten Siedler noch hauptsächlich Söldner, so strömten, als diese neuen Städte sich zu blühenden Handelszentren entwickelten, wahrscheinlich Handwerker und Kaufleute herbei, allerlei »Spezialisten«, Ärzte, Juristen, Schauspieler und auch jene »dionysischen Künstler«, d. h. wandernde Schauspieltruppen, die in den Theatern auftraten, über die jede halbwegs wichtige griechische Stadt verfügte.

In diesem Zusammenhang stellt sich die Frage, in welchem Ausmaß die griechische Präsenz die orientalischen Gesellschaften strukturell verändert hat. Die griechische Auswanderung in den Mittleren Osten wurde schon oft mit dem Phänomen des »Kolonialismus« verglichen. In der Tat besetzten Griechen im Seleukiden- und Ptolemäerreich die Schaltstellen der Macht, ob nun in der obersten Verwaltungsebene, auf lokaler Ebene oder in den neuen Städten. Die Bemühungen Alexanders, Perser in die Reichsverwaltung aufzunehmen, blieben ohne Folge. Seine Nachfolger suchten bei Auseinandersetzungen immer eher die Unterstützung der griechischen Staaten als die der einheimischen Bevölkerung. Man befürchtete, daß sie versuchen würden, die Kämpfe zu nutzen, um ihre Unabhängigkeit wieder zu erlangen.

Die Griechen, die sich in Zentralasien niederließen, bildeten eine privilegierte Gruppe, die eine gemeinsame Sprache, die *koinē*, einte. Diese Sprache, abgeleitet aus dem attischen Dialekt, hatten aus gleich gelagerten Interessen, aus der gleichen Lebensart und aus gleichen gesellschaftlichen Erfahrungen schließlich alle Griechen übernommen. Angesichts der orientalischen Welt, die weiterhin an ihrer Unterschiedlichkeit festhielt, bildeten sie dadurch eine homogene Gesellschaft.

Die orientalischen Völker
Wir dürfen in der Tat die gewaltigen Unterschiede zwischen den orientalischen Völkern nicht vergessen, die ihre Wurzeln innerhalb des Achämenidenreiches bewahrten und nach dem Tode des Dareios eigentlich nur die Oberherrschaft wechselten. Gewiß bestanden Kontakte zwischen eingewanderten Griechen und Kreisen der Einheimischen, doch wurden deren Strukturen durch diese Begegnungen nur höchst selten verändert. Die allermeisten dieser Völker waren Bauern, die an die Grundbesitzer, deren Äcker sie bestellten, Abgaben zu zahlen oder für sie Fronarbeit zu leisten hatten. Es gab entweder Königsgüter, Güter, die Tempelpriesterschaften gehörten, oder Liegenschaften, die der König an seine Freunde verschenkt hatte. In Mesopotamien wie in Syrien bestanden mehr oder weniger freie bäuerliche Gemeinschaften, die aber dennoch Abgaben in Form eines Zehnten auf die Bodenerträge oder eine feste Steuer zu entrichten hatten.

Das Werden einer neuen Welt

Die Folgen der griechischen Präsenz im Ptolemäerreich in Ägypten für die einheimische Bevölkerung sind bestens dokumentiert. In Ägypten bestand eine sehr alte bürokratische Tradition, die die Ptolemäer nur wieder aufzunehmen brauchten: Man wechselte die frühere Beamtenschaft in den Provinzen, Distrikten und Dörfern einfach gegen Beamte aus den Reihen der Griechen und Makedonen aus. Diese besetzten auch die hohen Zivil- und Militärdienststellen der Zentralregierung.

Wie in Asien galt auch in Ägypten ein Teil des im Krieg eroberten Bodens als »Königsland«, besiedelt von »Königsbauern«, die gewaltige Steuern zahlen mußten. Daneben gab es auch »sakrales Land«, das von den einheimischen Priestern des Hauptgottes einer Stadt verwaltet wurde und dessen Einkünfte teilweise die Kosten der Kultveranstaltungen deckten, während andere Verwaltungsdistrikte den Sold für die Angehörigen der königlichen Armee erwirtschafteten; zu guter Letzt kennen wir noch Gaue, die der Pharao als Lehen vergab. Eines dieser Lehen erhielt der Finanzminister und oberste Reichsverwalter (*dioiketes*) von Ptolemaios II.: Es ist Apollonios, der uns durch die Korrespondenz seines Oberagenten Zenon von Kaunos bestens bekannt ist. Die Bauern, die auf diesen Gütern im Fajum arbeiteten, unterstanden zwar nicht mehr der Macht des Königs, aber sie hatten ebensoviel Naturalabgaben zu zahlen wie die »Königsbauern«. Heute wird die Ansicht, es habe eine »Planwirtschaft« gegeben, die die ägyptischen Bauern noch viel brutaler ausgebeutet hätte als die im Seleukidenreich in Asien, stark relativiert. Dennoch scheint es in Ägypten (mit Unterstützung durch einheimische Priester) mehr Bauernaufstände gegeben zu haben als in Asien – genau wissen wir es aber nicht, was am ungleichen Informationsstand über die beiden Reiche liegen mag. Nachdrücklich wird auch immer wieder erwähnt, daß alle Ägypter mit dem Ende des 3. Jahrhunderts einer allgemeinen Wehrpflicht im königlichen Heer unterstanden. Aber das ist eine andere Frage.

Bleibt festzuhalten, daß die bäuerlichen Massen in ihrer großen Mehrheit von der griechischen Anwesenheit nur insofern berührt wurden, als diese Präsenz ihre Ausbeutung verstärkte. Und hier darf der Hinweis auf die Notabeln, d. h. die mittleren und kleinen Beamten in all diesen Gesellschaften, nicht fehlen. Sie hatten subalterne Funktionen auszufüllen oder lebten zusammen mit den Einheimischen in den kleineren Städten, die das Stadtrecht und die damit verbundene Selbstverwaltung erlangt hatten. Diese Magistrate gewannen in dem Maße an Bedeutung, wie sich die hellenistischen Reiche von den Unruhen erholten, die auf den Tod Alexanders gefolgt waren. Wir beziehen uns hier auf ein Beispiel, das, weil besser bekannt, auch interessanter ist als die meisten anderen und das die a priori dem Hellenismus gegenüber besonders widerspenstig eingestellte Gruppe der jüdischen Gemeinschaft in Ägypten betrifft.

Judäa gehörte am Ende des 4. Jahrhunderts zum Machtbereich der Ptolemäer und war einer jener halb-souveränen und tributpflichtigen Vasallenstaaten, an dem jedoch besonders auffiel, daß er zwar von einem Hohenpriester regiert wurde, aber dennoch kein Gottesstaat war: Die Quellen sprechen von einem »Volk der Juden« (*ethnos tōn Iudaiōn*), weil Grund und Boden nicht dem Tempel in Jerusalem gehörten wie in vielen anderen Gottesstaaten des Seleukidenreichs. Die Hohenpriester dieser Zeit stammten aus dem Priestergeschlecht der Oniaden und besaßen nicht nur Güter in Jerusalem, sondern auch jenseits des Jordan. Ihr Name taucht in der Korrespondenz Zenons von Kaunos auf, des obersten Verwalters des Finanzministers von Ptolemaios II., auf. In ihr ist die Rede von einem »Landgut des Tobias«, auf dem sich Zenon offenbar während einer seiner Inspektionsreisen zu den außerhalb des ägyptischen Kernlandes

Das Werden einer neuen Welt

gelegenen Besitzungen der Ptolemäer aufgehalten hat. Es sind auch zwei Briefe des Tobias in griechischer Sprache bekannt; einer ist an Apollonios gerichtet und der zweite an den König selbst adressiert. Der jüdisch-römische Historiker Flavius Josephus verfaßte im 1. Jahrhundert n. Chr. das Geschichtswerk *Antiquitates Judaicae* (»Jüdische Altertümer«), in dem er einen gewissen Josephus, Sohn des Tobias und Großneffe des Hohenpriesters Onias erwähnt, der, offenbar mit vielen Geschenken beladen, nach Alexandria reiste, um die Steuerpacht in der Provinz Syrien/Phönikien zu erhalten, die er dann auch 22 Jahre lang innehatte. In dieser Eigenschaft baute er eine mit dem Hohenpriester konkurrierende, aber erfolgreiche Machtposition auf, denn Flavius Josephus beschließt seine Darstellung mit der Feststellung: »Dieser Josephus, Sohn des Tobias, verstand es, das jüdische Volk aus einer Situation der Armut und Schwäche in ein strahlendes Leben zu führen.« Wahrscheinlich aber traf die Bemerkung nur auf die hellenisierten jüdischen Kreise zu, denen auch die Tobiaden angehörten. Ihr Beispiel zeigt auf jeden Fall, daß seit dem 3. Jahrhundert und vielleicht schon etwas früher einheimische Magistrate in mehr oder weniger bedeutende Positionen gelangen konnten, die sie der griechisch-makedonischen Oberschicht annäherten.

Wir sollten indes deutlich darauf verweisen, daß es sich dabei nur um eine Minderheit handelte. Wenn Alexander, wie behauptet wurde, von der Einheit zwischen seinen Untertanen geträumt hat und davon, die Unterschiede zwischen Griechen und Barbaren aufzuheben, so führten sich seine Nachfolger gegenüber ihren orientalischen Untertanen sehr bald wieder als Eroberer auf. Aber die Fortschritte des urbanen Lebens nach griechischer Art und die Erweiterung von Handelsbeziehungen konnten auf lange Sicht nicht an den orientalischen Völkern vorbeigehen. Deshalb kommen wir nun zum letzten Aspekt des Alexandererbes, d. h. der Frage: In welchem Ausmaß berührte dieser hellenische Einfluß das kulturelle Leben?

Die Hellenisierung des Orients und ihre Grenzen

Die beherrschende Stellung der Hellenen in den orientalischen Staaten, die aus den Eroberungen Alexanders hervorgegangen waren, konnte nicht ohne Auswirkungen auf kulturellem Gebiet bleiben. Und gerade diese Folgen müssen beurteilt und gewürdigt werden, ohne daß wir wieder in die Übertreibungen früherer Kommentatoren verfallen, die auf der einen Seite die zivilisatorische Leistung der Griechen priesen, die ihre hohe Kultur den weniger entwickelten Völker brachten, und auf der anderen Seite von der Erschlaffung der gleichen griechischen Kultur im Kontakt mit dem Orient redeten, der sie bis zur Unkenntlichkeit entstellt habe.

Der Geist von Alexandria
Ganz unbezweifelbar schlug das Herz der Zivilisation, die seit Droysen als »hellenistische« bezeichnet wird, in der Stadt, die Alexander bei seinem kurzen Aufenthalt in Ägypten gegründet hat – Alexandria. Wir erwähnten bereits, daß sich der Eroberer beim Gründungsakt wohl kaum die außerordentliche Bestimmung der Stadt vorstellen konnte, der er seinen Namen verlieh. Schließlich war sie nur die erste der vielen Alexandrias, die den Weg seiner Armee noch säumen sollten.

Dagegen läßt sich mit Recht vermuten, daß derjenige unter seinen Gefährten, der seine Herrschaft über Ägypten außerordentlich rasch durchsetzte, Ptolemaios, Sohn des Lagos, der wahre Gründer der Stadt war, der eine solch beachtliche Entwicklung bevorstand. Es ist auch bekannt, wie rasch er die sterb-

Die Hellenisierung des Orients und ihre Grenzen

lichen Überreste Alexanders in seine Gewalt brachte, als Perdikkas noch die Rückkehr des königlichen Leichnams nach Aigai, der Grabstätte der Makedonenkönige, organisieren wollte. Wir wollen auch nicht in die Debatte darüber eintreten, ob er Alexander zuerst in Memphis beisetzte, bevor er ihn nach Alexandria überführte. Wichtig ist nur, daß Alexander zu dem Zeitpunkt in dem neuen Grab ruhte, als sich Ptolemaios nach dem Vorbild des Antigonos ebenfalls den Königstitel zulegte, wobei auch der genaue Ort dieser Grabstätte einige Fragen aufwirft. Normalerweise befand sich in griechischen Städten das Grab des Stadtgründers auf der Agora, und deshalb ließ Ptolemaios das Grabmal zunächst wohl auch in Alexandria an diesem Ort errichten. Aber dem Historiker Strabon im 2. Jahrhundert n. Chr. zufolge befand es sich damals im Gräberbezirk des Palastviertels (Sema), der nicht nur die sterbliche Hülle Alexanders barg, sondern auch die der ersten Ptolemäer. Eine Annahme besagt, daß das Grab des Eroberers zur Regierungszeit Ptolemaios' IV. verlegt wurde.

Der erste Ptolemäerkönig war eine sehr bemerkenswerte Persönlichkeit. Er hatte Alexander auf dem gesamten Asienzug begleitet, und aus seinem Bericht schöpften viele später lebende Historiker – insbesondere Arrian. Plutarch zitiert ihn in seiner Alexander-Vita nur einmal, weil er das Treffen Alexanders mit der Amazonenkönigin (Alex. 46) wie andere Historiker auch für reine Erfindung hielt. Bedenkt man die Erfahrungen, die ihn mit Alexander verbanden, erscheint es nur natürlich, daß er davon träumte, seine Hauptstadt in ein Zentrum des kulturellen Lebens zu verwandeln.

Dabei soll ihn der ehemalige athenische Politiker Demetrios von Phaleron, ein Schüler Theophrasts, der Aristoteles an der Spitze des Lykeion nachfolgte, beraten haben. Demetrios von Phaleron regierte unter der schützenden Hand von Kassandros zehn Jahre lang Athen (317–307). Als Demetrios I., genannt Poli-

Das Erbe Alexanders

orketes, der Städtebelagerer, und Sohn des Antigonos, die Stadt eroberte, flüchtete sich Demetrios von Phaleron zuerst nach Theben und danach zu Ptolemaios nach Ägypten. Nach den Ratschlägen des Atheners wurde also ein Unternehmen in Angriff genommen, das die Lehren des Aristoteles in direkter Linie umsetzte: Es entstand ein den Musen geweihtes Sanktuarium, das Wohnungen für Gelehrte, die ihre Theorien diskutieren und überprüfen wollten, ein Museum und eine Bibliothek umfaßte, deren Bestand sämtliche großen Werke der griechischen Kultur entweder als Abschriften oder in Form von Auszügen enthalten sollte.

Während Athen das Zentrum der Philosophie blieb und dort im Umkreis der Akademie und des Lykeion neue Schulen wie die Stoa Zenons oder der Garten Epikurs entstanden, begann Alexandria seinen Weg hin zu einem weltbekannten Wissenschaftszentrum. Man braucht nur Namen zu nennen wie Euklid, dessen »Elemente« die mathematischen Grundregeln für Jahrhunderte festlegten, oder Eratosthenes, der – gleichermaßen Geograph, Kartograph und Mathematiker – den Erdumfang erstaunlich genau berechnete, oder den Astronomen Aristarch von Samos, der bereits erkannte, daß sich die Erde um die Sonne dreht. Unter den großen Gelehrten seiner Zeit blieb, obwohl er zu den Gelehrten von Alexandria Kontakte pflegte, nur Archimedes in seiner Heimatstadt Syrakus, bei deren Verteidigung gegen die Römer er mit seinen Berechnungen für die Konstruktion von Kriegsmaschinen wesentlich mithalf.

Neben dem Museum entwickelte sich die Bibliothek zu einem bedeutenden Ort für philologische Studien, denn hier waren alle großen Werke der Vergangenheit versammelt. Texteditionen und Kommentare ließen den Bestand der Bibliothek rasch ansteigen. Die Ptolemäerkönige bemühten sich, die gesamte griechische Welt nach bereits publizierten wichtigen Werken zu durchfor-

Die Hellenisierung des Orients und ihre Grenzen

schen, um Abschriften davon anzufertigen. Einer Anekdote zufolge hatte Ptolemaios III. Euergetes die Athener um die Tragödientexte von Sophokles, Euripides und Aischylos gebeten, um Abschriften anzufertigen, aber anstatt die Originale zurückzusenden, behielt er sie und schickte nur ihre Abschriften nach Athen. Wahrscheinlich handelte es sich dabei um die Ausgabe, die der Redner Lykurgos um 330 v. Chr. hatte anfertigen lassen, um den Schauspielern einen »offiziellen« Text der Werke der drei großen Tragiker zur Verfügung zu stellen.

Die Bibliothek enthielt aber nicht nur die klassischen Werke der griechischen Literatur – sie nahm auch die Übersetzungen von Werken auf, die der Historiker Arnaldo Momigliano als »Weisheit der Barbaren« bezeichnete. Ptolemaios II. Philadelphos ließ sich dem Vernehmen nach eine große Anzahl von Werken aus der gesamten damals bekannten Welt von zweisprachigen Spezialisten übersetzen. Unter ihnen befanden sich Texte aus Persien, Werke des ägyptischen Priesters Manetho und der Pentateuch, die ersten fünf Bücher des Alten Testaments.

Der Brief, den Aristeas, ein Jude aus Alexandria, an Philokrates im 2. Jahrhundert geschrieben haben soll, nennt Demetrios von Phaleron als Urheber des Projekts, das unter dem ersten Ptolemäerkönig zwar begonnen, aber noch nicht so professionell durchgeführt worden sei wie unter seinem Nachfolger – ein Text nicht ohne Interesse:

»Als Verwalter der Bibliothek des Königs standen Demetrios von Phaleron beträchtliche Summen zur Verfügung, um – so umfassend wie möglich – alle Werke zu erwerben, die auf der Welt erschienen waren. Seine Buchkäufe und die Buchabschriften, die er anfertigen ließ, kamen, soweit es von ihm selbst abhing, dem Ziel des Königs sehr nahe. Ich war selbst zugegen, als dieser ihn fragte: ›Wie viele zehntausend Bände sind hier versammelt?‹ und Demetrios antwortete: ›Mehr als 2000 Bücher, o König, aber ich werde meine ganze Kraft dreinsetzen, um die Zahl von 500000 Bänden zu erreichen. Wie ich erfahren habe, gibt es jüdische Gesetzessammlungen, die ebenfalls einer Übersetzung würdig wären.‹ ›Also‹, sprach der König, ›was hindert dich daran, da du doch alles hast, was du brauchst?‹

Demetrios antwortete: ›Man müßte die Bücher auch übersetzen, da in Judäa ähnliche Sonderzeichen verwendet werden, wie sie auch die Ägypter kennen, weil sie – den Ägyptern gleich – auch eine besondere Sprache sprechen. Manche meinen, sie drückten sich in Syrisch aus, aber das kann keinesfalls stimmen, denn das Aramäische weicht vom Syrischen deutlich ab.‹ Als der König über diese Frage genau informiert war, befahl er, an den Hohenpriester der Juden zu schreiben, damit Demetrios seine Pläne realisieren konnte.«

Dieser Brief stellt ganz offensichtlich eine Fiktion dar, denn Schriften über Juden tauchten in der griechischen Literatur erst bei Hekataios von Abdera in den letzten Jahrzehnten des 4. Jahrhunderts auf. Moses beispielsweise war für Hekataios eine Art griechischer Gesetzgeber, und der jüdische Monotheismus erschien ihm wie eine philosophische Lehre. Und auch bei Demetrios von Phaleron ist nicht sicher, ob er die Juden, ihre Sprache und ihre Philosophie tatsächlich so gut kannte, wie der »Aristeasbrief« vermuten läßt, der vielfach als eine Fiktion des 1. Jahrhunderts v. Chr. angesehen wird. Bekannt ist hingegen, daß die Übersetzung des Pentateuch, der fünf Bücher Moses, erst während der Regierungszeit von Ptolemaios II. in Angriff genommen wurde. Was für Demetrios vielleicht Interesse an einer fremden Philosophie war, das sah Ptolemaios I. eher als prosaische Notwendigkeit: Er wollte, daß man sich über die

Die Hellenisierung des Orients und ihre Grenzen

Gesetze eines zu seinem Reich gehörenden Volkes in Alexandria mindestens so gut informieren konnte wie in Judäa selbst. Mochte die Zahl der 72 in Alexandria versammelten Gelehrten auch auf Legenden zurückgehen – sie gab der Bibelübersetzung den Namen »Septuaginta« –, so eröffnete die griechische Übersetzung der Bibel doch die Chance, die Heilige Schrift in der hellenisierten jüdischen Diaspora zu verbreiten, selbst wenn darin nicht das oberste Ziel des Königs bestand.

Das Beispiel der Septuaginta beweist also die fundamentale Rolle Alexandrias nicht nur für die Verbreitung der griechischen Zivilisation, sondern auch der Kultur von Völkern, die durch die Eroberungen Alexanders in die hellenistische Welt eingegliedert worden waren.

Andere Hochburgen des Hellenismus außerhalb Griechenlands, z. B. Antiochia im Seleukidenreich und Pergamon nach dem Machtantritt der Attaliden, sorgten wie Alexandria ebenfalls für die Verbreitung der griechischen Kultur. Wie bei den Ptolemäern in Ägypten spielte auch hier die Königsmacht eine grundsätzliche Rolle: Die Könige zogen Schriftsteller, Gelehrte und Künstler an ihren Hof und überboten sich an Großzügigkeiten ihnen gegenüber. Sie lebten dort in einer Welt, die sich von jener einer Griechenstadt im klassischen Sinn unterschied, auch wenn diese »neu-griechischen« Städte ebenfalls als Relaisstationen für die Verbreitung dieser Zivilisation dienten. Aber es läßt sich deutlich erkennen, daß es das Privileg einer sehr kleinen bürgerlich-urbanen, griechisch oder hellenistisch gebildeten Gruppe war, was Michael Rostovtzeff für ein Charakteristikum der hellenistischen Zeit hielt. Die Erwähnung der griechischen Bibelübersetzung im »Aristeasbrief« beweist jedoch, daß trotz der Ausdehnung des Hellenismus das religiöse Eigenleben erhalten blieb und nicht in einem allgemeinen Synkretismus aufging.

Das Erbe Alexanders

Das religiöse Leben in einer aus Eroberungen geborenen Welt
Die Grenzen der Hellenisierung sind auf der religiösen Ebene tatsächlich am besten abzulesen, und dafür sei noch einmal an die wesentlichen Merkmale der griechischen Religion erinnert. Sie bestand aus Riten, die jedoch weder auf die persönliche Zustimmung des einzelnen abzielten, noch besonderen Bekehrungseifer entfalteten: Das religiöse Leben gehörte in den Städten Griechenlands zu den sozialen und politischen Aktivitäten, und die Ehrfurcht vor den Göttern drückte sich darin aus, an den Kultfeiern der Stadt teilzunehmen. Daneben manifestierte sich in der gesamten griechischen Welt während des 4. Jahrhunderts eine volkstümliche Religion, namentlich im ländlichen Milieu. Während in den Städten die großen Götterpersönlichkeiten des Olymp verehrt wurden und man zu ihren Ehren besonders in Kleinasien oft grandiose Bauten errichtete wie beispielsweise das Artemision von Ephesos und während darüber hinaus große panhellenische Kultstätten die Gläubigen immer wieder anzogen, so bestanden daneben bestimmte Formen von Frömmigkeit, die offensichtlich über eine größere persönliche Anziehungskraft verfügten und bei denen man durchaus von »Mystizismus« sprechen kann. In erster Linie ist hier an Mysterienkulte um die »Bauerngöttinnen« Demeter und Kore oder den Dionysoskult zu denken.

Die Verehrung dieser Götter gehörte zwar auch in Athen zu den Pflichten der Bürger, und die Dionysien hatten nichts von ihrem Glanz verloren, wie sich daran zeigt, daß im 4. Jahrhundert Theater für sie um- oder ausgebaut wurden. Aber die »Bakchen«, das letzte Drama des Euripides, enthüllen auch die dunkleren und weniger bürgerlichen Formen des Dionysoskults. Sie betrafen insbesondere Frauen, die sich im Verlauf der Orgien zunächst in den Zustand der Trance und der Ekstase versetzten, um mit dem Gott in Verbindung zu treten. Auch andere religiöse

Die Hellenisierung des Orients und ihre Grenzen

Strömungen wie die Orphik wurden damals wieder populär, vielleicht weil sie eine Antwort auf die Ängste der Menschen bereithielten, die aufgrund der häufig so grausamen politischen Kämpfe entstanden waren. Das Versprechen einer jenseitigen Glückseligkeit, wenn die Seele dem Gefängnis des Lebens einmal entronnen sei, bot den Ausgleich für eine asketische Lebensführung, die auf Fleisch als Nahrungsmittel und blutige Opfer verzichtete.

Den Einfluß dieser Glaubensinhalte und -praktiken auf die Massen sollte man allerdings nicht überbewerten. Das Gleiche gilt auch, wenn man im Verhalten Alexanders nach Beweisen für seine Bindung an diesen Mystizismus forscht. Wir streiften diese Frage ja bereits im Zusammenhang mit den dionysischen Kulthandlungen, die die letzten Monate seines Eroberungszuges kennzeichneten und die sich in Prozessionen, Opfern und Dramenaufführungen in griechischer Tradition äußerten.

Kein Zweifel besteht, daß der Dionysoskult insbesondere im Ägypten der Ptolemäer eine weite Verbreitung erfuhr, denn sie hatten Dionysos in die Reihe ihrer Vorfahren aufgenommen. So wurden 271 v. Chr. die sogenannten Ptolemaia, Festspiele zur Hebung des Königskults eingeführt, die auch eine Dionysos-Prozession vorsahen. Gerade in und um Alexandria entstand der Mythos um Alexander als neuer Dionysos, der den Mythos des Gottes in der Person des ersten Eroberers von Indien verherrlichte.

Ägypten bot sich für die Verbreitung der Verehrung des griechischen Weingottes auch insofern besonders an, als sich dort die Dionysos-Legende mit dem Mythos von Osiris vereinigte. Denn beide Götter hatten einen gewaltsamen Tod erlitten und waren wieder auferstanden. Mysterienfeiern in Ägypten zu Ehren des Osiris verbanden sich dann mit dem Kult des Dionysos.

Dionysos wurde auch außerhalb von Ägypten und Griechenland als vielgestaltige Gottheit verehrt, die durch die schweifend-ausschweifende Trunkenheit und Ekstase ihres Kults die Erlösung der Seele aus ihrem irdischen Gefängnis sowie ein ewiges Glück nach dem Tode versprach. Deshalb eignete sich in besonderem Maße Dionysos als Gegenstand der Verehrung in der sich nach dem Tode Alexanders ständig wandelnden Welt des östlichen Mittelmeerraums.

Gleiches gilt von Demeter, der wie Dionysos mit dem Vegetationskreislauf verbundenen Göttin. Wie er, so stand auch sie mit der Unterwelt in Verbindung, mit dem Reich des Hades, des Gemahls ihrer Tochter Kore, des »Kornmädchens«. In den berühmten Mysterien von Eleusis wurde den Eingeweihten eine goldene Ähre gezeigt, Sinnbild der Fruchtbarkeit wie auch der Überwindung des Todes. Dionysos und Demeter boten in ihrem Kult ein Pfand für ewiges Glück im Hier und Jetzt wie auch im Jenseits, und sie fanden Anklang in der Welt, die aus Alexanders Eroberungen entstanden war. Die Ausdehnung der eleusinischen Mysterien dokumentiert der Name eines Vororts von Alexandria, der »Eleusis« hieß; dort wurden Demeter und ihre Tochter Kore/Persephone in großen und kleinen Mysterien verehrt.

Legen wir jedoch Wert auf die Feststellung, daß sich diese Mysterien hauptsächlich an Hellenen richteten. Was die Anhänglichkeit dieser von ihrem ursprünglichen Heimatland abgeschnittenen Menschen weckte, das war die Hoffnung auf ein Heil, das diese Gottheiten spenden konnten. Man denke dabei nur an die Bezeichnung *soter*, »Retter«, ein Beiname, mit dem sich Ptolemaios I. schmückte.

Die neuen Formen griechischer Götterverehrung trugen ganz natürlich zur Verbreitung des Hellenismus in der von Alexander eroberten Welt bei. Die Frage war nur, inwieweit sie auch die Einheimischen erreichten, beziehungsweise welche Spannungen

Die Hellenisierung des Orients und ihre Grenzen

sich zwischen den Göttern griechischer Herkunft und den orientalischen Göttern ergaben.

Bei der Antwort auf diese Frage müssen wir zwei wichtige Tatsachen berücksichtigen: Zum einen hatte sich die Besetzung ehemals orientalischer Staaten durch griechische Veteranen, Beamte oder Siedler auf die vorhandenen Sozialstrukturen nur relativ schwach ausgewirkt. Die hauptsächlich ländlichen Einwohner hatten ihre Lebensweise und damit auch ihre lokalen Götter beibehalten. Auf der anderen Seite waren die Griechen vielfach mit orientalischen Göttern vertraut. Seit dem Ende des 5. Jahrhunderts wurden einzelne von ihnen wie die thrakische Göttin Bendis auch in Athen verehrt. Ihr zu Ehren fand jener Festzug statt, den Sokrates und seine Freunde sich anschauen wollten – so heißt es am Beginn von Platons *Politeia*. Auch die ägyptische Göttin Isis war in Athen bekannt, seit ihr Kult und die Errichtung eines Altars im Piräus für ägyptische Händler offiziell genehmigt worden war, die den athenischen Hafen häufig ansteuerten. Auch andere orientalische Gottheiten wie der phrygische Gott Sabazios, die Göttin Kybele sowie die Götter Adonis und Attis wurden in Griechenland verehrt.

Dabei organisierten Kultvereine die Feiern für nichtgriechische Götter, die Bürger wie Fremde, Männer wie Frauen, Freie und Sklaven besuchten. Athen hatte sich wie alle anderen Städte auf den Inseln oder in Kleinasien schon lange vor dem Auftreten Alexanders zu einem Ort entwickelt, wo die griechische und die orientalische Götterwelt aufeinandertrafen. Dabei glichen sich die Gottheiten im Lauf der Zeit an: So erhielt Aphrodite Züge der syrischen Göttin Astarte, wurde Isis mit Demeter gleichgesetzt, oder es rückte – wie gezeigt – der ägyptische Gott Osiris neben Dionysos, oder man betrachtete den phönizischen Gott Melqart aus Tyros und Herakles als eine Gottheit.

Die seltsamste Erscheinung in diesem Götterpool stellte jedoch der Gott Serapis (oder Sarapis) dar, dessen Existenz als eine Schöpfung des Königs Ptolemaios I. galt, der durch seine Verehrung Griechen und Ägypter zusammenbringen wollte. Der Name des Gottes hatte sich offenbar aus der Zusammenziehung der Götternamen Osiris und Apis ergeben. Er wurde insbesondere in Alexandria verehrt, wo sich auch seine Hauptkultstätte, das Serapeum befand. Der Serapis-Kult tauchte rasch fast überall im Mittelmeerraum auf. Serapis wurde als ein bärtiger griechischer Gott dargestellt, dessen majestätische Gestalt allgöttliche Gewalt ausdrücken sollte. Er trug als Garant der Fruchtbarkeit des Landes einen Getreidescheffel auf dem Haupt und wurde vielfach auch gemeinsam mit Isis verehrt, als deren Gatte Osiris/Serapis. In Alexandria galt Serapis gewissermaßen als »Stadtgott« und Beschützer der Ptolemäerkönige. Eigene Kultvereine organisierten diese Serapis- und Osiris-Feiern, die auch in vielen griechischen Städten stattfanden.

Nur das Judentum trotzt aller Vermischung der Religionen
Es sei noch einmal betont – und das Beispiel des Serapiskultes bestätigt es: Der erwähnte Synkretismus betraf nur die Städte. Gerade in ländlichen Gegenden widerstanden die orientalischen Religionen allen hellenistischen Einflüssen, was hauptsächlich auf die lokale Priesterschaft zurückzuführen ist. Leider ist darüber nur wenig bekannt. In Ägypten zeigte sich das Aufbäumen gegen die religiöse Überfremdung erst gegen Ende des 3. Jahrhunderts und im Seleukidenreich auch erst um die Wende zum 2. Jahrhundert. Die bekannteste dieser widerspenstigen, antisynkretistischen Bewegungen ist die jüdische Religion.

In ihrem Fall lagen die Dinge ein wenig anders, denn hier lassen sich vor dem Hintergrund der allgemeinen Hellenisierung zwei Kreise unterscheiden. Der eine war der jüdische Staat unter der Herrschaft einer Priesteraristokratie, die sich als Hüterin der religiösen Orthodoxie verstand, obwohl sich einige ihrer Mitglieder das Griechische rasch aneigneten. Der andere Kreis bestand aus den jüdischen Gemeinden, die über die gesamte östliche Welt verstreut »in der Diaspora« lebten. Dieses Diaspora-Judentum hatte schon lange vor den Eroberungen Alexanders bestanden und reichte bis in die Zeit der babylonischen Gefangenschaft des Volkes Israel zurück.

Nachdem nämlich der Perserkönig Kyros der Große den Juden die Rückkehr erlaubt hatte, zogen nicht alle Juden ins Heilige Land zurück – auch nicht als der Tempel in Jerusalem mit Unterstützung der Achämenidenkönige wieder aufgebaut worden war. Eine relativ große Gemeinde blieb in Babylon zurück, die mit dem Königreich Judäa zwar in Verbindung stand, aber ihre eigene Art von Lektüre und Auslegung der Heiligen Schrift entwickelte. Gegen Ende des 5. Jahrhunderts gelangte die von dem Propheten und jüdischen Gesetzeslehrer Esra auf königlichen Befehl hin kodifizierte Thora aus Babylon nach Judäa zurück, wo das mosaische Gesetz zur verbindlichen juristischen wie rituellen Richtschnur für alle Juden erhoben wurde.

Sehr viel später wurde Alexandria gegründet und zog viele Juden an. Obwohl sie als Ausländer in der Stadt wohnten, lebten sie allem Anschein nach, zumindest in der Anfangszeit, nicht in einem gesonderten Viertel. Daher konnte es nicht ausbleiben, daß sie rasch mit der griechischen Bevölkerung in Kontakt gelangten. Offenbar gab es damals jüdische, am Hellenismus orientierte Kreise, die sich bemühten, den Griechen die eigene Geschichte und Gesetzgebung nahezubringen. Einige Indizien verweisen seit dem 3. Jahrhundert sogar auf eine jüdische Geschichtsschreibung in griechischer Sprache.

Angesichts der Tatsache, daß mit den in Israel lebenden Juden und den Diaspora-Juden zwei jüdische Milieus bestanden, die, obgleich innerlich untereinander verbunden, so doch getrennt lebten, überrascht es nicht, daß sich zwei Formen jüdischer Frömmigkeit herausbildeten. In Judäa wurde der bestehende Respekt vor dem mosaischen Gesetz noch durch den Tempel in Jerusalem und die Autorität des Hohen Rates verstärkt, während sich der von den religiösen Riten und Zwängen des Tempels befreite Gottesdienst der Diaspora-Juden hauptsächlich auf die Lektüre der Heiligen Schrift und die darauf fußende Meditation über das Gesetz Gottes konzentrierte, ebenso wie zur Zeit der babylonischen Gefangenschaft.

Die Frage ist: Hat der Hellenismus auch jüdische Kreise durchdrungen, und auf welche der beiden Formen jüdischer Frömmigkeit hat er sich ausgewirkt? Edouard Will und Claude Orrieux versuchen in ihrem Buch »Ioudaïsmos – Hellenismos« auf Seite 225 die Frage zu beantworten: »Die Antwort ist uns komplexer erschienen, als zu Anfang gedacht: Die Strenge der Schriften und der Gebetsausübung ermöglichte geradezu revolutionäre Neuerungen, von denen die Heilige Schrift nicht sprach (was es uns wiederum zu begreifen lehrt, daß die führenden Köpfe der Hellenisierung die Hohenpriester und ihre Umgebung waren), während die Bindung an die mündliche Rechtsprechung, die alle Lücken der Heiligen Schrift systematisch füllte, Akkulturationsprozesse eher verhinderte, ohne Neuerungen im geistlichen Bereich ausdrücklich zu verbieten.«

Gerade diese traditionalistischen »Legisten« (Gesetzestreuen) stifteten die Volksbewegung der Makkabäer gegen die den Seleukiden freundlich gesonnenen Mitglieder der Priesteraristokratie an. Und als die Hasmonäer ihrerseits den Reizen des Hellenismus erlagen und einen Staat hellenistischen Typs gründeten, mußten sie feststellen, daß sie eben jene »Legisten« gegen sich aufgebracht hatten, die man am Ende dieser Periode als »Pharisäer« bezeichnete.

Die Hellenisierung des Orients und ihre Grenzen

Am Ende dieser kurzen Analyse der Formen der Hellenisierung im Orient können wir die folgenden Schlüsse ziehen: Die erste und wohl am wenigsten bestreitbare Folge der Hellenisierung war die Verbreitung der griechischen Sprache, jener *koinē*, die als Amtssprache sogar noch überlebte, als sich die Römer des östlichen Mittelmeerraums bemächtigten. Zwar blieben die bäuerlichen Bevölkerungsschichten in ihrer großen Mehrheit bei ihren lokalen Dialekten, aber das Griechische wurde zur Sprache der Stadtbevölkerung, ob diese nun aus gebürtigen Griechen oder aus hellenisierten Einheimischen bestand.

Die zweite Folgerung ergibt, daß gerade die urbane Entwicklung die Ausbreitung des Hellenismus am deutlichsten zeigt. Der Tourist, der heute die Türkei, Syrien und Jordanien bereist, ist von der Bedeutung dieser antiken Städte beeindruckt, deren Ruinen noch von dem Einfluß zeugen, den die hellenistische Zivilisation in diesem Teil der östlichen Mittelmeerwelt ausgeübt hat. Ägypten ist eher ein Sonderfall, hier überlagern die Spuren der Pharaonenzivilisation jene, die von den Ptolemäern als den letzten Pharaonen stammen. Die derzeit in Alexandria stattfindenden archäologischen Grabungen führen vielleicht zu einer Nuancierung dieser Feststellung.

Tatsächlich bezeugt Alexandria das Eindringen des Hellenismus in den Orient am deutlichsten – nicht nur im kulturellen Bereich und in Verbindung mit dem Einfluß des Museums und der Bibliothek sowie der Rolle, die letztere für die Erhaltung der klassischen griechischen Kultur besaß, sondern auch hinsichtlich der Wirtschaftskraft, die diese Stadt als Haupthandelszentrum im Mittelmeer entwickelte.

Aus der kurzen Herrschaft Alexanders ist kein beständiges Riesenreich entstanden, weil die eroberten Gebiete sehr rasch auseinanderbrachen. Dagegen stellt sie aber unbestritten den

Das Erbe Alexanders

Wendepunkt in der Geschichte des östlichen Mittelmeerraums dar. Trotz der politischen Spaltung überlebte das östliche Mittelmeer als ein mehr oder weniger homogener Kulturraum. Selbst wenn breite bäuerliche Schichten außerhalb dieser vereinheitlichten Kultur standen, so zeigte doch das Gesicht der Städte, die nach der Eroberung entstanden sind, eine nicht zu verleugnende Originalität, die Jahrhunderte überdauerte. Und innerhalb des Rahmens dieser Zivilisation wurde Alexander zur mythischen Figur, und sein Mythos sollte sich dort weiter entwickeln.

FÜNFTER TEIL:
Alexander, ein mythischer Held

Auf den vorangegangenen Seiten stand die historische Bedeutung der Herrschaft Alexanders für die Entwicklung des antiken Mittelmeerraums im Vordergrund. Dabei stellte die Eroberung Klein- und Mittelasiens, die ihm innerhalb weniger Jahre gelang, ein unbestreitbar wichtiges Ereignis dar. Uns hingegen erscheinen die Ziele des makedonischen Königs und der Sinn mancher seiner Entscheidungen in Bezug auf seine iranischen Untertanen und die tatsächlichen Ergebnisse dieses Eroberungszuges häufig ebenso komplex wie zwiespältig. Diese Vielfalt und Widersprüchlichkeit wurzelten aber nicht allein in Alexanders Charakter; sie hingen auch von der Art der »Quellen« ab, mit deren Hilfe sich der Versuch wagen ließ, diese Phänomene zu begreifen.

Diese Quellen stellten, wie mehrfach bemerkt, Rekonstruktionen von Schriftstellern, Historikern oder Biographen dar, die in einer von Rom beherrschten Welt lebten – ein Umstand, den wir nicht einfach beiseite schieben können und der dazu auffordert, uns über die Entstehung des Alexander-Bildes in den Jahrzehnten nach seinem Tod Gedanken zu machen. Wir müssen insbesondere begreifen, warum die biographischen Schriften seiner Zeitgenossen oder jener, die schon kurz nach seinem Tod erschienen, nicht bis in unsere Tage tradiert wurden, z. B. die von Kallisthenes, die mit dem Tod ihres Autors enden, oder die von

Alexander, ein mythischer Held

Ptolemaios, Aristobulos, Kleitarchos oder noch anderen, die uns nur durch die Überlieferungen jener bekannt sind, die sie einige Jahrhunderte später verwendeten. Niemand kann dies erklären, und wir müssen nun selbst versuchen, die Gründe herauszufinden, warum man überhaupt erst in römischer Zeit begann, umfangreichere Alexander-Viten zu verfassen oder ihm mindestens im Rahmen einer Weltgeschichte wie der Diodors den Raum zu widmen, der einer epochemachenden Persönlichkeit zukommt. Hinsichtlich der Ursprünge des Alexander-Mythos verfügen wir über den vorzüglichen Band von Paul Goukowsky, der übrigens auch die Bücher XVII und XVIII von Diodors Weltgeschichte (in französischer Sprache) herausgegeben hat, die sich mit Alexander und seiner Zeit beschäftigen. Wir werden uns also den wichtigsten Punkten seiner Darstellung zuwenden, um das wieder auflebende Interesse an Alexander seit dem Ende des ersten vorchristlichen Jahrhunderts zu ergründen.

Es gilt dabei, die literarischen Quellen, die wir heute kennen, genauer unter die Lupe zu nehmen. Wir müssen auch begreifen, wie und warum sie im Lauf der Jahrhunderte das Bild einer Persönlichkeit beleben konnten, die die Vorstellungskraft ganz unterschiedlicher Völker im Morgen- und Abendland beflügelte und auch Gegenstand von wissenschaftlichen Kontroversen werden sollte, die während der letzten 200 Jahre durchaus nicht immer ohne Hintergedanken geführt wurden. Eine alles umfassende Aufarbeitung wäre eine Riesenaufgabe, die im begrenzten Rahmen dieses Buches nicht zu leisten ist – nicht einmal ein Leben würde dafür reichen. Wir werden uns deshalb darauf beschränken, den einen oder anderen Aspekt oder diesen und jenen Zeitabschnitt der Geschichte annäherungsweise zu berühren. Es soll uns nur darum gehen, am Beispiel Alexanders die Funktionsweise des geschichtlichen Erinnerns etwas besser zu verstehen.

Das Bild Alexanders in der antiken Welt

Wir können uns ohne Schwierigkeiten vorstellen, wie sehr der plötzliche Tod Alexanders seine Umgebung überraschte. Auf die Ereignisse in Babylon und den daraus resultierenden Kompromiß wurde bereits eingegangen – ein Kompromiß, der bald wieder in Frage gestellt wurde. In den sich abzeichnenden Auseinandersetzungen zwischen den Diadochen mußte das Bild Alexanders dazu dienen, die jeweiligen Interessen zu stützen. Perdikkas, der behauptete, von Alexander persönlich den Ring bekommen zu haben, der ihn zum »Testamentsvollstrecker« einsetzte, behielt die Situation von Anfang an unter Kontrolle. Er versammelte die wichtigsten Armeegeneräle um den Leichnam Alexanders und verteilte höchstpersönlich Ämter und Satrapien. Zugleich wurde beschlossen, die sterbliche Hülle des Königs nicht nach Aigai, sondern in die Oase von Siwa bringen zu lassen und ihn dort neben seinem »Vater« beizusetzen. Für den Transport wurde ein reich geschmückter Sarg gezimmert, mit Bildern, die an die Siege Alexanders erinnerten und so seine Vergöttlichung nahelegten. Diodor hat uns eine anschauliche Beschreibung vom orientalischen Luxus dieses Sarges hinterlassen. Wir wissen aber auch, daß dieser Leichenzug, der natürlich durch Ägypten führen mußte, es Ptolemaios ermöglichte, sich des königlichen Leichnams zu bemächtigen, den er zunächst in Memphis beisetzen ließ, um ihn dann nach Alexandria zu überführen, wo um sein Grab Prozessionen und Dichter- bzw. sportliche Wettkämpfe abgehalten wurden. Dadurch unterstellte sich der Herr über Ägypten dem Schutz des »Gottes Alexander«. Die Münzen, die er in Alexandria aus diesem Grund prägen ließ, zeigen übrigens alle Zeichen dieser »Vergöttlichung« – die Widderhörner Ammons, Szepter und Diadem auf dem Avers, und auf dem Revers prangte anstelle von Herakles das Bild Alexanders.

Alexander, ein mythischer Held

Nicht anders verfuhr Eumenes, der ehemalige Kanzler und Heerführer des Königs, der seinen toten Herrn auf seine Weise für die eigenen Ziele benutzte: Während seines Kampfes mit Antigonos hielt er in einem Zelt Kriegsrat, in das er einen leeren Thron stellen ließ und somit die Anwesenheit des Königs symbolisierte. Plutarch erzählt in seiner Biographie des Eumenes, daß dieser so seine Soldaten zum Gehorsam zwang, weil er befürchtete, sie würden zu Antigonos überlaufen.

»Er erzählte ihnen, daß ihm Alexander im Traum erschienen sei und ihm ein königlich geschmücktes Zelt gezeigt habe, in dem ein Thron stand. Er habe ihm gesagt, daß er, Alexander, bei den Beratungen oder Verhandlungen des Eumenes zugegen sei und an allen ihren Überlegungen und Unternehmungen teilnehme, wenn sie in seinem Namen geschähen (Eum. 13,5-6).

Je mehr sich zwischen den Diadochen ein gewisses Gleichgewicht herausbildete, desto mehr verlor die Erinnerung an Alexander als feste Bezugsgröße nach und nach an Bedeutung. Das Verschwinden des jungen Alexanders IV. und die Art, wie der Mord akzeptiert wurde, und danach die Annahme des Königstitels zeigen, daß die neuen Herren auf die Wiederherstellung des Alexander-Reichs und dadurch auch auf den Schutz des toten Königs verzichtet hatten. Bei den Antigoniden trifft das auf die Herrschaft des Antigonos Gonatas zu und im geringeren Umfang auch auf die Seleukiden. Nur die Ptolemäer, insbesondere Ptolemaios I. und Ptolemaios II., wollten sich weiter unter Alexanders Schutz stellen. Nach ihrem Ableben ließen sie sich in dem berühmten Sema Alexanders, neben seinen sterblichen Überresten beisetzen. Ebenfalls in Alexandria wurde in den 70er Jahren des dritten Jahrhunderts Alexander mit Dionysos verbunden, und es wurde der Herrscherkult mit dem Fest der Ptolemaia eingerichtet, zu dem eine Dionysos-Prozession gehörte.

Und auch die Geschichtsschreibung über Alexander, die wir nur über die von späteren Historikern verwendeten Zitate kennen, entwickelte sich nach und nach in Alexandria. Unter diesen Historikern wäre zunächst Ptolemaios I. zu nennen. Er hatte an dem Feldzug teilgenommen und einen Bericht darüber verfaßt. Obwohl seine Darstellung auf persönlichen Erinnerungen und – wie bisweilen vermutet – auf dem Tagebuch beruhte, das Kallisthenes geführt haben soll, hatte sein Werk nur einen Zweck: Es sollte die Rolle, die er neben Alexander gespielt hatte, gebührend hervorheben. Ptolemaios' Erzählung beschränkte sich absichtlich auf die Kriegsereignisse und verzichtete auf jegliche Interpretation der Ziele und Absichten des Königs. Paul Goukowsky bemerkt dazu: »Der Lagide schreibt die klinisch reine Geschichte eines Eroberers ohne Fehl und Tadel« (Essai I, S. 144). Dieser »realistische« und »maßvolle« Alexander mußte den griechischen Autor Arrian beeindrucken.

Ein anderer bedeutender Historiker aus Alexandria war Kleitarchos. Über ihn schreibt Paul Goukowsky, daß er im Gegensatz zu Ptolemaios »nicht die Geschichte eines Königs, sondern ein Heldenepos« verfaßte (Essai, I, S. 139.) Kleitarchos scheute sich nicht, auch Romanhaftes aus dem Leben Alexanders zu erzählen, z. B. sein Treffen mit der Amazonenkönigin. Er stellt den König als Auserwählten dar, der schon beim Aufbruch zum Perserzug die Eroberung der gesamten damals bekannten Welt plante.

Kleitarchos verfaßte seine »Geschichte Alexanders« in Alexandria, und sie erschien wahrscheinlich etwa um die gleiche Zeit wie das Werk des Ptolemaios. Man darf annehmen, daß Ptolemaios um den objektiven Ton eines Militärhistorikers bemüht war und vor allem von den Schlachten Alexanders berichtete, an denen er persönlich teilgenommen hatte. Sein Werk sollte in der hellenistischen Welt ein gewaltiges Echo finden, was seine Legitimation im Vergleich zu den anderen Diadochen nur stärken konnte. Obwohl Diodor sich hauptsächlich auf Kleitarchos bezog, ist es nicht unerheblich, wenn der sizilische Historiker ein rühmliches Porträt von dem ersten Lagidenherrscher hinterlassen hat:

> »Er [Ptolemaios I.] besaß ein angenehmes und großzügiges Wesen. Von allen Seiten strömten Männer nach Alexandria und boten ihm offenherzig für seinen nächsten Feldzug ihre Dienste an, obwohl sich gerade die königliche [makedonische] Armee [des Perdikkas] rüstete, um Ptolemaios anzugreifen« (Diodor XVIII 28,2).

Die Alexander-Vita des Kleitarchos, die wohl auch von den römischen Autoren Curtius Rufus und Justin bzw. Pompeius Trogus als Hauptquelle benützt wurde, erfuhr eine ganz ungewöhnliche Verbreitung. Dazu noch einmal Paul Goukowsky: »Mit diesem monumentalen Werk, das Authentizität mit begnadeter Darstellungskunst verbindet, setzte sich ein Alexander-Bild durch, über das sich die Gelehrten und Gebildeten zwar stritten, das aber den römischen Feldherren des ersten vorchristlichen Jahrhunderts als Leitbild vorschwebte und die Kompilatoren der ausgehenden hellenistischen Epoche und des Römischen Reiches maßgeblich inspirierte« (Essai I, S. 141).

Wer aber waren diese »gelehrten und gebildeten« Streithähne? Um ehrlich zu sein – wir wissen es nicht, denn ein Großteil der Texte dieser Verfasser ist verlorengegangen. Eines aber scheint sicher: Das idealisierte Alexander-Bild wurde zuerst in einigen Philosophenschulen kritisiert und dort hauptsächlich von den Peripatetikern und den Stoikern. Und seit dieser Zeit standen sich in der Alexander-Tradition über die Jahrhunderte hinweg

Das Bild Alexanders in der antiken Welt

zwei Strömungen ganz entschieden gegenüber: Die eine Seite verherrlichte den glanzvollen Eroberer und königlichen Philosophen, der von einer Verschmelzung der Rassen und von einer weltumspannenden Zivilisation träumte. Die andere zeichnete das Bild einer heftig-brutalen, unbeherrschten Persönlichkeit und eines hemmungslosen Trinkers. Natürlich bestanden zwischen den beiden Vorstellungen Querverbindungen, beispielsweise bei Plutarch, wo sich der junge begabte König unter orientalischen Einflüssen in einen gnadenlosen Despoten verwandelte.

Die Zeit zwischen dem Ende der römischen Republik und den beiden ersten Jahrhunderten des Prinzipats war von besonderer Bedeutung für diese dualistische Alexander-Rezeption. Nicht nur, weil damals die ersten Fälle einer Identifikation mit dem großen Makedonen zu beobachten waren, sondern vor allem, weil in dieser Zeit jene Werke entstanden sind, die heute unsere Hauptquellen zur Geschichte Alexanders darstellen.

Züge der Identifizierung mit Alexander tauchten im zweiten vorchristlichen Jahrhundert exakt zu dem Zeitpunkt auf, als Rom Makedonien unterwarf. Dabei mag durchaus eine Rolle spielen, daß der Sieger über Karthago, Scipio Africanus, als neuer Alexander gefeiert wurde. Bei Pompeius ist an dieser Identifikation kaum mehr zu zweifeln, denn er erhielt den Beinamen »der Große«. Den Triumph nach seinen Siegen in Asien soll er 61 v. Chr. mit einem Prunk gefeiert haben, der an Alexander erinnerte (Appian, Mithridatische Kriege 117). Pompeius thronte auf einem Prunkwagen, den vier weiße Pferde zogen. Er trug, so heißt es, den Kriegsmantel Alexanders von Makedonien, »wenn man das glauben soll«, wie Appian hinzufügt. Diesen Mantel hatte er in der Kleiderkammer des Mithridates gefunden, und er stammte von den Bewohnern von Kos, die ihn ihrerseits angeblich von Kleopatra erhalten hatten.

Alexander, ein mythischer Held

Wenn sich Pompeius nun mit diesem exotischen Kleidungsstück behängte, wollte er damit zum Ausdruck bringen, er sei die Inkarnation Alexanders, dessen Beinamen er trug.

Sein Gegner Caesar bemühte den Vergleich mit Alexander noch weitaus offener. Plutarch, der beider Leben in einer Doppelbiographie einander gegenüberstellt, weist in einer Anekdote darauf hin:

> »Ein andermal, so wird erzählt, las er in Spanien während einer Mußestunde in der Geschichte Alexanders des Großen. Danach saß er lange Zeit ganz in sich gekehrt da und brach schließlich in Tränen aus. Und als ihn die Freunde verwundert nach der Ursache fragten, sagte er: ›Habe ich denn nicht Grund zum Weinen, wenn Alexander in meinem Alter schon über so viele Völker herrschte, während ich noch keine Heldentat vollbracht habe?‹« (Plutarch, Caesar 11)

An dieser Anekdote ist hervorzuheben, daß sie nicht nur vom Wunsch des römischen Generals berichtet, an Größe dem Eroberer von Asien gleichzukommen, sondern auch den Umstand erwähnt, daß er ein Buch über Alexander las.

Auch Antonius, Herrscher über die Ostprovinzen des Römischen Reiches und verheiratet mit der letzten Königin aus dem Geschlecht der Lagiden, hat sicherlich vom Ruhm des Eroberers geträumt. Nicht von ungefähr nannte er einen seiner Söhne mit Kleopatra Alexander.

Bei Octavian (Augustus), dem Erneuerer der Sitten der Vorfahren, der *mores maiorum*, erstaunt das Identifikationsbedürfnis mit dem Makedonen schon eher. Sueton zufolge stellte er nach der Eroberung Alexandrias »den Sarg Alexanders, den er aus seinem Grabmal hatte holen lassen, öffentlich zur Schau und erwies ihm seine Verehrung, indem er einen goldenen Kranz auf den Sarg niederlegte und Blumen über ihn streute« (Sueton, Aug. 18). Wie ebenfalls berichtet, hat Octavian auch das Bild Alexanders in sein Siegel aufgenommen. Unter den Nachfolgern des Augustus soll Caligula, ebenfalls Sueton zufolge, bisweilen den Panzer Alexanders getragen haben, den er aus dessen Grab hatte herbeischaffen lassen (Sueton, Cal. 52). Auch andere römische Kaiser stellten Bezüge zwischen sich und dem Eroberer her. Trajan schrieb nach der Rückkehr vom Partherkrieg an den Senat, er sei weiter nach Osten vorgedrungen als Alexander.

Aber selbst wenn sich siegreiche römische Generäle oder Kaiser gerne für Reinkarnationen des Makedonen hielten oder sich wenigstens mit ihm verglichen, so gewann die Kritik bestimmter Philosophenschulen an Alexander immer mehr an Boden. Das positive, aus Alexandria stammende Bild traf auf eine Negativdarstellung, die ihn als brutalen Despoten oder Zerstörer von Theben und Persepolis zeichnete, der keinen Augenblick lang zögerte, sich seiner nahen Freunde wie Parmenion, Philotas, Kleitos und Kallisthenes zu entledigen, entweder direkt und emotionslos oder durch ein manipuliertes Gerichtsverfahren oder im Zustand der Volltrunkenheit. Hinzu trat noch der Aspekt, daß er als Grieche ohne Zögern orientalische Sitten übernahm und die griechische Tugend der Selbstbeherrschung vermissen ließ.

Das Alexander-Bild, das aus der Zeit zwischen Diodor und Appian überliefert ist, also zwischen dem ersten vorchristlichen und dem zweiten nachchristlichen Jahrhundert, spiegelt beide Fassungen wider: das idealisierte Bild des Eroberers ebenso wie die mehr oder weniger heftige Kritik an einigen seiner Verhaltensweisen.

Der römische Geschichtsschreiber Pompeius Trogus, ein Gallier aus der Provinz Narbonensis und Zeitgenosse des Augustus, dessen Werk wir nur aus einer späteren, weitgehend wörtlichen

Zusammenfassung in der *Epitoma Historiarum Philippicarum* des Justin kennen (wohl aus dem dritten Jahrhundert), schildert Alexander aufs Ganze gesehen als exzessive Persönlichkeit. Parallel dazu unterstreicht Justin in einem Vergleich von Philipp II. und seinem Sohn, daß die Fehler des Sohnes ungleich schwerer wogen als die seines Vaters: »Der eine [Philipp II.] wollte mit seinen Freunden regieren, der andere [Alexander] über sie« (Epitome IX 6,17).

Justin zufolge soll Alexander die Ammon-Priester in der Oase Siwa kaltblütig bestochen haben, um ihnen die gewünschten Äußerungen über seinen göttlichen Ursprung zu entlocken (Epitome XI, 11,6). Als Herr über das Perserreich »begann er die Seinen nicht wie ein König, sondern wie Feinde zu behandeln« (Epitome XII 5,1). Obwohl sowohl Justin als auch Trogus betonen, daß der Ruhm seiner Siege später durch seine düstere Grausamkeit verdunkelt wurde (Justin, Epitome XII 5,5), schließen beide mit einer Lobrede »der Makedonier [sei] mit einem übermenschlichen Geist begabt« gewesen (Justin, Epitome XII 16,1).

Der Alexander Diodors entspricht wieder mehr dem idealistischen Bild, das Kleitarchos gezeichnet hatte, den der sizilische Geschichtsschreiber als Hauptquelle benutzte, so daß sein Alexander an manchen Punkten »schal und langweilig« wurde, wie Paul Goukowsky in seiner Einleitung zur Ausgabe von Buch XVII bemerkt. Diodor hatte von dem Porträt Alexanders ausschließlich die positiven Seiten, d. h. die stereotyp vorgetragenen Tugenden des Eroberers übernommen, die ihn im Licht eines vollkommenen Herrschers erscheinen lassen. Selbst wenn er dessen tadelnswerte Taten nicht verschweigt – wie die Zerstörung Thebens, den Mord an Parmenion und die Ermordung des Kleitos –, so versucht er doch stets, sie zu erklären, wenn nicht gar zu rechtfertigen.

Das Bild Alexanders in der antiken Welt

Ein sehr ähnliches Bild zeichnet der römische Geschichtsschreiber Quintus Curtius Rufus, ein Zeitgenosse von Kaiser Claudius (oder von Vespasian), der bevorzugt dieselbe Quelle verwendete wie Diodor, d. h. den Bericht des Kleitarchos. Allerdings beweisen die Untersuchungen einiger Kommentatoren, daß er auch aus anderen Quellen schöpfte. Aber auch sein Alexander-Bild trägt die gleichen idealistischen Züge wie das Diodors. Und selbst wenn Curtius Rufus die Schwächen seines Helden erkennt, sind merkwürdigerweise immer die Griechen daran schuld. Er bemerkt: »Die Schuld an der Beweihräucherung Alexanders tragen nicht die Makedonen, denn keiner unter ihnen würde es gewagt haben, in irgendeiner Form gegen nationale Gebräuche zu verstoßen, vielmehr haben die schlechten griechischen Sitten die Würde der Kultur entwertet, die sie für sich selbst einforderten.« Zu diesen »schlechten Sitten« zählt Curtius Rufus auch die Liebe, die über das »natürliche Bedürfnis« hinausgeht, der Alexander freilich widerstehen konnte.

Das gleiche, fast ausschließlich positiv gezeichnete Bild Alexanders finden wir teilweise auch bei Plutarch, der sich im übrigen nicht als Geschichtsschreiber verstand. Wenn er in den beiden Abhandlungen »Über das Glück Alexanders ...« auch gründlich am Porträt des Königsphilosophen feilt, so bemüht er sich in seiner Alexander-Vita viel stärker, den Wendepunkt in der charakterlichen Entwicklung des Königs zu markieren. Plutarch war Grieche, und wenn er in seinen Doppelbiographien Alexander neben Caesar stellte, wollte er seinen römischen Lesern zeigen, daß die dem Imperium Romanum unterlegenen Griechen auch ihre Helden hatten. Es überrascht übrigens sehr, daß in diesen Viten, die immer einen Römer einem Griechen gegenüberstellen und mit einer Synkrisis, einer vergleichenden Schlußbetrachtung abschließen, ein solcher Vergleich beim Paar Alexander – Caesar fehlt, so als ob der Autor seinem Leser die Schlußfolgerung selbst überlassen wollte.

Wie Plutarch war auch Flavius Arrianos aus Nikomedien ein griechischer Autor. Im zweiten Jahrhundert n. Chr. verfaßte er die sieben Bücher der »Anabasis Alexanders«, eine Geschichte seiner Eroberungszüge. Seit diese »Anabasis« im Jahr 1775 von dem französischen Baron de Sainte-Croix bearbeitet und publiziert wurde, gilt sie als der zuverlässigste Bericht über deren Verlauf und die Ziele, die Alexander dabei verfolgte. Arrian stützte sich offenbar nicht nur auf den Bericht des Ptolemaios und die eher nüchternen Aufzeichnungen von Aristobulos aus Kassandreia, einem Techniker im Alexanderheer, also zwei besonders informationsreiche Quellen, sondern auch auf jene berühmten Ephemeriden, d. h. die Aufzeichnungen aus dem Tagebuch Alexanders, das Eumenes von Kardia während des Feldzugs führte. Plutarch erwähnt es im Zusammenhang mit Alexanders Tod. Heutzutage ist die Echtheit des Tagebuchs umstritten, das im übrigen nur das letzte Regierungsjahr Alexanders dokumentiert. In diesem Zusammenhang sei noch einmal darauf hingewiesen, daß man sich bezüglich der Objektivität der Ptolemaios-Memoiren keinen Illusionen hingeben sollte.

Tatsächlich veranlaßten gerade die sprachliche Trockenheit der »Anabasis«, die Vielzahl der verschlüsselten Hinweise und Angaben sowie ihr gewollt »thukydidianischer« Ton viele Kommentatoren, dieses Werk der Erzählung des Kleitarchos vorzuziehen, auf die sich Diodor und Curtius Rufus stützten. Heute neigt man eher dazu, sich an die »Nebenüberlieferungen« von Ptolemaios und Aristobulos zu halten, weil die Angaben der »Anabasis« nicht immer gesichert sind. Vor allem muß – unabhängig von den Quellen, auf die Arrian sich stützt, und die allesamt aus Alexandria stammen – das Romanhafte der »Anabasis« berücksichtigt werden, wie Pierre Vidal-Naquet in seinem ausführlichem Nachwort zur 1984 erschienenen Arrian-Übersetzung gezeigt hat. Selbst die Schlachtenbeschreibungen sind für ihn

»ideologische Konstruktionen«. Arrian ist also kein »objektiverer« Zeuge als die Autoren der sogenannten »Vulgata«. Wie sie berichtet er von einem wichtigen Zeitabschnitt, in dem sich eine neue Form monarchischer Macht herausschälte, die die römische Welt erbte und deren Held Alexander war. Zu einem gewissen Maß kündigt er die Einheit der Welt an, die später von Rom realisiert wurde. Die griechischen Alexander-Historiker Diodor, Plutarch und Arrian lebten und schrieben wie die römischen Autoren Curtius Rufus, Justin und Pompeius Trogus im römischen Imperium; im Bild des Makedonen erkannten sie den Stifter dieser neuen Welt.

Die Evolution, die die Historiker als unausweichlich akzeptierten, verwarfen die »Intellektuellen«, die Philosophen, als zerstörerische Kraft der republikanischen Freiheit und sahen in Alexander allein den unbeherrschten Despoten. In seinen »Briefen an Lucilius« zeichnet Seneca ein besonders negatives Bild von ihm:

»Es drängte den unglückseligen Alexander der Wahn, fremde Länder zu verwüsten, und jagte ihn ins Unbekannte. Oder hältst du etwa einen Menschen für zurechnungsfähig, der es als erstes unternimmt, Griechenland, wo er seine Bildung erhalten hat, eine Niederlage nach der anderen zuzufügen, der jedem gerade das Wertvollste raubt, Sparta zum Sklavendienst erniedrigt, Athen zum Schweigen bringt? Nicht zufrieden mit dem Untergang so vieler Städte, die Philipp entweder besiegt oder gekauft hatte, wirft er bald hier, bald dort auch noch andere nieder und überzieht mit seiner Kriegsmacht den ganzen Erdkreis; und seine Grausamkeit macht nicht irgendwo ermattet Halt, ganz nach Art gewalttätiger Bestien, die mehr, als ihr Hunger verlangt, mit ihren Zähnen in Stücke reißen.« (Seneca, Briefe an Lucilius 94,62)

Alexander, ein mythischer Held

In *De beneficiis* behauptet er von Alexander, daß er seit seiner Jugend »nur ein Räuber und Zerstörer der Nationen, eine Geißel für seine Feinde wie seine Freunde« gewesen sei (Seneca, De beneficiis I, 13,1-3). In *De ira* stellt er einen Alexander vor, »der seinen besten Freund Kleitos, mit dem er zusammen erzogen worden war, beim Mahl erstach, und zwar mit eigener Hand, weil er ihm zu wenig schmeichelte und nur widerwillig sich aus einem Makedonen und freien Mann in einen persischen Sklaven verwandeln wollte« (Seneca, De ira III 17,1-2).

Auch Lucan, der Neffe Senecas, charakterisiert in seinem großen Epos *Pharsalia* (»Der Bürgerkrieg«) Alexander als einen machtgierigen Despoten. Er läßt Caesar, den Verursacher des Bürgerkriegs, in Alexandria das Grab Alexanders besuchen und brandmarkt den Römer als einen zweiten Alexander:

»Hier liegt der größenwahnsinnige Sproß Philipps von Pella, der erfolgreiche Räuber, den das Schicksal als Rächer der Welt dahinraffte.«

Und weiter:

»Er verließ die Winkel seines Mazedonierreichs, verachtete das von seinem Vater unterworfene Athen. Von seinem Schicksal getrieben, zog er quer durch alle Völker Asiens und häufte, wo er hinkam, Berge von Leichen auf; er schwang sein Schwert gegen alle Nationen; er färbte die Wasser unbekannter Flüsse wie des Euphrat mit dem Blut der Perser und des Ganges mit dem Blut der Inder rot. Er verkörperte die tödliche Geißel der Welt; er war der Blitz, der alle Völker gleichermaßen traf; er war der Stern des Unheils für das gesamte Menschengeschlecht« (Lucan, Pharsalia X, 20-22; 28-36).

Das Bild Alexanders in der antiken Welt

Am Ende der hellenistischen Zeit bestand in der römischen Welt also ein zwiespältiges Alexander-Bild, dessen Weiterentwicklung sich über die Kirchenväter bis in die Spätantike verfolgen läßt. In dieser Zeit tauchte – hier nur am Rande erwähnt, weil sich das folgende Kapitel eingehender damit beschäftigt – der berühmte »Alexanderroman« auf, der für die Alexander-Rezeption im Mittelalter richtungweisend wurde. Der später vielfach veränderte Text soll auf Kallisthenes zurückgehen (sog. Pseudo-Kallisthenes). Gesichert ist aber nur, daß er in Alexandria entstanden ist. Der Roman stellt eine Mischung von zweifellos authentischen Tatsachen und legendären Berichten dar, die an die »Odyssee« ebenso wie an orientalische Geschichten erinnern. Eine für uns wichtige Episode erzählt die Ankunft Alexanders in Jerusalem, eine Legende, die in den Kreisen der hellenisierten Juden in Alexandria im dritten Jahrhundert umlief. Sie taucht auch in den *Antiquitates Judaicae* (»Jüdische Altertümer«) des jüdischen Geschichtsschreibers Flavius Josephus auf, die Anspruch auf historische Wahrheit erheben (11,326-335). Im »Alexanderroman« gewinnt dieser Besuch insofern eine neue Dimension, als er nahelegt, daß Alexander der Religion des einzigen Gottes zugestimmt habe. Die Episode beginnt damit, daß eine jüdische Gesandtschaft zum makedonischen Heer ausgesandt wird, die – von der Härte der Soldaten Alexanders tief beeindruckt – bei ihrer Rückkehr den Juden die Unterwerfung empfahl.

»Als er [Alexander] sah, wie die Priester in ihren weißen Gewändern und begleitet vom ganzen Volk auf ihn zukamen, empfand er vor ihrem Aussehen Angst und befahl ihnen, sich nicht weiter zu nähern, sondern umzukehren. Er ließ aber den Hohenpriester kommen und sagte zu ihm: ›Wie göttergleich seht ihr doch aus! Erzähle mir, welchen Gott ihr verehrt, denn bei unseren Göttern habe ich noch nie eine so strahlend gekleidete Priesterdelegation gesehen.‹ Der Hohepriester antwortete ihm: ›Wir dienen einem einzigen Gott allein, der den Himmel und die Erde und alles, was auf ihr ist, geschaffen hat und den kein Mensch jemals enthüllen kann.‹ Daraufhin Alexander: ›Geht in Frieden, ihr Diener des wahren Gottes, geht, denn euer Gott wird auch der meinige sein. Mein Friede begleite euch. Ich werde nicht gegen euch vorgehen so wie ich gegen andere Völker marschiert bin. Ihr seid geheiligt, dem lebendigen Gott zu dienen.‹« (Alexanderroman 2,24).

Auch später, nach der Gründung Alexandrias, soll Alexander gesagt haben, daß »es nur einen einzigen und wahren Gott gibt, den, den niemand kennt, und der von Engeln getragen und durch seinen dreimal heiligen Namen gerühmt wird« (Alexanderroman 2,28). Ebendieses Bild des zum Glauben an den wahren Gott »konvertierten« Alexander sollte im Mittelalter weiterleben.

Das mittelalterliche Alexander-Bild

Der Alexander-Mythos erlebte im Mittelalter vielleicht seine spektakulärste Blüte. Offensichtlich wurde der Bericht über die Bekehrung des Makedonen zur jüdischen Religion bzw. zum Glauben an den Einen Gott sowohl in Europa als auch im Orient in der muslimischen Welt ohne Widerspruch rezipiert. Die jüdische Tradition des Mythos erklärt sich problemlos aus dem Umfeld Alexandria, wo ja auch die Legende um den Helden Alexander entstanden ist.

Populär wurde der Mythos vor allem durch den »Alexanderroman« und seine vielen Übersetzungen, eingeschlossen die unzähligen Bearbeitungen und Ausschmückungen, die ihm in den letzten Jahrhunderten des Römischen Reichs und im Mittel-

Das mittelalterliche Alexander-Bild

alter zuteil wurden. Das Alexander-Bild dieser Zeit weist all die Kontraste der schillernden Persönlichkeit des Makedonenkönigs auf, die wir bereits kennengelernt haben, und zeigt ihn bald als edlen Retter, bald an der Grenze zur Inkarnation des Antichrist.

Es ist unmöglich, hier sämtliche Vorstellungen über Alexander im Mittelalter aufzuzählen. Die Forschungsergebnisse der letzten Jahre, die sich in Kolloquien wie auch in Publikationen niederschlugen, ermöglichen es uns aber, den Weg und die Entwicklung des Mythos bis hin zur Renaissance nachzuzeichnen. Die Rückbesinnung auf die Antike führte dazu, daß römisch-griechische Autoren wie zunächst Curtius Rufus und danach Plutarch, Diodor und Arrian dem »Alexanderroman« vorgezogen wurden. Dabei werden wir uns aus naheliegenden Gründen, z. B. wegen des leichteren Zugangs zu antiken Texten, hauptsächlich der abendländischen Welt, insbesondere Frankreich zuwenden, da der Alexander-Mythos in Westeuropa eine besondere Bedeutung entfaltet hat.

Wenden wir uns also dem Alexanderroman zu, einem Text, der in unterschiedlichen Handschriften überliefert ist. Die am vollständigsten erhaltenen Fassungen befinden sich in Paris, ebenso die Papyri mit den ältesten Teilen dieses Textes. Von besonderer Bedeutung ist die fiktive Korrespondenz zwischen Alexander und Dareios.

Wie die französischen Herausgeber der jüngsten Edition des »Alexanderromans«, Gilles Bonnoure und Blandine Serret, anmerken, erscheint er ihnen »als undeutliche Ansammlung von Einzeltexten und ihren Abwandlungen, die zwischen dem vierten und dem neunzehnten Jahrhundert hinzugefügt wurden. Für uns ist er ein schwindelerregendes schwarzes Loch«.

Nach Bonnoure und Serret scheint die Datierung des Romans insofern einigermaßen gesichert, als ihn gegen Ende des dritten nachchristlichen Jahrhunderts Julius Valerius ins Lateinische übersetzte. Diese Übertragung setzt eine frühere Bearbeitung der

Originalausgabe in griechischer Sprache voraus. Sie vereint offenbar mehrere Traditionen, von denen einige bis in die Jahrzehnte unmittelbar nach dem Tod des Eroberers zurückreichen, zu einer in sich geschlossenen Darstellung. Andere – jüngere – Teile wurden hingegen erst zu hellenistischer Zeit und in den ersten drei Jahrhunderten des Römischen Reiches von Autoren aus Alexandria hinzugefügt. Daraus erklärt sich auch, warum Ägypten und einige ägyptische Legenden im Text, zumindest in der Form, in der er sich wiederherstellen läßt, eine so herausgehobene Rolle spielen.

Das zeigt sich schon zu Beginn des Romans, als der Autor erklärt, daß Alexander nicht der Sohn Philipps II., sondern des Nektanebos gewesen sei, »wie die Weisen der Ägypter verkünden« (Alexanderroman 1,1). Dieser Nektanebos II. war der letzte einheimische Pharao von Ägypten, der sich im 4. Jahrhundert v. Chr. mit Hilfe griechischer Feldherren vom persischen Joch zu befreien suchte. Der Autor des Romans schildert ihn als eine Art Magier, der Ägypten nicht vor Barbareneinfällen bewahren kann und deshalb beschließt, nach Makedonien zu fliehen. Dort redet er Königin Olympias ein, daß sie sich bald mit dem Gott Ammon vereinigen werde, aber als der Zeitpunkt gekommen war, erschien ihr nicht Ammon, sondern der verkleidete Nektanebos selbst:

»Nektanebos aber bereitete sich das weiche Vlies eines Widders mit den Hörnern an den Schläfen wie aus Gold, ein Zepter von Ebenholz, ein weißes Gewand und einen ganz reinen schlangenfarbigen Mantel. Dann trat er in das Schlafzimmer [der Königin ...], bestieg ihr Lager und vereinte sich mit ihr. Dann sagte er: ›Bleibe ruhig, Weib, du trägst einen [...] Knaben unter dem Herzen, der dein Rächer sein wird und König, Herrscher über die ganze Welt‹« (Alexanderroman 1,7).

Philipp II. glaubte, was ihm seine Frau über den göttlichen Ursprung ihrer Schwangerschaft erzählte, und als das Kind während eines heftigen Gewitters zur Welt kam, betrachtete er das als göttliches Zeichen, erkannte das Kind als seinen Erben an und nannte es Alexander. Mit zwölf Jahren tötete der Knabe seinen wahren Erzeuger, weil er ihn für einen einfachen Astrologen hielt. Als ihm Olympias, die sich von Nektanebos nicht hatte täuschen lassen, klarmachte, daß er seinen wirklichen Vater getötet hatte, tröstet sich Alexander ziemlich rasch, da er überzeugt war, richtig gehandelt zu haben. Es folgen einige Episoden aus seiner Jugend bis zum Tod Philipps II.: Kaum König von Makedonien geworden, bereitet Alexander seinen Feldzug nach Asien vor, dessen erste Etappe (die Eroberung von Phrygien, Lykien und Pamphylien) durch einen Umweg unterbrochen wird, der ihn nach Sizilien, Italien, dann nach Afrika und über die Oase Siwa zurückführt. Dort befragte er das Orakel des Zeus/Ammon, das ihm antwortet: »Alexander, du bist mein Sproß« (Alexanderroman 1,30). Daraufhin wollte Alexander von dem Gott auch wissen, an welchem Ort er eine Stadt gründen sollte, die seinen Namen trüge. Die Antwort des Gottes enthüllt die Heterogenität der Quellen des Autors des »Alexanderromans«, denn in ihr vermischen sich verschiedene Mythen, in denen die in diesem Fall Phoebus (Apollon) zugeteilten Widderhörner sowie Proteus, der Meergreis, wieder auftauchen. Als Alexander die Insel Pharos entdeckt, beschließt er, auf dem ihr gegenüberliegenden Festland das künftige Alexandria zu errichten; die neue Stadt wächst rasch unter seinen Augen (vgl. auch Plutarch 26).

Danach beginnt mit der Belagerung von Tyros wieder der Krieg in Asien. Ein Briefwechsel zwischen Dareios und Alexander geht der Schlacht bei Issos voraus. Wiederum bricht der Bericht ab, denn Alexander taucht erneut in Europa auf, um Theben zu belagern und zu zerstören, bevor es in Asien wieder

Alexander, ein mythischer Held

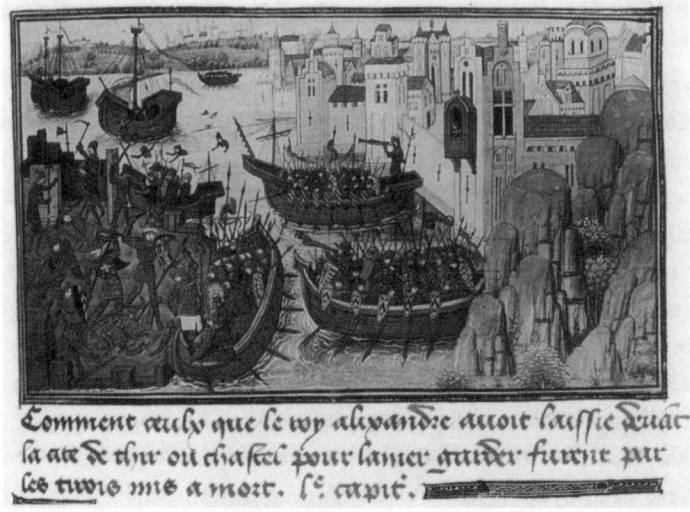

Erster Ansturm auf Tyros (aus: Jean Vauquelin, Geschichte des Großen Alexander, Miniatur von 1460)

weitergeht. Es ist unmöglich, dem Weg zu folgen, den sich der Verfasser des »Alexanderromans« für Alexander ausgedacht hat, zumal in der Folge über Briefe zwischen Alexander und Dareios sowie Dareios und König Poros vom Pandschab berichtet wird. Kurz vor seinem Tod gibt Dareios seine Tochter Roxane Alexander zur Frau. Und nach der Hochzeit im Palast des Dareios schreibt Alexander an seine Mutter und an Aristoteles lange Briefe, in denen er über die außerordentlichen Abenteuer berichtet, die diesen Feldzug prägten, und über die nicht weniger erstaunlichen Völker, die er getroffen hat. Man kommt nicht umhin, an die Erzählungen des schiffbrüchigen Odysseus beim Phäakenkönig Alkinoos zu denken. Alexander durchquert Länder mit unheimlichen Wesen, mit Riesen, Menschenfressern oder mit Menschen ohne Kopf. »Sie sprachen aber wie Menschen in ihrer eigenen Sprache« (Alexanderroman 2,37). Später

Das mittelalterliche Alexander-Bild

kommt er in Gegenden, »wo die Sonne nicht leuchtet. Dort ist das Land der Seligen« (Alexanderroman 2,39).

Im Rahmen dieser Abenteuer steigt er, in eine Glasvase eingeschlossen, bis auf dem Meeresgrund hinab oder erhebt sich in einer von zwei gewaltigen Vögeln gezogenen Gondel in den Himmel. Lenken kann er sie mittels einer Pferdeleber, die er an die Spitze einer Lanze gesteckt hat; sie wird ihnen im Flug so weit vor ihre Schnäbel gehalten, daß sie die Leber zwar sehen, aber nicht erreichen können. Er gelangt wieder auf die Erde zurück, nachdem ihm ein Engel erschienen ist, der ihm einen weit entfernten, winzig kleinen Kreis – die Erde – gezeigt hatte, den eine Schlange – das Meer – umgab, und ihn aufgefordert hatte, seine Eroberungen auf diese Erde zu beschränken. Daraus schloß Alexander am Ende seiner Briefe:

»Ich aber kehrte um und kam nach dem Willen der Vorsehung auf die Erde zurück, sieben Tage von meiner Armee entfernt. Ich war völlig erstarrt und halbtot. Dort traf ich einen Satrapen, der mir untergeben war, nahm dreihundert Reiter von ihm und kehrte zum Heer zurück. Und ich nahm mir vor, nie

Alexanders Himmelfahrt (Alexanderroman, Miniatur aus dem 15. Jh.)

mehr Unmögliches zu versuchen. Lebe wohl!« (Alexanderroman 2,41).

Diese Episode galt in der Literatur des Mittelalters als Beweis für die Grenzen des menschlichen Wissens, manchmal aber auch für die Hybris Alexanders.

Der dritte Teil des »Alexanderromans« beginnt mit dem Feldzug nach Indien. Das Hauptereignis ist der Zweikampf zwischen Poros und Alexander, dessen Beschreibung auch von Homer hätte stammen können. Hier kämpften zwei ungleiche Gegner miteinander, denn der Inderkönig war fünf Ellen groß und Alexander nur drei, d. h., 2,20 m standen 1,32 m gegenüber. Aber das Glück lag auf der Seite des Makedonen: »Da entstand plötzlich in dem Heer des Königs Poros ein Lärm, und Poros wandte sich erschreckt um nach hinten, um zu sehen, was vorginge. Alexander aber schlug Poros die Füße weg, sprang auf ihn, stieß ihm das Schwert in den Leib und tötete Poros, den König der Inder, auf der Stelle« (Alexanderroman 3,4).

Mit diesem Sieg gewinnt Alexander die Makedonen wieder zurück, die ihn kurz zuvor noch verlassen wollten. Später trifft er auf die Brahmanen und spricht mit ihrem König Dandamis. Dem schließt sich der Bericht über ein Treffen Alexanders mit Königin Kandake an, deren Sohn Kandaules er rettet, indem er in die Rolle von Antigonos, dem Führer seiner Leibwache, schlüpft. Die Beschreibung des Palastes der Kandake läßt die ganze Pracht des Orients aufleben. Danach durchquert Alexander das Reich der Amazonen. Was er dort und in Gegenden, eine überraschender als die andere, an Abenteuern erlebt, berichtet er in einem weiteren Brief an seine Mutter Olympias. So erzählt er unter anderem von jener Insel, deren Stadt zwölf Türme »aus purem Gold mit Smaragden besetzt« schmücken, oder von Gebieten, in denen er auf Menschen mit Hunde- oder Stierköpfen trifft oder wo die Vögel griechisch sprechen.

Dieser dritte Teil des »Alexanderromans« schließt mit der Rückkehr Alexanders nach Babylon und damit, daß er auf Befehl Antipaters vergiftet wird. Dem schließt sich der Aufbruch des Leichenzuges nach Memphis und Alexandria in Ägypten an. Um diese »zentrale« Berichtsebene gruppieren sich andere, aus unterschiedlichen Quellen entlehnte Episoden. So wird beispielsweise von seinem bereits zitierten Aufenthalt in Jerusalem oder auch von einer seltsamen Debatte vor der Athener Volksversammlung nach dem Fall von Theben berichtet.

Bei der Lektüre des »Alexanderromans« und seiner vielen Ausschmückungen überrascht nicht nur, wie unzusammenhängend sich das Ganze präsentiert und wie sorglos mit der Chronologie der antiken Historiker umgegangen wird, auf deren Spuren man beim Lesen immer wieder trifft. Am meisten verblüffen die Wunderdinge und -taten, von denen der Roman berichtet, die auf die Zeit Homers und auf ägyptische Märchen zurückverweisen.

Man begreift, wie eine solche Erzählung, die zuerst in die lateinische Sprache, dann aber auch ins Aramäische, Persische, Arabische und schließlich in die europäischen Sprachen übersetzt wurde, die Phantasie der Menschen im Mittelalter erregen konnte. Im 9. Jahrhundert stützten sich die Alexander gewidmeten Heldengedichte und Abenteuerromane zunächst auf die gekürzte Fassung des Julius Valerius (*Epitome* von Metz), später dann auf die lateinische Übersetzung des Erzpriesters Leo, der als Gesandter des Herzogs von Neapel 942 eine Abschrift des »Alexanderromans« aus Konstantinopel mitgebracht hatte. Diese Übersetzung ist unter dem Titel *Historia de Proeliis* bis heute erhalten.

Die literarische Gattung des Abenteuer- und Heldenromans fand im Frankreich des 12. Jahrhundert besondere Verbreitung. Der »Roman d'Alexandre«, verfaßt von Alexander von Paris, ist ein langes Heldengedicht mit 16 000 zwölfsilbigen Versen, ein

Versmaß, das man später als »Alexandriner« bezeichnete. Aus der gleichen Zeit stammt auch die »Alexandreide« Gauthiers de Châtillon. Sie ist ein in lateinischer Sprache verfaßtes Heldenepos in zehn Bänden, das zwischen 1178 und 1182 entstand und Erzbischof Wilhelm von Reims gewidmet ist. Der Verfasser orientierte sich nicht allein an der lateinischen Übersetzung von Julius Valerius aus dem 3. Jahrhundert n. Chr., er kannte auch die Alexandergeschichte von Curtius Rufus. In beiden mittelalterlichen Werken kommt eine tiefe Bewunderung für Alexander zum Ausdruck, die den Zwittercharakter des Helden als halber Gott und halber Mensch akzeptiert, sämtliche ihn belastenden Episoden seines Lebens verschweigt und sich auf die ungewisse Hinwendung Alexanders zur Religion des einzig wahren Gottes nicht einläßt. Der Leser stößt vielmehr auf eine grenzenlos bewunderte Persönlichkeit, die sämtliche Züge eines christlichen Ritters aufweist. In dieser Gestalt begegnet uns Alexander auch in dem spanischen »Libro de Alexandre« oder dem anglo-normannischen »Roman de toute chevalerie« von Thomas von Kent.

Wir können hier natürlich nicht sämtliche Werke aufzählen, die moderne Literaturhistoriker in »höfische Romane« oder »Ritterromane« einteilen. Obwohl in diesen Werken Wunder einen breiten Raum einnehmen, verfolgen sie auch ein ganz konkretes Ziel: Sie sollten als Fürstenspiegel dienen und einem Herrscher zeigen, wie ein idealer Monarch beschaffen sein sollte. Wir brauchen gar nicht auf die etwas schematische Typologie des britischen Historikers George Carey in »The Medieval Alexander« (Cambridge 1956) zurückzugreifen, der das gesamte Alexander-Schrifttum in die vier Kategorien: philosophisch-theologische Schriften, Exempla-Bände, Romane und schließlich Heldenepen, unterteilt, deren Lektüre mehr unterhalten als belehren sollte. Statt dessen sollte man in dem abendländischen Alexander-Bild des Mittelalters zwei Zeitabschnitte unterscheiden.

Vom 12. bis zum 13. Jahrhundert achtete man darauf, Alexander als vorbildlichen Ritter darzustellen. Danach setzte sich in Verbindung mit der Kenntnis arabischer Übersetzungen bekannter Philosophen wie Aristoteles ein eher philosophisch und politisch begründetes Alexanderbild durch. Diesen Wandel zeigt die »Geschichte des guten Königs Alexander« (L'histoire du bon Roy Alexandre) von Jean Wauquelin an, die er 1448 für Johann von Burgund und Graf von Étampes verfaßte. Alexander verkörpert in diesem Werk das neue monarchische Vorbild, das aus der Verbindung von Wissen und weltlicher Macht entsteht und das in der Verbindung Alexander – Aristoteles symbolisiert wird. Als eine Mischform von Abenteuerroman und Fürstenspiegel paßte das Buch Wauquelins ausgezeichnet in die politischen Pläne des burgundischen Hofes. Auch die Studie von Christiane Raynaud, »Alexandre le Grand dans les littératures occidentales et procheorientales« (Nanterre 1999) zeigt, welches Interesse die burgundischen Herzöge Philipp der Gute und sein Sohn Karl der Kühne dem abenteuerlichen Leben des Makedonen entgegenbrachten. Im Auftrag von Karl dem Kühnen übersetzte der Portugiese Vasco da Lucena die *Historiae Alexandri Magni Macedonis* von Quintus Curtius Rufus 1468 zum ersten Mal ins Französische. Dieses Buch wurde zwischen 1550 und 1555 sechsmal nachgedruckt.

Als man um die gleiche Zeit die griechischen Alexander-Historiker wieder entdeckte, erschien das Bild des makedonischen Königs auf einmal komplexer – und auch zwiespältiger. Das Flair des Wundersamen verschwand zunehmend, das Hinabtauchen auf den Grund der Meere oder der Flug in den Himmel, Episoden, die bereits Vasco da Lucena als »offenkundige Lügen« entlarvt hatte. Revidiert wurde auch die Gestalt des Nektanebos, des mutmaßlichen Vaters des Alexander im Roman, den Vasco da Lucena für einen jener teuflischen Magier hielt, die in mittelalterlichen Romanen vorkamen. Zu guter Letzt verwandelte sich Alexander in einen heidnischen Fürsten und Schüler jener griechischen Philosophen, die man im Spätmittelalter wiederzuentdecken begann.

Es entbehrt nicht eines gewissen Reizes, die kurze Übersicht über das Alexander-Bild im Mittelalter mit einigen Anmerkungen von Michel de Montaigne (Ende des 16. Jahrhunderts) zu beenden. Im zweiten Buch seiner »Essais« beschäftigt er sich mit Alexander, der ihm neben Homer und dem thebanischen Feldherrn Epaminondas als einer der drei »ausgezeichneten Männer« (Kap. 36) gilt. Montaigne rühmt an ihm insbesondere »die vielen vortrefflichen Tugenden, die in ihm wohnen, wie Gerechtigkeit, Mäßigkeit, Großzügigkeit, Glaubwürdigkeit, Nächstenliebe gegenüber den Seinen und Mitgefühl mit den Besiegten«. Montaigne erkannte durchaus an, daß es »ungewöhnlich ist, solche Umwälzungen« wie sie Alexander vollbracht hat, »im Einklang mit den Regeln der Rechtsprechung zu vollziehen« und er sich demzufolge gezwungen sah, strafbare Handlungen zu begehen. Dennoch bescheinigt Montaigne ihm »herausragende Kenntnisse und Fähigkeiten, die lange Dauer und Größe eines reinen, klaren und von Neid unbefleckten Ruhms«. Des weiteren schreibt er, daß Alexanders Münzen »denen Glück brachten, die sie bei sich trugen, und mehr Könige oder Fürsten über seine Taten schrieben als Historiker über diejenigen irgendeines anderen Fürsten oder Prinzen«. Sogar »die Mohammedaner, die allen anderen Geschichten mißtrauen, lesen und ehren die seine als ein besonderes Privileg«.

Diese Einschätzung berührt einige Aspekte des arabischen Alexander-Bildes im Mittelalter. Es überrascht nicht, daß man sich mit Alexander, soweit seine Geschichte mit der arabischen Welt Berührungspunkte aufwies, in besonderer Weise vom 8. bis zum 10. Jahrhundert im Orient beschäftigte und dies mit dem

Kopf Alexanders mit den Hörnern des Ammon (thrakische Münze aus dem 3. Jh. v. Chr.)

gleichen Ergebnis wie auch anderswo: Der Makedonenkönig wurde entweder eher freundlich oder eher mißtrauisch betrachtet. Das zeigt sich vor allem in dem Buch »Les Prairies d'or« von Mas͑ûdi, wie F. de Polignac in seinem Aufsatz »Alexandre dans la littérature arabe« (Arabica XXIX 3, 1982) nachweist. Der Autor schöpft zwar aus dem »Alexanderroman« des Pseudo-Kallisthenes, deckt aber die Widersprüche nicht zu. In den Kapiteln über die persische Geschichte tritt Alexander als Usurpator auf, während ihn der Teil des Werkes, der sich mit der Geschichte Griechenlands befaßt, als Beschützer der Weisen schildert. Sein Hinabtauchen zum Meeresgrund wird mit der Gründung Alexandrias verbunden, was soviel heißt, daß die Vita Alexanders für Mas͑ûdi mit dieser Initialzündung beginnt, wie F. de Polignac in seinem Aufsatz »Alexandre le Grand dans les littératures occidentales et proches-orientales« schreibt. Auch in der arabischen Literatur taucht Alexander als Dhu l-Qarnayn, der Mann mit den zwei Hörnern auf, der den ganzen Mittelmeerraum von Ost nach West durchstreift, um an seine Grenzen zu stoßen, und der im Norden die Mauer zum Schutz der Menschheit vor den gottesfeindlichen Horden Gog und Magog baut, die aus der Bibel (Offenbarung des Johannes 20,8) bekannt sind. Dieses Bild des

»Zweigehörnten« als Zeichen des göttlichen Willens taucht auch im Koran auf (18. Sure). Polignac weist zwar die Angleichung an Ammon, den Gott mit den Widderhörnern, nicht von der Hand, sieht in diesem Bild aber eher einen erleuchteten Helden und verweist auf den Einfluß des babylonischen Judentums oder erinnert an Moses – auch er ein »Zweigehörnter« (F. de Polignac, »L'homme aux deux cornes. Une image d'Alexandre du symbolisme grec à l'apocalypse musulmane« in: MEFRA 96, 1984, S. 29–51).

Polignac zeigt auch, daß die arabische Überlieferung das Wirken Alexanders als unvollendet ansieht. Trotz der göttlichen Inspiration seiner Mission hätte er im Unterschied zu seinem zeitweiligen Gefährten al-Khidr nie Prophet werden können. Er stieß einfach an Grenzen der Offenbarung. Da mochte er in den Himmel fliegen, zum tiefsten Meeresgrund hinabtauchen oder bis zu den Grenzen der Welt vorstoßen. Wir wollen noch eine größere persische Dichtung aus dem 13. Jahrhundert, das Alexander-Epos des Nizami, erwähnen. Im Licht dieses Heldenepos erscheint Alexander als Schüler der großen antiken Philosophen, unter ihnen des Aristoteles, aber auch der indischen Pandits, jener Brahmanen, die in Indien schon seit uralten Zeiten höchste Achtung und Anerkennung genossen. Entsprechend der Lehre des arabischen Philosophen Alfarabi (870–950) stellte Alexander als Eroberer, Philosoph und Prophet das Idealbild eines Herrschers dar. Diese philosophische Tendenz erklärt sich aus der Achtung, die damals den Übersetzungen der großen Werke der griechischen Philosophie entgegengebracht wurde, Übertragungen, die in erster Linie mit dem Namen Ibn Ruschd (Averroes) verbunden sind (1126–1198).

Das Bild des Philosophenkönigs Alexander verschwand aus der arabischen Literatur allerdings bald wieder. Übrig blieb die zwiespältige Wahrnehmung Alexanders als König, der entweder ein

Vorbild der Menschheit oder ihr Quälgeist war, dem aber in einer von inneren Kämpfen geschüttelten arabischen Welt, die zudem im Abendland von der christlichen Reconquista und im Orient von Osman I., mit dem Beinamen Ghazi, »der Siegreiche«, bedroht wurde, immer weniger Bedeutung geschenkt wurde.

Der Wandel des Alexander-Bildes ließe sich auch in jüdischen Schriften nachweisen; mit den Ursprüngen wollen wir uns aber nicht beschäftigen. Nur so viel sei gesagt: In Alexandria und in dem Teil Judäas unter ptolemäischer Herrschaft zeigte es positive Züge und wendete sich erst mit der Herrschaft Antiochos' IV. und dem Makkabäer-Aufstand ins Negative. Die apokalyptischen Schriften (Buch Daniel) stellen Alexander als Werkzeug Gottes dar. Flavius Josephus zufolge nimmt er eine jüdische Delegation unter Führung des Hohenpriesters vor Jerusalem freundlich auf. Er erklärt, ein Gott sei ihm erschienen und habe ihm seinen Schutz zugesichert, der in die gleichen Festgewänder gekleidet war, wie er sie jetzt an der Gestalt des Hohenpriesters sehe (Antiquitates Judaicae 11,326-355). Und in der jüdischen Version des »Alexanderromans« wird er vollends zum Glauben an den wahren und einzigen Gott bekehrt. Im Talmud von Babylon ist er der Gesprächspartner der jüdischen Schriftgelehrten und Ältesten. Polignac charakterisiert sie mit gutem Recht als »israelische Brahmanen«, denn nach der Zerstörung des Tempels in Jerusalem 70 n. Chr., dem Scheitern des Bar-Kochba-Aufstands im Jahr 135 n. Chr. und der Umwandlung Jerusalems in eine römische Garnisonsstadt zogen – abgesehen von dem kleinen jüdischen Zentrum Jamnia (heute: Yavne) bei Jaffa – immer mehr Juden in die Welt hinaus, so daß sich die jüdische Gemeinde im sassanidischen Babylon bald zum wichtigsten Ort des Judentums außerhalb Israels entwickelte. Dort entstand um 600 n. Chr. auch der Talmud, der Kommentar zur Thora. Er vereint die gesetzlich verbindliche Auslegung des jüdischen Schrifttums mit weiteren Diskussionen und Kommentierungen. Der nun folgende Dialog zwischen Alexander und den jüdischen Schriftgelehrten reiht sich nahtlos in diesen Diskussionsstil ein. Außerdem greift er einige Themen auf, die auch im »Alexanderroman« erörtert werden und erinnert an das Frage- und Antwortspiel Alexanders bei den indischen Brahmanen (Plutarch, Alex. 64). So will Alexander von den Schriftgelehrten wissen: »Was ist größer, die Erde oder das Meer?«, worauf sie ihm antworten: »Die Erde, denn das Meer selbst wird von der Erde umfaßt« (Alexanderroman 3,6,4). Im Talmud sind Frage und Antwort zwar ein wenig verändert, dennoch geht es um die gleiche Beziehung zwischen den beiden Elementen: »Er [Alexander] fragte sie [die Schriftgelehrten]: ›Ist es besser, auf dem Wasser zu wohnen oder auf dem Land?' – ›Auf dem Lande. Denn alle, die sich auf das Meer hinauswagen, finden ihre Ruhe erst wieder, wenn sie auf festem Grund stehen.‹« Und noch eine Frage in diesem dialogisch-differenzierenden Stil: »Weiter fragte er: ›Was war eher, Tag oder Nacht?‹ Sie sagten: ›Die Nacht. Denn was entsteht, wächst im Dunkel des Mutterleibs heran, dann kommt es an den Tag und ans Licht‹« (Alexanderromans 3,6,7). Im Talmud hingegen heißt es: »Er fragte sie: ›Was wurde als Erstes geschaffen, Licht oder Dunkelheit?‹, und erhielt als Antwort: ›Diese Frage kann nicht beantwortet werden‹«, was eigentlich seltsam ist. Schließlich bestand die Finsternis vor dem Licht, da ja geschrieben steht: »Und die Erde war wüst und leer, Finsternis lag über der Urflut (Genesis I 2), und Gott sprach: Es werde Licht! Und da ward Licht« (Genesis I 3).

Weitere Fragen berühren die Autorität des Königs; der Dialog im Talmud endet mit der Erzählung vom Paradies: Auf seine Frage, ob ihm die Pforte geöffnet würde, erhält er die Antwort: »Dies ist das Tor zum Herrn; nur Gerechte dürfen hier einziehen« (Psalm 118,20). Daraufhin bittet er unter Hinweis darauf, daß er König sei, man möge ihm doch eine wichtige Angelegenheit zur Entscheidung überlassen: »Man gab ihm einen Augapfel. Er wog ihn und legte sein ganzes Geld und Gold in die andere Waagschale, aber alles zusammen konnte den Augapfel nicht aufwiegen. ›Was geschieht hier?‹, fragte Alexander die Rabbis: ›Das ist das Auge eines Menschenwesens, das nie genug zu sehen bekommt.‹ – ›Wie wißt ihr, daß ein Menschenauge nie genug zu sehen bekommt?‹ – Bedecke es mit etwas Staub und es wird leichter, denn, wie geschrieben steht, sind der Aufenthaltsort der Toten und der Abgrund so unersättlich wie Menschenaugen.‹« In einer anderen Version der Geschichte gelangt Alexander in die Nähe einer Stadt am Ufer des Ganges. Vor ihm erhebt sich eine Mauer ohne Öffnungen. Einige Freunde des Königs entdecken aber ein kleines Fenster, an das sie mehrmals klopfen. Ein Greis erscheint und übergibt ihnen einen Stein, den Alexander nach Babylon zurückbringt. Dort enthüllt ihm ein weiser alter Jude das Geheimnis des Steins, den weder Geld noch Gold aufwiegen können, so viel man davon auch in die andere Waagschale legt, der aber, sobald man ein wenig Staub über ihn streut, leichter wird. Die Aussage der beiden Geschichten ist die gleiche: Obwohl Gott die Pläne Alexanders unterstützt, bedeutet er ihm doch, daß es auch für ihn eine unüberwindliche Grenze gibt, den Tod, der all seiner Macht ein Ende setzt.

Auch andere Erzählungen oder Kurzgeschichten knüpfen an dieses Alexander-Bild der jüdischen Tradition an, z. B. die Geschichte von den Gebeinen des Propheten Jeremias in den Grundmauern von Alexandria, die den zehn Stämmen Schutz gewährten, und die Mauer, die Alexander zur Abwehr der Gottesfeinde Gog und Magog errichtete; diese Geschichte findet sich – wie schon gezeigt – auch im arabischen Alexander-Mythos wieder.

Der Talmud zeigt Alexander in einem anderen Licht als die jüdische Fassung des »Alexanderromans«. Dort ist der König kein Anhänger des einzigen und wahren Gottes, sondern ein Mann mit Macht und Einfluß, den Gott zum Werkzeug seiner Pläne macht; gleichwohl zeigt er ihm seine Grenzen und den labilen Zustand seiner Macht.

Wegen der Übertragung der Werke griechischer Philosophen ins Arabische wird Alexander in arabischen Schriften und in der jüdischen Tradition oft als unter dem Einfluß der griechischen Philosophie stehend oder von der Aura eines königlichen Philosophen umgeben gezeichnet.

Diese knappe Entwicklungsgeschichte erhebt nicht den Anspruch, sämtliche Aspekte des Alexander-Mythos im Mittelalter behandeln zu wollen. Nur so viel sei gesagt: Die Wiederentdeckung der griechischen Historiker, die nach und nach zuerst ins Lateinische und dann in die anderen europäischen Sprachen übersetzt wurden, hat dem Alexander-Mythos eine neue, eher politische als theologisch-philosophische und vor allem romanhafte Dimension verliehen.

Das Bild Alexanders in der Historiographie

Gegen Ende des 18. Jahrhunderts wurden die geschichtlichen Quellen zu Alexander einer kritischen Überprüfung unterzogen. Diese kritische Methode kündigte einen neuen Teilbereich der Geschichtswissenschaft an, die Quellenforschung, die hauptsächlich in Deutschland entwickelt wurde, und in Deutschland erschien 1833 auch die erste »Geschichte Alexanders des Großen« von Johann Gustav Droysen. Sie entstand aus der akribisch genauen Auswertung aller Quellen, die sich mit Alexander beschäftigten. Darüber hinaus stellte Droysen seine Geschichte Alexanders im Sinne Hegels als ein Beispiel der allgemeinen Evolution der Völker dar. Für den jungen deutschen Gelehrten

Das Bild Alexanders in der Historiographie

bedeutete dieses Werk die Vorstufe zu seiner »Geschichte des Hellenismus«; den Begriff »Hellenismus« hat er in gewisser Weise sogar »erfunden«. Die mit ihm bezeichnete Epoche vom 3. bis zum 1. Jahrhundert v. Chr. – lange Zeit als »Niedergang« der griechischen Zivilisation betrachtet – erfuhr durch Droysen insofern eine Wiederaufwertung, als sie für ihn eine »Regeneration« der orientalischen Welt durch den Hellenismus darstellte. Sie leitete sich aus dem Willen Alexanders her, Sieger und Besiegte zu vereinen: »Wenn sich Alexander damit begnügt hätte, Asien nur deshalb zu erobern, um es anschließend Hellenen und Makedonen zu überlassen, und wenn er ihnen erlaubt hätte, die asiatischen Völker wieder in die Sklaverei zurückzustoßen, dann wären Griechen und Makedonen raschestens Asiaten geworden in des Wortes schlimmster Bedeutung« (Droysen, Alexander, S. 474).

Unter »Sklaven« verstand Droysen Menschen, die unter der Macht eines Despoten lebten. Und obwohl er schrieb, daß Alexanders Eroberungszug den »schwankenden, wurmstichigen und verderbten« Zustand Asiens aufgedeckt hätte, sah er in dieser Welt doch auch einen Kulturträger, dessen Kenntnisse das Wissen der Sieger durchaus bereichern konnten. Das hätte Alexander erkannt, und darin lag für Droysen sein Hauptverdienst. Es blieb aber nicht beim Erkennen, sondern Alexander handelte so, daß die angestrebte »Völkervereinigung« in den Bereich des Möglichen geriet, obwohl er sein Werk nicht mehr zum glücklichen Ende zu führen vermochte. Dieser Prozeß begünstigte Städtegründungen, den Bau neuer Straßen oder den Ausbau bestehender Verkehrsverbindungen und die Verbreitung des edlen Metalls, das bisher in den Schatzhäusern des Großkönigs in mehreren hundert Millionen aufgehäuft gelegen hatte und jetzt im Verlauf weniger Jahre dem Verkehr der Völker zurückgegeben wurde (Droysen, Alexander, S. 474 f.). Die Elemente, die

Alexander, ein mythischer Held

Alexander vereinte, »sind in ihren letzten Formen die brennende Lebendigkeit des Griechentums, dem es an Stoff [und] die erstorbenen Massen des asiatischen Völkertums, dem es an Leben gebrach« (Droysen, Alexander, S. 481). Die »Vermischung der Völker ließ die neuen Keime deutlich erkennen, die sich in Kunst, Wissenschaft und Religion, in allem menschlichen Erkennen und Wollen von dieser Zeit an immer reicher entfaltet haben« (Droysen, Alexander, S. 481 f.).

In den Augen Droysens fanden die größten Veränderungen auf religiösem Gebiet statt:

> »Wenn man die Gottheiten und mehr noch die Mythen des Heidentums als Ausprägung geschichtlicher, nationaler Verschiedenheit betrachten darf, so traf Alexander in seinem unablässigen Streben nach Völkervereinigung das entschieden richtige Mittel, wenn er [...] jeden Nationalkultus ohne Unterschied ehrte. Wie stets ging er dieses Problem ohne Umschweife an, indem er den lykischen Auguren Aristander, den Hinduasketen Calanos und den persischen Magier Osthanes gleichberechtigt in sein Gefolge aufnahm und mit gleicher Frömmigkeit den Göttern der Ägypter, Perser und Babylonier, dem syrischen Baal und dem Jehova der Juden opferte« (Droysen, Alexander, S. 486).

Dieses Beispiel Alexanders bereitete den Weg für die Religion des wahren und einzigen Gottes:

> »Man begann sich zu überzeugen, daß alle Völker mehr oder minder dieselben Gottheiten verehrten und daß die Unterschiede ihrer Namen, Attribute und Dienste nur zufällig und äußerlich seien. [...] Es war die Arbeit der hellenistischen Jahrhunderte, [...] das Gefühl der Endlichkeit und Ohnmacht,

das Bedürfnis der Buße und des Trostes, die Kraft der tiefsten Demut und der Erhebung zur Freiheit in Gott zu erwecken; [...] sein, des Gottes, war das Reich dieser Welt, in ihm der Mensch erhöht zu der letzten Höhe der Endlichkeit, durch ihn die Menschheit erniedrigt, vor dem anzubeten, der der Sterblichgeborenen einer war« (Droysen, Alexander, S. 478).

Die deutsche Geschichtsschreibung des 19. Jahrhunderts wurde von Droysen stark beeinflußt, und dazu gesellte sich in der Zeit des Vormärz das immer lauter geäußerte Verlangen nach der Einheit Deutschlands. Als historisches Vorbild rückte dabei das Makedonien Philipps II., das mit Preußen identifiziert wurde, in den Vordergrund und nicht das Vielvölkerreich Alexanders. Die deutschen Romantiker hingegen betrachteten die universalistischen Träume Alexanders mit einem gewissen Wohlwollen. Übrigens: Während sich in England und Frankreich mit Georges Grote und Victor Duruy eine Einstellung durchsetzte, die Nicole Loraux und Pierre Vidal-Naquet mit dem Begriff »Athen der Bürger« bezeichneten, wurde das Wirken Alexanders in Deutschland vor dem Hintergrund einer als dekadent charakterisierten asiatischen Welt und eines degenerierten Griechenlands mehr und mehr als Gleichnis für die Überlegenheit der nordischen Völker betrachtet und in der Person des Eroberers eine hehre Führergestalt verehrt.

Bei dem Kolloquium der Fondation Hardt, das 1976 zum Thema »Alexander der Große« stattfand, startete Ernest Badian von der Harvard-University eine heftige Attacke gegen die Verzerrungen des Alexander-Bildes in der deutschen Geschichtsschreibung ab 1933, namentlich bei den Althistorikern Helmut Berve oder seinem Schüler Fritz Schachermeyr. Badian nahm sich dabei insbesondere das Buch Schachermeyrs »Die Indogermanen und der Orient« aus dem Jahr 1944 vor, in dem der Autor

Alexander als einem Vertreter der »reinen nordischen Rasse« vorwarf, »ein biologisches Sakrileg« begangen zu haben, weil der Makedonenkönig die Rassenmischung gefördert und dadurch nationale Traditionen preisgegeben habe. Schachermeyr sah sich später zwar gezwungen, von diesem Buch Abstand zu nehmen, blieb aber dennoch einer der bekanntesten Bewunderer Alexanders, für den dieser zum »Übermenschen« im Sinne Nietzsches geworden war.

Etwas später, 1948, erschien in Cambridge der Band »Alexander the Great« von William Tarn. Der britische Historiker, der sehr viel pragmatischer dachte, stellte Alexander als rational denkenden Geist vor, der nicht an seine göttliche Abstammung glaubte. Für Tarn eroberte Alexander Asien, um den Orientalen die Wohltaten der griechischen Zivilisation zu überbringen – eine Sichtweise in der Tradition Droysens. Für ihn war Alexander ein Idealist, der von der Einheit des Menschengeschlechts träumte. Badian sah in Tarns Alexander aber auch noch das perfekte Abbild des viktorianischen Gentleman – insbesondere in Bezug auf die etwas delikate Ebene seiner Sexualität: Alexander blieb seiner angetrauten Ehefrau treu, hatte nie Mätressen und noch viel weniger irgendwelche »Gespielinnen«.

Heftig oder gar gewalttätig sei er nur geworden, wenn man ihn wie Parmenion oder Kleitos dazu genötigt oder gereizt hätte. Kurz: Tarn entwirft ein idealisiertes, teilweise von Plutarch inspiriertes Alexanderbild, das geflissentlich all jene Taten Alexanders übergeht, die es hätten verdunkeln können.

Tarns »Alexander the Great« wurde in viele Sprachen übersetzt und prägte das Bild des Eroberers besonders in Handbüchern und Enzyklopädien über mehrere Dezennien hinweg. Aber in ebendiese Jahrzehnte fiel auch die Entkolonialisierung, d. h. der Zusammenbruch der im Lauf des 19. Jahrhunderts entstandenen Kolonialreiche und vor allem der britischen und französischen an vorderster Stelle. Seither erschien der Alexanderzug in einem neuen Licht: Er diente nun nicht mehr der Realisierung eines universalistischen, aber letztendlich utopischen Traums, sondern erschien schlicht als ein Unternehmen der Kolonialisierung. Gerade am Beispiel der Akkulturation der Kolonisierten konnte man nun die Folgen der Eroberung durch die Griechen und Makedonen analysieren. Dieser Linie – jedenfalls teilweise – folgt das glänzend geschriebene, bereits erwähnte Buch »Ioudaïsmos – Hellenismos« von Edouard Will und Claude Orieux, in dem am Muster der Anpassung die Frage der Hellenisierung der Juden beleuchtet wurde.

Eine ähnliche Position vertrat Badian in seinem Vortrag bei der Tagung der Fondation Hardt, als er anmerkte, daß man die Geschichte Alexanders künftig nicht nur unter Verzicht auf das Bild des charismatischen Führers, sondern viel eher aus dem Blickwinkel der Besiegten als dem der Sieger zu schreiben hätte.

In den letzten Jahren erschienen weitere Publikationen über Alexander. Aber wie es aussieht, wird heute auf jegliche »globalisierende« Interpretation seiner Person verzichtet. Ohne sich nun gleich im Minimalismus zu üben, bemühen sich die Verfasser, an den sogenannten Fakten der literarischen Überlieferung festzuhalten. Vor allem aber ist das Bemühen erkennbar, diese Quellen, wie Pierre Vidal-Naquet in seinem Nachwort zur Arrian-Übersetzung von Pierre Savinel gezeigt hat, in ihren kulturellen Kontext zu stellen. Im übrigen werden – soweit möglich – auch archäologische, epigraphische und numismatische Zeugnisse herangezogen. Alle Autoren verzichten auf ein Werturteil über den Menschen Alexander. Sie konzentrieren sich vielmehr auf die konzeptuelle Entwicklung des Königtums und – daraus folgend – auf die Entwicklung einer neuen Form der Monarchie in den Staaten, die aus dem Eroberungszug entstanden sind. Gleichzeitig versucht man wie P. Goukowsky die Ursprünge der mythischen Figur des Eroberers nachzuzeichnen. Wie die jüngsten Publikationen beweisen, liegt der künftige Forschungsschwerpunkt auf der neuen Welt nach dem Alexanderzug, an ihr orientieren sich die neuesten Forschungen.

Die zeitgenössischen Historiker verzichten darauf, die wahren Absichten Alexanders zu untersuchen und was für ein Mensch er wirklich war. An ihrer Stelle bemächtigten sich Romanautoren dieses Themas. Damit stellen sich die Verfasser moderner Alexander-Romane in eine lange Reihe, deren Entwicklung wir anhand einiger Beispiele weiter verfolgen wollen.

Vom »Alexanderroman« zu den Romanen über Alexander

Was ist im 20. Jahrhundert und außerhalb der wissenschaftlich-historischen Recherche aus dem romanesken Helden geworden? Bei der Antwort auf diese Frage möchte ich mich auf zwei mir signifikant erscheinende Beispiele beschränken, erstens den Alexander-Roman von Klaus Mann, den Sohn Thomas Manns, der 1929 erschienen ist, und – zweitens – auf einen italienischen Roman aus jüngster Zeit.

Klaus Manns »Alexander: Roman einer Utopie« ist zum großen Teil vom »Alexanderroman« des Pseudo-Kallisthenes beeinflußt. Das Buch atmet aber auch den Geist seiner Zeit, d. h. der Jahre nach dem Ersten Weltkrieg. Es tritt uns sowohl als historischer Roman, aber auch als eine Art persönliche Beichte entgegen. In seiner Autobiographie »Der Wendepunkt« spricht Klaus Mann offen über die Gründe, warum er sich an diesen Stoff herangewagt hatte: »Was mich an meinem neuen Heros reizte, war die beinahe frevelhafte Ungenügsamkeit seines Traumes und die enormen Dimensionen seiner Abenteuer«, eines Traumes, dessen Ziel es gewesen sei, die Welt zu vereinen und sie durch die

Beseitigung von Konflikten glücklich zu machen. Wir stoßen hier auf das auch schon von früheren Geschichtsschreibern und im »Alexanderroman« geäußerte Motiv der Einigung der je gegenwärtigen Welt. Mag die Dimension des Utopischen, auf die der Untertitel hinweist, auch tatsächlich das Buch von Klaus Mann durchziehen, so trifft es doch fast wie ein Schock, was es über die Persönlichkeit des Autors, nämlich seine sublimierte Homosexualität enthüllt. Sie ist von Anfang des Buches an zu spüren, z. B. in der zärtlichen Freundschaft, die Alexander mit Kleitos und Hephaistion verbindet, oder in seinen Gefühlen für den Lehrer Aristoteles. Sie ist auch dort zu spüren, wo der Autor die Ermordung Philipps II. durch Pausanias interpretiert: Pausanias hätte sich damit für die durch Philipp erlittene Vergewaltigung rächen wollen (S. 34 ff.). Am deutlichsten zeigt sich die versteckte Homosexualität des Autors in der Weise, wie er die körperlichen Reize Alexanders und der Knaben um ihn beschreibt.

So war Pausanias »von allen Edelknaben der üppigste, ein prachtvolles Geschöpf von träger, völlig weibischer Schönheit. Sein Mund, der schmollte oder in Lächeln erblühte, machte Männer und Frauen verrückt, ebenso der neckische oder sentimental trauernde Blick seiner grauen Augen, die er mit langen, sorgsam zugespitzten Wimpern beschatten konnte. Über der elfenbeinzarten, schöngewölbten, völlig leeren Stirn hob sich das kastanienbraune Haar zu seidig glänzendem Hügel.«

Und mit dem gleichen Blick betrachtet Alexander nach der Landung in Kleinasien seine Freunde, als er aus dem Königszelt trat: »Ihre Körper waren im Gymnasium trainiert und braun geworden. Sie bewegten sich nackt noch freier und natürlicher als im ledernen Waffenrock; sie reckten sich und lachten, plötzlich warfen sie sich aufeinander und rangen.«

An anderer Stelle »lustwandelte Alexander mit seinem Hephaistion umschlungen« unter dem ironischen und eifersüchtigen Blick von Kleitos. »Er wollte nicht mehr sein als ein Jüngling unter anderen Jünglingen; teilhaftig ihrer Gemeinschaft, die ihm begehrenswerter und reiner erschien als die zwischen Mann und Frau.«

Auch der Tod von Kleitos steht im Zusammenhang mit diesen Liebesbeziehungen: Weil sich Alexander von ihm verschmäht fühlte, rächte er sich an dem, der es als einziger gewagt hatte, ihm zu widerstehen, während er sich selbst mit der passiven Liebe des schwächlichen Hephaistion begnügen mußte, in dessen Arme er sich flüchtete, nachdem er drei Tage den beweint hatte, den er vergeblich geliebt hatte.

Was Klaus Mann über die Hochzeitsnacht von Alexander und Roxane schreibt, ist noch viel bezeichnender. Roxane ist hier die Amazonenkönigin, von der viele Alexander-Historiker – Plutarch aber mit Zurückhaltung – berichten (Alex. 46). Obwohl sie sich alle Mühe gab, das Verlangen ihres Mannes zu wecken, war Alexander nicht im Stande, sich mit ihr zu vereinigen und beschwor in seiner Verzweiflung die Erinnerung an Kleitos: »Warum darf ich nur anfassen, um zu töten? Ach, den ich am liebsten angefaßt hätte, den habe ich ja getötet.«

Der Roman beschreibt diese Roxane wie auch viele andere Frauen als ein hochmütiges Geschöpf: »Sie trug ihre Nase wie eine Waffe, unter bunten Augenlidern war ihr Blick der eines berechnenden Raubtiers. Gegen den König zeigte sie sich von vernichtender Höflichkeit, zeremoniell in jeder Bewegung: wie sie schritt, das Gesicht senkte, die komplizierte Frisur trug, mit harten Lippen böse und exakte Worte bildete.« Die Besänftigung seiner Gefühle findet der König schließlich bei Bagoas, hier nicht als Eunuch dargestellt, sondern als ein ganz junger Zwitter.

Daß es diese Homosexualität Alexanders gegeben haben könnte, läßt sich natürlich mit den päderastischen Beziehungen im frühen Griechenland erklären. Aber hier ist nicht der Ort, um

Vom »Alexanderroman« zu den Romanen über Alexander

näher darauf einzugehen. Klar ist jedoch, daß die Verbindung zwischen einem erwachsenen Mann und einem Heranwachsenden wenigstens zum Teil Initiationscharakter besaß und keineswegs die endgültige Festlegung auf eine Sexualität ohne Frauen bedeutete. Der Alexander von Klaus Mann war kein Ephebe mehr, und in dem, was ihn mit seinen Gefährten verband, läßt sich natürlich auch der Einfluß Platons erkennen, aber vorrangig war doch wohl die Sexualität, die der des Autors entsprach. Nicht zufällig schrieb Klaus Mann seine zwei anderen Biographien über Tschaikowsky und Ludwig II. von Bayern.

Neben dieser »sexuellen« Dimension des Romans darf aber nicht vergessen werden, was Klaus Mann über die Abenteuer Alexanders berichtet. Für ihn stellte sich der Eroberungszug als ein utopischer Traum dar, der, weil er an Grenzen stößt, Macht verdirbt. Deshalb wird auch nichts unter den Teppich gekehrt, weder Gewaltexzesse noch Greuel oder Verbrechen. Mit fortschreitender Erzählung wird aus dem Helden Alexander »der makedonische Gewaltherrscher und Peiniger Griechenlands«. Je mehr er orientalische Sitten annimmt, desto mehr betören ihn die Reden der Gymnosophisten oder verführen ihn die Reize der indischen Königin Kandake. Als er mit ihr schläft, beginnt sein Niedergang. Obwohl er in ihren Armen echte »Seligkeit« fühlt, bemächtigt sich seiner das schlechte Gewissen: Er hatte Hephaistion wegen Kandake verlassen – hier eine kleine Verdrehung gegenüber dem »Alexanderroman« des Pseudo-Kallisthenes, in dem sich Alexander als Antigonos der Königin genähert hatte. Alexander hatte seinen liebsten Freund also gleich zweifach verraten. Und während er noch »die Seligkeit des aufgegebenen Bewußtseins« spürte, drang einer der Söhne Kandakes in das Zimmer ein, um ihn zu töten. Die Flucht gelang mit knapper Not. Von nun an entschloß sich Alexander, niemals mehr zu weichen – er wurde trotzig und hart: »Je weiter er in sein Reich einrückte, desto drohender wurde sein Blick. Man erkannte ihn nicht mehr; er war früher heftig gewesen, aber diese grausame Ruhe seines Gesichtes war fremd.«

Er versinkt immer weiter in orientalischen Gepflogenheiten – so weit sogar, daß er seine griechisch sprechenden Untertanen nicht mehr empfängt. An dieser »Veröstlichung« Alexanders zerbricht schließlich auch die Beziehung zu den makedonischen Veteranen im Heer, wie im Roman als auch bei den antiken Historikern nachzulesen ist.

In diese dramatische Entwicklung wird schließlich Hephaistion hineingerissen. Der König, betrunken von einem Gastmahl heimkehrend, hatte gereizt abgewunken, als ihm der Arzt Glaukias die Nachricht vom schwerkranken Hephaistion überbrachte, doch beim Anblick des toten Freundes geriet Alexander in eine echte Nervenkrise: »Über die Leiche geworfen, brüllte der König, Schaum vorm aufgerissenen Mund. Man wollte ihn halten, doch er schlug um sich, hatte blutige Augen. So sollte man keinen Sterblichen schreien hören, in diesem Schrei klang keine Trauer, kein menschlicher Schmerz; vielmehr eine Verlassenheit, eine Verzweiflung, wie sie *uns* nie zuteil wird, wie nur die verzweifelten Götter sie kennen.«

Hinter der Maske des Tyrannen verbarg sich künftig eine furchtbare Angst, die zu überwinden Alexander nur durch fieberhafte Aktivität gelang: »Er saß inmitten seiner riesengroßen Pläne und Berechnungen, nachts schlief er kaum, er arbeitete ununterbrochen, dazwischen opferte er, empfing Wahrsager.« Vollgestopft mit Schlafmitteln schlief der Erschöpfte schließlich neben Bagoas ein.

Dann schließlich das letzte Bad und der Tod nach einigen Tagen in den Armen eines Engels, dem Alexander seine Sünden gebeichtet hat, und dessen letzte Worte ihm verheißen: »Du wirst wiederkommen, in anderer Erscheinung. Alexander darauf

Vom »Alexanderroman« zu den Romanen über Alexander

[...]: ›Um das Reich aufzurichten, mein Engel?‹ Aber die Konturen des Engels [...] lösten sich auf, vergebens griff Alexander nach ihm. Die Frage, die er mit der letzten Leidenschaft seines Lebens gestellt hatte, blieb unbeantwortet im Raum. Mit ihr blieb des Engels Verheißung, sein Segen.« Dieses Ende kündigt die Wiederauferstehung des Dionysos an, wohl aber auch die Jesu Christi.

Der Roman des Klaus Mann fesselt den Leser aus mehr als einem Grund. Er offenbart die ganze Wucht eines Alexander-Bildes, das einen jungen Schriftsteller zu inspirieren vermochte, den der aufkommende Nationalsozialismus ins Exil zwang.

Ein ganz anderer Alexander, nämlich der des zeitgenössischen Schriftstellers Valerio Manfredi läßt uns noch kurz einhalten, ehe wir ans Ende dieses Buches kommen. Der umfangreiche dreibändige Roman (dt. u. d. T. »Alexander, der makedonische Prinz« [Bd. 1]; »Alexander, der Herrscher der Welt« [Bd. 2]; »Alexander, König von Asien« [Bd. 3]) erlebte vor allem in Italien und Frankreich große Verbreitung. Er greift nicht auf die Tradition des Pseudo-Kallisthenes zurück, obwohl der Autor zugibt, ihn »gelegentlich« herangezogen zu haben. Valerio Manfredi hat die wichtigsten Alexander-Historiker gelesen, ohne sie deswegen ständig zu zitieren. Er ist Romancier und kein Historiker. Er wählt in erster Linie unter »narrativen« Gesichtspunkten aus und präzisiert in einer Fußnote am Ende des ersten Teils, daß es nicht die Aufgabe des Romanciers sei, die Probleme zu lösen, die die kritische Geschichtsschreibung so lange hin- und hergewälzt hat. Manfredi hält sich in der Hauptsache also an die Quellen, die ja selbst nur Rekonstruktionen darstellen. Gleichzeitig setzt Manfredi eine »relativ aktuelle« Sprache ein, die beispielsweise *strategos* mit »General« übersetzt. Das ist an sich noch nicht anstößig, läßt aber den ständigen Gebrauch der Wörter *hetairoi* und *pezhetairoi* ein wenig seltsam erscheinen. Diese »Aktualisierung«

zeigt sich auch in der Verwendung unerwarteter Begriffe zur Klärung der persönlichen Beziehungen innerhalb der königlichen Umgebung: So nennt Alexander Philipp II. »Papa« und Olympias »Mama«.

Insgesamt ist das Buch überlegt konzipiert. Der erste Band endet mit der Überfahrt nach Kleinasien, beschäftigt sich also vorzugsweise mit der Kindheit und Erziehung Alexanders; nur etwa 100 Seiten erzählen von den beiden ersten Jahren seiner Herrschaft. Ebenso der zweite Band, der mit der Gründung von Alexandria endet. Erst Band drei behandelt die Feldzüge des Königs, denen die griechischen und römischen Autoren den meisten Platz einräumten, z. B. dem Ende des Krieges gegen Dareios, der Eroberung der Königsstädte, den schwierigen Operationen in den östlichen Satrapien, schließlich Indien und die Rückkehr nach Babylon.

Der Roman weist zwei charakteristische Merkmale auf. Zum einen ist Alexander die Aura des nahezu Überirdischen genommen, was der ausdrücklichen Intention des Autors entspricht, »eines der größten Abenteuer aller Zeiten realistisch und packend zu erzählen.«

Zum anderen gibt sich der Autor große Mühe, die Belagerungen von Milet, Halikarnaß und Tyros sowie die Schlacht bei Issos so genau wie möglich zu beschreiben, deren »Terrain« wie er versichert, »er persönlich besichtigt« hat.

Das Bild, das Valerio Manfredi von seinem Helden vermittelt, reicht ziemlich nahe an die Alexander-Vita von Plutarch heran, d. h., es fällt aufs Ganze gesehen sehr positiv aus. Bei Manfredi ist Alexander ein aufbrausender und stolzer junger Mann, der sich ständig an seinem Vater reibt. Als der aber – von Pausanias niedergestochen – zu Boden stürzt, ist er zutiefst erschüttert: »Er drückte ihn an sich, ungeachtet, daß Philipps Blut auf seine Kleider spritzte und über seine Arme oder Hände strömte. Schluchzend schrie er, ›Papa, Papa, nein!‹ Und seine heißen Tränen tropften auf die blutleeren Wangen des Königs.«

Seiner Mutter Olympias und seiner Schwester Kleopatra ist er zärtlich zugetan und hat darin so gar nichts gemein mit jenem Alexander von Klaus Mann, den in erster Linie Knabenkörper anzogen. In die körperliche Liebe führt ihn eine junge Sklavin ein. Später verliebt er sich leidenschaftlich in Barsine, die Witwe seines Gegners Memnon. Nach ihrem tragischen Tod heiratet er Stateira, eine Tochter von Dareios, der er zärtlich zugetan ist. Aber erst Roxane zeigt ihm, was Liebe ist: »Alexander begriff damals, daß er bis zu diesem Augenblick noch nie richtig geliebt hatte, daß er zwar schon viele Liebesgeschichten voll brennendem Verlangen, Zuneigung oder Bewunderung erlebt hatte, aber nicht die Liebe. Hier also lernte er sie kennen.«

Nach Manfredi war Alexander aber nicht bloß ein eindrucksvoller Liebhaber, sondern auch ein gewiefter Militärtaktiker, ein Mann von großem Mut, den er in allen Schlachten bewies und den der Tod deshalb mehrfach streifte. Zudem erscheint er als geschickter Politiker, der sich mit seinen Gegnern auszusöhnen verstand, und schließlich als Weiser, der sich gerne mit dem Inder Kalanos unterhielt. Vor allem träumte er davon, die alte Feindschaft zwischen Persern und Griechen zu beenden. Deshalb rechtfertigte er die Massenhochzeit von Susa zwischen Makedonen, Griechen und persischen Frauen mit den Worten: »Nur so können wir unseren Eroberungen Zukunft verleihen und Groll, Haß oder Rachsucht auslöschen. Wir werden eine gemeinsame Heimat unter einem einzigen König haben, und wir werden ein einziges Volk sein.«

Trotz der Bewunderung, die Manfredi für seinen Helden hegt, kann er nicht umhin, sich auch jenen schlimmen Taten Alexanders zu stellen, die ihm die Überlieferung zuschreibt – das Schicksal Thebens, der Brand von Persepolis, der Prozeß gegen

Philotas, die Ermordung von Parmenion und Kleitos und das entsetzliche Ende des Kallisthenes. Was Theben betrifft, so stoßen wir bei Manfredi wieder auf die Überlieferung, wonach der Rat des Korinthischen Bundes die Entscheidung »mit großer Mehrheit fällte, eine Entscheidung, die Alexander persönlich zwar verabscheute, der er sich aber nicht entgegenstellen konnte, schließlich hatte er vor der Beratung erklärt, er werde den Ratsbeschluß respektieren«.

Die Flammen von Persepolis erklärt Manfredi nicht nur mit der vorangegangenen Orgie, wo wir wieder auf jene athenische Kurtisane Thaïs treffen, sondern vor allem damit, daß Alexanders Weg ein Trupp entsetzlich verstümmelter, während mehrerer Kriegszüge von den Persern gefangener Griechen kreuzte. Als ihm der greise Parmenion die Zerstörung des wunderbaren Königspalasts vorhält, sagt Alexander: »Ich will dir antworten und mein Tun erklären. Ich habe die Plünderung von Persepolis erlaubt, damit die Griechen wissen, daß ich ihr Rächer bin, der Mann, in dem sie sich wiedererkennen können, der einzige, dem es gelungen ist, einen uralten Zweikampf zu beenden: Und ich habe gewollt, daß der Palast von Dareios und Xerxes von einer jungen Athenerin verbrannt wird.«

Philotas lud nach Manfredi die Schuld auf sich, ein Komplott nicht aufgedeckt zu haben, von dem er wußte. Dafür wurde er aber von der Heeresversammlung verurteilt und nicht von Alexander, der den Urteilsspruch zwar akzeptierte, der aber deshalb darüber und über den Tod des Jugendfreundes nicht weniger erschüttert war.

Und als er beschloß, Parmenion ermorden zu lassen, tat er das, Manfredi zufolge, mit Tränen in den Augen und war bereit, sich von seinen ihm liebsten Freunden dafür erschlagen zu lassen: »Wenn ihr glaubt, daß ich die einem Menschen gezogenen Grenzen überschritten habe, und wenn ihr meint, daß die Tat, die ich zu vollenden gedenke, die eines abscheulichen Tyrannen ist, dann tötet mich.«

Der für ein breites Publikum bestimmte Roman zeichnet also ein rundum positives Bild Alexanders. Man kann sich fragen, was den Autor dazu bewegte? Wollte er eine spannende Geschichte erzählen, die, obwohl sie schlecht endet, Leser zum Träumen veranlaßt, die sich gern Monumentalfilme ansehen? Wie in jeder aufregenden Abenteuererzählung muß der Held trotz einiger Schwächen ein Mann sein, mit dem man sich zumindest teilweise identifizieren kann, etwa als guter Sohn oder liebenswürdiger Ehemann. Er muß aber gleichzeitig jene Aura eines außerordentlichen Menschen ausstrahlen, »der mit 33 Jahren stirbt, nachdem er den Lauf der Geschichte verändert und seinen Traum erfüllt hat, die Welt zu erobern«.

Ich möchte die Untersuchung des Mythos Alexander mit diesen beiden Romanen beenden, weil sie in meinen Augen sowohl die Doppeldeutigkeit des Alexander-Bildes aufdecken als aber auch zeigen, was an und mit ihm im Verlauf der Jahrhunderte ausgedrückt werden sollte. Immer von den gleichen Quellen ausgehend, tritt uns Alexander mal als utopischer Träumer, mal als grausamer Despot, mal als Frauenheld oder Liebhaber junger Männer, mal als ritterlicher Held und dann wieder als Christ, wenn nicht gar als Christus selbst entgegen, der in gleichem Alter wie er sterben sollte.

Angesichts einer derart kaleidoskopartigen Persönlichkeit, in deren Sog die Historikerin hineingezogen worden ist, schließt sie mit der selbstkritischen Frage nach dem Sinn des eigenen Unternehmens. Diese Frage will ich in der folgenden Schlußbetrachtung zu beantworten versuchen und damit das Buch beenden.

Epilog

Am Ende dieser Biographie über Alexander den Großen sei noch einmal die Schlußfrage des letzten Kapitels gestellt: Welchen Beitrag zur Alexander-Forschung leistet dieses Buch?

Der Mensch Alexander wird uns stets fremd bleiben, da wir ihn ja nur durch den Blick anderer kennen. Wir besitzen von ihm allenfalls ein verschwommenes Bild seiner unbestreitbaren Fähigkeiten wie Mut und Ausdauer und wissen von dem unglaublichen Ehrgeiz, der ihn weit über die ursprünglichen Ziele des Asienfeldzuges vorstoßen ließ, wie ihn noch sein Vater Philipp II. geplant hatte. Alexander besaß auch ein ausgeprägtes Gespür für günstige Entscheidungen, was sich auf militärischem wie politischem Gebiet zeigte, z. B. wenn er seine besiegten Gegner zunächst mit der Verwaltung der eroberten Gebiete und später mit ihrer Verteidigung betraute.

Aber selbst wenn darüber Klarheit besteht und wir die psychologische Seite lieber ganz außer acht lassen wollen, die für Romanciers so wichtig ist, weil sich der Historiker nur mit äußerster Behutsamkeit seinem Untersuchungsgegenstand nähern darf, muß dennoch die Frage erörtert werden, ob Alexander den Lauf der Geschichte verändert hat?

Man läßt heute im allgemeinen die klassische Zeit Griechenlands mit ihrer wichtigsten Ausprägung, der Poliskultur, bis zum Ende des 3. Jahrhunderts reichen. Zweifellos aber – dies bezeugen die gefundenen Inschriften – blieb in den griechischen Städten in Europa wie an der kleinasiatischen Küste das Leben im wesentlichen so wie in der Vergangenheit, d. h., man hielt weiterhin Versammlungen ab, wählte Beamte und Magistrate und ehrte Wohltäter.

Im übrigen blieben die Sozialstrukturen in der griechischen Welt wie auch in den orientalischen Regionen von schweren

Epilog

Erschütterungen verschont. Ähnliches läßt sich auch – soweit man es beurteilen kann – bezüglich der Handelsaktivitäten und -beziehungen feststellen. Selbst die Ausdehnung der Geldwirtschaft, die auf bestimmte Regionen beschränkt blieb, hat die üblichen Handelspraktiken nicht wirklich erschüttert.

Wie schon gezeigt, gewann die griechische Sprache außerhalb des Mutterlands an Boden, und hier insbesondere in den Städten. In den ländlichen Gebieten scheiterte sie allerdings meist an örtlichen Widerständen; erst die harte Faust der römischen Verwaltung erzwang später die sprachliche Einheit in den Ostgebieten des Imperium Romanum.

Und dennoch! Die mehr als zerbrechliche Einheit des Alexander-Reichs, die schon kurz nach dem Tod ihres Gründers in Frage gestellt wurde, setzte eine neue Form der politischen Machtausübung durch und hinterließ gerade damit im östlichen Mittelmeerraum tiefe Spuren. Das persönliche, autokratisch herrschende Königtum unterschied sich deutlich von den früheren Formen monarchischer Machtausübung, indem es auf zwei Prinzipien beruhte: zum einen auf dem Recht der Lanze als militärisches Siegeszeichen und zum anderen auf den »königlichen« Qualitäten des Monarchen. Dieses neue persönliche Königtum ist ein Produkt des abenteuerlichen Alexanderzugs, obwohl ihm erst seine Nachfolger die endgültige Form verliehen.

Wer hat damit begonnen? Vielleicht Ptolemaios, der erste hellenistische König von Ägypten? Er, der Sohn des Lagos, bemächtigte sich der sterblichen Hülle Alexanders und gab dadurch dem Alexander-Mythos Impulse. Durch ihn stieg Alexandria zum bedeutendsten Mittelmeerhafen auf, weil er den noch von Alexander eingesetzten obersten Steuereinnehmer Kleomenes aus Naukratis beseitigen ließ und die Geschäfte mit den Ressourcen des Landes, vor allem Getreide, in eigener Regie weiterführte. Er gründete in Alexandria auch einen neuen Brennpunkt des intellektuellen Lebens der Griechen, der mit Athen durchaus rivalisieren konnte. Athen hingegen hatte fast jegliche Unabhängigkeit verloren, mußte eine makedonische Garnison im Hafen von Piräus dulden und konnte nur mit Unterstützung durch den einen oder anderen Diadochenkönig versuchen, wenigstens den Anschein von Freiheit zu wahren.

Zunächst in Ägypten zur Zeit der Ptolemäer und danach im von den Seleukiden beherrschten Syrien entstanden jene Schmelztiegel, in denen Religionen, Konfessionen oder philosophische Lehrmeinungen aufeinander trafen und sich zu Neuem verbanden. Ohne diese Vorgänge zu berücksichtigen, sind die ideologischen und religiösen Gärungsprozesse am Ende des ersten vorchristlichen Jahrhunderts nur schwer verständlich.

Man mag einwenden, daß sich dies alles erst lange nach dem Tod Alexanders abspielte und daß während seiner Herrschaft, die obendrein fast ständig mit kriegerischen Operationen ausgefüllt war, tatsächlich kein tragfähiges Fundament entstanden ist. Vom jeweiligen Alexander-Bild hängt ab, in welchem Ausmaß man ihn für das verantwortlich machen will, was nach seinem Tod und den Kämpfen seiner Gefährten geschah. Zweifellos hat er mit seinen Taten und Ideen zumindest Anstöße zur Entwicklung der Zivilisation des Hellenismus gegeben.

Der letzte Teil dieses Buches untersuchte den Mythos Alexander und zeigte einige Richtungen und Bahnen in der wissenschaftlichen Beschäftigung mit ihm auf. Man müßte sie vertiefen, um zu beweisen, welch große Rolle die Figur Alexanders im Lauf der Jahrhunderte gespielt hat.

Dieser Alexander trägt wesentlich mythische Züge und bestätigt nur die Tatsache, daß er – wie übrigens jeder Mythos – eine Wirkung entfaltete, die der Historiker nicht vernachlässigen darf.

Es handelt sich also nicht darum, wieder einmal jene berühmte Frage nach dem Platz und der Rolle von Einzelnen in

Epilog

der Geschichte aufzuwerfen. Stellt man allerdings innergesellschaftliche Strömungen von langer Dauer dem Handeln noch so berühmter Einzelpersonen gegenüber, so mag die Biographie als eine für den Historiker unwürdige literarische Gattung erscheinen. Aber dann wird auch die Bedeutung des Mythos für die Geschichtsschreibung verkannt. Was an Alexander wahr ist, ist zumindest auch an Karl dem Großen, Napoleon und J. F. Kennedy wahr, um nur einige Beispiele zu nennen, wobei den Historikern, die diese drei »Helden« porträtieren, wesentlich mehr Quellenmaterial zur Verfügung steht, als es bei Alexander der Fall ist. Dies festzustellen, heißt mit einer Tradition zu brechen – das ist uns durchaus bewußt. Es heißt aber auch, einem Ansatz zu folgen, der den Zugang zur Geschichte erneuert hat, den nämlich, der sich mit der Rolle der Vorstellungen und ihrem Platz in der Entwicklung von Gesellschaften befaßt.

Anhang

Wichtige Personen um Alexander und die Diadochen

Antigonos, gen. Monophthalamos (»der Einäugige«, 382–301)
Der Sohn eines makedonischen Adligen begleitete Alexander als Offizier nach Asien. 333 setzte ihn der König zum Satrapen von Großphrygien ein, d. h., künftig spielte Antigonos eher die Rolle eines Verwalters als die eines makedonischen Generals. Nach dem Tod Alexanders verbündete er sich mit Antipater und Krateros gegen Perdikkas. Als Stratege von Asien unter Antipater besiegte Antigonos Eumenes, den Verbündeten Polyperchons in Asien, und gewann die östlichen Satrapien des Reichs. Militärisch mächtig, kämpfte er danach gegen eine Koalition anderer Diadochen für die Wiedervereinigung des Alexander-Reichs in seiner Hand. Mit der Unterstützung seines Sohnes Demetrios dehnte er seinen Herrschaftsbereich von Asien bis in die Ägäis aus. 306 ließ er sich als erster der einstigen Gefährten Alexanders von seiner Armee als Antigonos I. zum König ausrufen und nahm sogleich Demetrios als Mitregenten auf. Antigonos fiel in der Schlacht von Ipsos 301 gegen Lysimachos und Seleukos und hinterließ Demetrios zwar ehrgeizige Ziele, aber auch ein deutlich verkleinertes Reich.

Antipater (398–319)
Als Freund Philipps II. und für ihn in manchen heiklen Missionen unterwegs, sorgte Antipater nach der Ermordung des Makedonenkönigs für die erfolgreiche Thronfolge Alexanders. Als dieser nach Asien aufbrach, setzte er Antipater für die Dauer seiner Abwesenheit als Statthalter für Makedonien und über das unruhige Griechenland ein. Antipater hielt die Verbindung zum Korinthischen Bund aufrecht, insbesondere im Krieg gegen Agis III., König von Sparta, den er in der Schlacht von Megalopolis 331 besiegte. Nach dem Tod Alexanders warf er die unter der Führung Athens aufständischen Griechen nieder, aber erst, nachdem er – in die Festung Lamia (Thessalien) eingeschlossen – Verstärkungen aus Asien erhalten hatte. Im nachfolgenden Friedensvertrag zwang er Athen eine makedonische Besatzung und ein oligarchisches Regime auf. Nach dem Ende von Krateros und Perdikkas, die sich nach Alexanders Ableben die Vormundschaft über die »Könige« Philipp III. Arrhidaios, den schwachsinnigen Bruder Alexanders, und Alexander IV., seinen noch unmündigen Sohn mit Roxane geteilt hatten, ließ sich Antigonos in der Reichsordnung von Triparadeisos 320 v. Chr. im Amt als Statthalter bestätigen. Als er ein Jahr später starb, brachen die Konflikte zwischen den Diadochen wieder auf. Im 2. Diadochenkrieg kämpften Polyperchon, die Königinmutter Olympias und Eumenes von Kardia gegen Antigonos, Kassandros und Ptolemaios.

Wichtige Personen um Alexander und die Diadochen

Demetrios von Phaleron (350–280)
Demetrios lebte als Politiker und Philosoph (Peripatetiker) in Athen. Er sympathisierte mit den Makedonen, weshalb ihm Kassandros 317 die Regierungsgeschäfte der Stadt übertrug, die er zehn Jahre lang führte. In dieser Zeit reorganisierte er – von seinem Lehrer Theophrastos von Eresos beeinflußt – die Gesetzgebung, Verwaltung und Wirtschaft Athens. Als Demetrios I., Sohn von Antigonos I., Athen im Jahr 307 eroberte, floh Demetrios von Phaleron zunächst nach Theben und danach zu König Ptolemaios I. nach Ägypten. Dort lebte er zunächst als Privatmann, organisierte dann aber im Auftrag von Ptolemaios I. den Bau von Bibliothek und Museum in Alexandria, die zum Weltruhm der Stadt beitrugen. Von seinem umfangreichen schriftlichen Nachlaß ist nichts erhalten geblieben. 45 Titel sind durch spätere Autoren bezeugt.

Demetrios I., gen. Poliorketes (»Städtebelagerer«, 336–283)
Der Sohn von Antigonos I. Monophthalamos kämpfte seit 314 als Feldherr seines Vaters um die Bewahrung eines Großteils des Alexander-Reichs. Sein Seesieg über Ptolemaios I. bei Salamis (Zypern) 306 erlaubte es seinem Vater, den Königstitel anzunehmen und ihn selbst als Mitregenten an der Macht zu beteiligen. 307 und 304–302 drängte Demetrios I. den Einfluß Ptolemaios' in der Peloponnes und in Mittelgriechenland zurück. 307 eroberte er Athen und wurde mit einem gottgleichen Kult geehrt. Trotz seines Rufs als »Städtebelagerer« gelang ihm die Einnahme von Rhodos nicht. Nach dem Tod seines Vaters Antigonos bei Ipsos und dem daraus folgenden Verlust von dessen Reich in Asien rettete er die Flotte sowie zahlreiche Städte in Kleinasien und Hellas. 294 griff er in den makedonischen Thronstreit zwischen den Söhnen von Kassandros ein: Er heiratete dessen Schwester Phyla und wurde dadurch König von Makedonien. Lysimachos und Pyrrhos, König von Epirus, vertrieben ihn und teilten sich das Land. Danach landete er mit geringen Streitkräften in Kleinasien, um das väterliche Reich zurückzuerobern. Nach anfänglichen Erfolgen zwang ihn sein Schwiegersohn, Seleukos I. in Kilikien, zur Übergabe. 283 starb er in ehrenvoller Internierung in Apameia (Syrien).

Eumenes von Kardia (360–316)
Eumenes war Grieche. Er stammte aus Chersonesos in Thrakien und hielt sich schon unter Philipp II. am makedonischen Hof auf. Er begleitete Alexander nach Asien, der ihn 330 zum einflußreichen Leiter seiner Kanzlei einsetzte. In den Parteiintrigen am Königshof scheint er geschickt mitgespielt zu haben. Nach dem Tod des Hephaistion wurde er Hipparch und erhielt in

Wichtige Personen um Alexander und die Diadochen

der Reichsordnung von Babylon (323) nach dem Ableben Alexanders die Satrapie Kappadokien. Als treuer Anhänger seiner legitimen Erben schloß er sich Perdikkas an und besiegte bzw. tötete Krateros im 1. Diadochenkrieg. Von seinem Gegner Antigonos I. ein Jahr lang belagert, entkam er 318 und wurde von Polyperchon zum Satrapen von Asien ernannt. Als die makedonischen Truppen von ihm abfallen wollten, fesselte er sie mit dem Trick des »Alexander-Zelts« (Kriegsrat unter Alexanders Geist) eine Zeitlang wieder an sich. Antigonos trieb ihn in langen Kämpfen allerdings bis in den Iran, wo ihm Eumenes, von seinen Soldaten verlassen, in die Hände fiel, zum Tode verurteilt und 316 hingerichtet wurde. Die Echtheit der sog. Ephemeriden, des angeblich von Eumenes geführten Tagebuch Alexanders, ist umstritten.

Harpalos

Dieser Jugendfreund Alexanders stammte aus dem makedonischen Fürstenhaus der Elimiotis und begleitete ihn nach Asien. 331 ernannte ihn der König zum Reichsschatzmeister zuerst in Ekbatana und dann in Babylon zum Verwalter der Schätze des eroberten Reichs. Harpalos entfaltete in seiner persönlichen Lebensführung einen überschwenglichen Luxus und soll sich während des Kriegszugs von Alexander nach Indien Veruntreuungen zu Schulden haben kommen lassen. Gesichert ist nur, daß er bei der Nachricht von Alexanders Rückkehr nach Babylon mit seinen Söldnern und einem Teil des Kronschatzes nach Athen floh. Dort wurde er auf Drängen von Demosthenes nur als Flüchtling zugelassen und verbrachte einige Wochen in Schutzhaft; ein Teil seines Vermögens – 700 Talente – wurde auf der Akropolis sichergestellt. Nachdem ihm die Flucht mit fremder Hilfe aus dem Gefängnis gelungen war, fehlte plötzlich die Hälfte des auf der Akropolis deponierten Geldes. Nach dem Abschluß der Untersuchungen des Areopags der Stadt klagte man Demosthenes und einige andere Redner der Bestechung an und verurteilte ihn zu einer hohen Geldstrafe. Demosthenes verließ die Stadt und kehrte erst nach der Nachricht vom Tod Alexanders wieder nach Athen zurück. Harpalos hingegen war inzwischen nach Kreta geflohen, um sich dort niederzulassen. 321 wurde er dort ermordet.

Hephaistion von Pella

Hephaistion war mit dem gleichaltrigen Alexander schon in gemeinsamen Kindheitstagen befreundet und stammte aus dem makedonischen Adel. Beide brachen zusammen nach Asien auf, und Hephaistion blieb während des gesamten Feldzugs an Alexanders Seite. Bei Gaugamela wurde er als Führer der königlichen Leibgarde verwundet. Nach dem Staatsreich gegen

Philotas teilte er das Kommando über die makedonische Reiterei mit Kleitos und wurde wie Perdikkas und Krateros in die höchsten Kommandostellen im Heer befördert. 330 ernannte ihn Alexander zum Chiliarchen (Großwesir) des Reichs; das Amt hatte er aus der persischen Ämterhierarchie übernommen. Damit war Hephaistion – seit dem Rückmarsch von Indien erster Heerführer – auch oberster Verwalter des Alexander-Reichs. Hephaistion, obwohl im Heer wegen seines Hangs zur Prasserei und wegen seines Intrigantentums unbeliebt, war der einzige wahre Freund Alexanders. Seinen plötzlichen Tod überwand der König nie. Er organisierte für ihn großartige Beisetzungsfeierlichkeiten, Spiele zu seinen Ehren und erhob ihn in den Rang eines Heros.

Kallisthenes von Olynthos
Kallisthenes war Grieche, Geschichtsschreiber und Neffe von Aristoteles. Er nahm am Alexanderzug als offizieller Hofhistoriograph teil. Wegen seines Widerstands gegen die Übernahme persischer Gebräuche durch Alexander, z. B. die Proskynese und das Tragen des persischen Stirnbands, wurde er im Zusammenhang mit der Pagenverschwörung hingerichtet oder auf Befehl des Königs ermordet.
Sein Werk über Alexander, das mindestens bis 331 berichtet, trägt panhellenisch-panegyrische Züge und stellt den König als Sohn des Zeus dar. Es ist die erste selbstständige Aufzeichnung des Stoffs, die allerdings nicht mehr im Original vorhanden ist. Ihr Einfluß auf die Alexander-Tradition wird jedoch hoch eingeschätzt. Seine anderen Werke sind ebenfalls nur aus den Zitaten späterer Geschichtsschreiber bekannt. Der *Alexanderroman*, der lange Zeit Kallisthenes zugeschrieben wurde, stammt nicht von ihm.

Kassandros (355–297)
Der Sohn des Antipater lehnte sich vergeblich gegen die väterliche Entscheidung auf, die Statthalterschaft von Europa an Polyperchon zu übertragen. Kassandros, unter seinem Vater Hipparch, hoffte, sein Nachfolger zu werden. Als das aber nicht eintraf, floh er zu Antigonos I., der ihm Truppen und Schiffe zum Einmarsch in Griechenland zur Verfügung stellte. 317 besetzte er Athen und andere Städte in Griechenland. Für kurze Zeit eroberte er auch Makedonien, verlor es aber bald wieder an Olympias und Polyperchon. Dafür gewann Kassandros einen Großteil des Heeres, das seinem Vater lange gedient hatte, für sich. In den Jahren nach 316 v. Chr., als er Olympias hatte hinrichten lassen sowie Roxane und ihren Sohn Alexander IV. gefangengenommen hatte, kämpfte Kassandros im 3. Diadochenkrieg zusammen mit den anderen Diadochen Seleukos, Lysimachos und Ptole-

Wichtige Personen um Alexander und die Diadochen

maios I. gegen Antigonos I. bis zu seiner Anerkennung als Statthalter von Europa im Frieden von 311. Im Jahr 306 nahm er ebenfalls den Königstitel an. Ein Jahr zuvor war der Krieg gegen Antigonos wieder aufgeflackert, der erst mit dem Tod des ersten Antigonidenkönigs in der Schlacht bei Ipsos 301 endete. Kassandros konnte nicht verhindern, daß sich der Sohn seines Gegners, Demetrios I., in Griechenland festsetzte, und mußte nach Mißerfolgen im Westen diesen Kampf sogar ganz aufgeben.

Kassandros starb 297, und sein Tod löste umgehend neue Streitigkeiten um Makedonien aus. Sie dauerten bis 276, als der Sohn von Demetrios I., Antigonos II. Gonatas, die Regierungsgeschäfte von seinem Vater übernahm.

Krateros

Krateros war Makedone wie Alexander und diente ihm als General. Seine militärische Tüchtigkeit bewies er in den großen Schlachten des Asienzuges und insbesondere bei der Belagerung von Tyros. Deshalb setzte ihn der König mit Vorliebe in wichtigen Kommandostellen des Heeres ein. Nach der Ermordung von Parmenion bekleidete Krateros seit 326 das Amt des Hipparchen. 324 befahl ihm Alexander, zehntausend Veteranen nach Griechenland zurückzuführen und die Nachfolge von Antipater in Makedonien anzutreten. Nach Alexanders Tod half er Antipater im Lamischen Krieg, den Aufstand der Griechen niederzuschlagen, siegte mit ihm 322 bei Krannon, heiratete seine Tochter Phila und kämpfte im 1. Diadochenkrieg mit ihm gegen Perdikkas und Eumenes von Kardia. Von letzterem wurde er in Kleinasien 321 überraschend geschlagen und getötet.

Lysimachos von Pella (360–281)

Lysimachos stammte aus Thessalien und zählte zur Schar der Gefährten des Königs. Während des Asienzuges befehligte er die Leibwache Alexanders. Nach dessen Tod erhielt er in der Reichsordnung von Babylon (323) Thrakien und einen Teil der Region um den Hellespont. In zwei der insgesamt sechs Diadochenkriege kämpfte er gegen Antigonos I.; wie er nahm er 306 den Königstitel an. 311 unterzeichnete er den Frieden nach dem 3. Diadochenkrieg und konsolidierte danach sein Reich in der nördlichen Ägäis. 303 trat er dem neuen Bündnis gegen Antigonos I. bei, fiel in Asien ein und siegte 301 in der Schlacht von Ipsos gemeinsam mit Seleukos I. gegen Antigonos. Dadurch erhielt er aus dessen Reich große Teile Kleinasiens. Er setzte den Krieg gegen Demetrios I. fort, bis dieser nach dem Tod von Kassandros Makedonien gewann. Zu Anfang des 5. Diadochenkriegs, 288, vertrieb er zusammen mit König Pyrrhos von Epirus Demetrios I. aus Makedonien und beherrschte es ab 285 allein. Als verhängnisvoll für Lysimachos erwies sich sein Bruch mit Seleukos I., der ihn in der Schlacht von Kurupedion 281 vernichtend schlug. Lysimachos fiel, und danach brach sein Reich zusammen.

Nearchos
Der spätere Admiral Alexanders stammte aus Kreta und war ihm ein treuer Freund. 334 amtierte er als Satrap von Lykien, seit 329 weilte er als Offizier wieder im Hoflager. In Indien Flottenkommandant, erhielt er von Alexander vor dessen Rückkehr nach Babylon den Auftrag, den noch wenig bekannten Seeweg vom Indus bis zur Mündung des Euphrat zu erforschen. Für diese Leistung wurde er vom König ausgezeichnet und zum Admiral für die geplante Expedition Alexanders nach Arabien bestimmt. Nach Alexanders Tod wirkte er als Satrap und Offizier im Lager von Antigonos I. Er ist vermutlich 312 gefallen. Sein Bericht über Indien und die Fahrt zum Euphrat diente dem Historiker und Geographen Strabon und dem Geschichtsschreiber Arrian als Grundlage für ihre eigenen Werke.

Parmenion
Parmenion war der beste General Philipps II., deshalb betraute er 336 auch ihn mit dem ersten Einfall in Kleinasien. Die persischen Streitkräfte leisteten jedoch einen derart entschlossenen Widerstand, daß er umkehren mußte und nur einige Stützpunkte hinterließ. Nach der Überfahrt Alexanders ernannte dieser ihn zum Vizekommandeur des Heeres. Parmenion riet dem König von der Schlacht am Granikos zwar ab, aber Alexander hörte nicht auf ihn und überquerte den Fluß trotzdem. Parmenion behielt sein Kommando zwar, wurde von Alexander aber mit der Zeit zurückgesetzt. Der Konflikt zwischen dem König und ihm schwelte immer heftiger. Alexander, der ihn zu Unrecht in die »Verschwörung« seines Sohnes Philotas verwickelt wähnte, ließ ihn, da ihm ein Prozeß nicht gemacht werden konnte, in Ekbatana ermorden.

Perdikkas
Perdikkas aus Orestis hatte bereits Philipp II. gedient und begleitete Alexander während des gesamten Asienzuges anfänglich als Taxiarch und ab 330 als Leibwächter. Am Staatsstreich gegen Philotas war er führend beteiligt. In Indien stieg er sogar zum Hipparchen auf. Nach dem Tod Hephaistions und dem Abmarsch von Krateros nach Europa setzte ihn Alexander zum Chiliarchen (Großwesir) und ersten Feldmarschall ein. In den letzten Monaten Alexanders lebte er in einer absolut privilegierten Position in seiner Nähe, so daß er nach dem Tod des Königs unter den Diadochen an die erste Stelle

Wichtige Personen um Alexander und die Diadochen

rückte. In der Reichsordnung von Babylon 323 wurde er mit dem Schutz der beiden Thronanwärter Alexander IV. und Philipp III. Arrhidaios beauftragt, aber sein Triumph dauerte nicht lange. Bei seinem Versuch im 1. Diadochenkrieg, Ägypten zu erobern, wurde er 321 von makedonischen Offizieren in seinem Heer umgebracht.

Philotas
Philotas, einer der Söhne Parmenions, befehligte während des Asienzuges die makedonische Reiterei. Sein Ehrgeiz und Stolz als Makedone, vielleicht aber auch seine Ablehnung der zunehmenden Orientalisierung der Königsmacht nach dem Tod von Dareios III. bewogen ihn wohl dazu, eine Verschwörung gegen den König innerhalb des Heeres zu verschweigen. Er wurde verraten und 330 vom König überraschend verhaftet. Man klagte ihn vor der Heeresversammlung der Mitschuld an einem Mordanschlag gegen Alexander an, die ihn dafür zum Tode verurteilte und ihn hinrichten ließ. Sein Vater Parmenion und seine Anhänger wurden später auch getötet.

Polyperchon
Der um 385 v. Chr. in Tymphaia geborene Infanteriekommandeur Alexanders in den großen Schlachten am Granikos und bei Issos, im Iran und in Indien zeichnete sich nicht gerade durch großes militärisches Geschick aus. Der König schickte ihn deshalb unter Krateros 324 wieder nach Makedonien zurück. Eine politische Rolle spielte er erst nach dem Tod des Antipater, der ihn wohl in der Hoffnung zu seinem Nachfolger bestimmte, daß Alter und erwiesener Mangel an Ehrgeiz ihn den Truppen und Führern empfehlen würden. Kassandros und Antigonos I. versagten ihm jedoch die Anerkennung, nur Eumenes von Kardia unterstützte ihn. Polyperchon proklamierte die »Freiheit« der griechischen Städte, um deren Unterstützung gegen seine Widersacher zu gewinnen. Das gelang ihm nur bedingt, denn die makedonischen Kommandeure lehnten seine Politik ab. Zur See geschlagen und von Kassandros aus Makedonien vertrieben, gewann Polyperchon das Land mit Hilfe der Königinmutter Olympias und im Namen Alexanders IV. zurück. Er liquidierte Philipp III., den schwachsinnigen Bruder Alexanders, und seine Anhänger. Er konnte sich jedoch gegen Kassandros nicht halten; mit dem Tod von Olympias und der Gefangennahme des jungen Alexander IV. und seiner Mutter Roxane war auch seine Macht 316 zu Ende. Er verbündete sich mit seinen Feinden Kassandros und Antigonos I. und hielt sich als Dynast in der Peloponnes. Sein weiteres Schicksal und das Datum seines Todes sind unbekannt.

Wichtige Personen um Alexander und die Diadochen

Ptolemaios I. (367/366–283/282)
Er war der Sohn des makedonischen Adligen Lagos und begleitete seinen Freund Alexander auf allen Feldzügen nach und in Asien. 336 versetzte ihn der König in seine Leibwache und ernannte ihn seit 330 zum Inhaber wechselnder, aber stets hoher Kommandostellen in seinem Heer. Nach Alexanders Tod wurde er 323 Satrap von Ägypten und baute seine Satrapie rasch zum Territorialstaat aus. 322–321 beteiligte er sich an der Koalition gegen Perdikkas. 321 heiratete er Eurydike, die Tochter des Antipater, und 317 deren Hofdame Berenike. Seine herausragende Stellung unter den Diadochen verdankte er dem Umstand, daß er den Leichnam Alexanders zuerst in Memphis und danach in Alexandria mit göttlichen Ehren beisetzen ließ. Außerdem hegte er im Unterschied zu den anderen Nachfolgern des Königs keinerlei Absichten auf Makedonien; ihm ging es eher um die territoriale Erweiterung seines Reiches in Ägypten, Syrien und auf den Inseln im östlichen Mittelmeerraum (Zypern, Rhodos). Deshalb beteiligte er sich zwischen 315 und 301 am 3. und 4. Diadochenkrieg gegen Antigonos I. Er half Seleukos I., Babylonien zu gewinnen und besiegte 312 Demetrios I. bei Gaza. Seit 305 bezeichnete er sich offiziell als »König Ptolemaios I.«; den Beinamen »Soter« erhielt er wegen der Befreiung der Bewohner der Insel Rhodos aus der Umzingelung durch Demetrios I., den »Städtebelagerer«.
Nach innen sicherte er sein Reich durch eine klare Militär- und Verwaltungsorganisation und 285 durch die Einsetzung seines ältesten Sohnes mit Berenike, Philadelphos, als Ptolemaios II. zum Mitregenten. Ptolemaios I. baute Alexandria zu seiner Hauptstadt aus, wobei ihn Demetrios von Phaleron bei Bau und Einrichtung der später weltberühmten Bibliothek und des Museion unterstützte. Um seine griechischen und ägyptischen Untertanen zusammenzuführen, begründete er den Sarapiskult.
Ptolemaios I. förderte Wissenschaften und Künste und trat durch die Abfassung einer eigenen Alexander-Geschichte literarisch hervor. Sie war eher nüchtern und reflektiert abgefaßt und weniger an den menschlichen als an den militärischen und politischen Aspekten des Eroberers interessiert. Kleitarchos und die meisten Historiker, unter ihnen besonders Arrian, stützten sich auf dieses Werk, dem schon mehrfach nachgesagt wurde, es habe die »Ephemeriden« von Alexanders Kanzleichef Eumenes von Kardia verarbeitet.

Seleukos I. Nikator (358–281)
Der Sohn eines adligen Makedonen nahm am Asienzug Alexanders teil, ohne dabei allerdings durch glanzvolle Taten aufzufallen. Er beteiligte sich 321 an der Ermordung von Perdikkas, wurde nach der Teilung von Tripara-

deisos 321 Satrap von Babylonien und kämpfte an der Seite von Antigonos I. gegen Eumenes von Kardia. 316 floh er zu Ptolemaios I., dem er seine Rückkehr nach Babylonien verdankte. 311–304 dehnte er seinen Herrschaftsbereich durch die Eroberung der Provinzen Susiane, Medien und der Persis nach Osten aus. 305 nahm er wie die anderen Diadochen den Königstitel an. Nach der Schlacht von Ipsos (301) erhielt er Kilikien und Syrien, jedoch ohne Koilesyrien, das Ptolemaios I. für sich beanspruchte. Seleukos I. beherrschte nun ein gewaltiges Reich, das zeitweise bis an den Indus reichte und in dem er viele Städte mit griechisch-makedonischer Bevölkerung gründete. Nach dem Sieg von Kurupedion über Lysimachos (281 v. Chr.) gewann Seleukos I. zusätzlich große Teile Kleinasiens. Eine Zeitlang sah es so aus, als könnte er das Reich Alexanders in Asien wiederherstellen. Als er aber im Sommer 281 versuchte, auch noch Thrakien und Makedonien zu erobern, wurde er von Ptolemaios Keraunos, dem Rächer des Lysandros, ermordet. Seine Nachfolge hatte er aber bereits gesichert, als er Antiochos, seinen Sohn mit der Baktrierin Apame, die er in Susa 324 geheiratet hatte, als Mitregenten annahm. Bereits zu seinen Lebzeiten genoß er in den griechischen Städten göttliche Verehrung; sein Reichskult setzte erst später ein.

Zeittafel

338 Philipp II. von Makedonien besiegt das Heer der Athener und ihrer Verbündeten in der Schlacht von Chaironeia.
337 Gründung des Korinthischen Bundes
336 Nach der Ermordung Philipps II. werden Alexander König in Makedonien und Dareios III. Kodomannos König in Persien.
335 Aufstand von Theben und seine Zerstörung durch Alexander
334 Alexander setzt nach Kleinasien über. Schlacht am Granikos
333 Schlacht bei Issos
332 Alexander erobert die Städte Tyros und Gaza.
331 Alexander hält sich in Ägypten auf und gründet dort die Stadt Alexandria. Bei Gaugamela besiegt er Dareios III. zum 3. Mal. Der König von Sparta, Agis III., unterliegt in der Schlacht von Megalopolis.
330 Alexander nimmt die persischen Königsstädte ein; Persepolis geht in Flammen auf. Dareios III. wird von seinem Satrapen Bessos ermordet.
329 Alexander überwindet mit seinem Heer den Hindukusch und richtet Bessos wegen der Ermordung von Dareios hin. Beginn der Eroberung der östlichen Satrapien
328 Sogdiane wird erobert.
326 Alexander besiegt den mächtigsten König im Pandschab, Poros, am Hydaspes. Meuterei und Umkehr an den Hyphasis.
325 Alexander zieht mit seinem Heer durch das Industal zum Indischen Ozean. Danach durchquert er die Wüste von Gedrosien, um nach Babylon zurückzukehren.
324 Massenhochzeit von Susa. Alexander schickt Nikanor nach Olympia, um göttliche Ehren für seine Person zu verlangen.
323 Alexander stirbt in Babylon. 1. Reichsordnung von Babylon. Der Lamische Krieg beginnt.
322–321 Niederlage der Athener in der Schlacht von Krannion. In der Konferenz von Triparadeisos werden die Satrapien neu verteilt.
319 Tod von Antipater
316 Philipp III. Arrhidaios und die Königinmutter Olympias werden beseitigt.
310 Ermordung von Alexander IV. und seiner Mutter Roxane
306–305 Alle Diadochen nehmen den Königstitel an.
301 Schlacht von Ipsos; Antigonos I. fällt.
297 Kassandros stirbt.

Zeittafel

294 Demetrios I. Poliorketes erobert Makedonien.
281 Schlacht von Kurupedion; Antiochos I. kommt in Syrien und Ptolemaios II. Philadelphos in Ägypten an die Macht.
276 Antigonos II. Gonatas übernimmt die Regierung in Makedonien.

Die persischen Könige von Kyros I. bis Dareios III.

Kyros I.	640–600
Kambyses I.	600–558
Kyros d. Gr.	558–528
Kambyses II.	528–522
Dareios I.	521–486
Xerxes I.	486–465
Artaxerxes I.	465–424
Dareios II. Notos	424–405
Artaxerxes II. Mnemon	404–358
Artaxerxes III. Ochos	358–338
Dareios III. Kodomannus	336–330

Literaturhinweise

Zur Epigraphik und Numismatik:
Heisserer, A. J.: Alexander the Great and the Greeks. The Epigraphic Evidence. Univ. of Oklahoma Press 1980.
Oikonomides, A. N.: The Coins of Alexander the Great. An Introduction Guide. Chicago 1981.
Price, M. J.: The Coinage in the Name of Alexander the Great and Philipp Arrhidaeus. A British Museum Catalogue. Vol. 1: Introduction and Catalogue. Vol. 2: Concordances, indexes and plates. London 1991.

Zur Länderkunde:
Gockel, W.: Irak. Köln 2001.
Rashad, M.: Iran. Köln 1998.
Pander, K.: Zentralasien. Köln 1996.
[DuMont Kunstreiseführer, jeweils mit Literatur zu Geschichte und Archäologie]

Literarische Quellen:
1. Von der Autorin eingesehen und benutzt wurden folgende Ausgaben:
Arrien: Anabasis of Alexander. Griech.-engl. hrsg. von P. A. Brunt. Vol. I-IV, London 1976 (Loeb Classical Library).
Diodore: Buch XVII/XVIII. Griech.-frz. hrsg. von P. Goukowsky. Paris 1976/1978 (Les Belles Lettres).
Justin: Abrégé des Histoires philippiques de Trogue Pompée [Auszug aus den Historiae Philippicae des Pompeius Trogus]. Ins Frz. übers. von E. Chambry. Paris 1936.
Plutarque: Vies. Bd. IX: Alexandre-César, griech.-frz. hrsg. von R. Flacelière und E. Chambry. Paris 1975 (Les Belles Lettres).
Plutarque: Œuvres morales [Moralia], Bd. V,1, griech.-frz. hrsg. von F. Frazier und Ch. Froidefond. Paris 1988 (Les Belles Lettres).
Pseudo-Callisthène: Le Roman d'Alexandre. La vie et les hauts faits d'Alexandre de Macédoine. Ins Frz. übersetzt und kommentiert von G. Bonnoure und B. Serret. Paris 1992 (Les Belles Lettres).
Quinte-Curce [Curtius Rufus] : Histoires, lat.-frz. hrsg. von H. Bardon. 2 Bde. Paris 1961–1965 (Les Belles Lettres).

Literaturhinweise

2. Weitere Ausgaben:
Arrian: Der Alexanderzug. Indische Geschichte. Griech.-dt. hrsg. von G. Wirth / O. v. Hinüber. München/Zürich 1985 (Artemis & Winkler).
Plutarchus: Vitae parallelae. Hrsg. von K. Ziegler / H. Gärtner. Vol. I-IV. Einzelausg.: Alexander et Caesar. Leipzig 1994 (BT).
Plutarch: Alexander und Caesar. Übers. und hrsg. von M. Giebel. Stuttgart (Reclam) 1980 [u.ö.].
Diodorus Siculus: Library of History. Vol. VIII-IX [Buch 17 u. 18], griech.-engl. hrsg. von C. Bradford Welles / Russel M. Geer. London 1963 (Loeb Classical Library).
Curtius Rufus: Geschichte Alexanders des Großen. Nach der Übers. von J. Siebelis hrsg. von G. Dorminger. München 1961.
Leben und Taten Alexanders von Makedonien. Der griechische Alexanderroman. Hrsg. und übers. von H. van Thiel. Berlin 1971 / Darmstadt 1974/1983.
Geschichte im Altertum. Bd. 4: Alexander. Hrsg. von J. Rehork. Hamburg 1964 [Auszüge aus Arrian, Curtius Rufus, Plutarch, Alexanderroman].

3. Kommentierungen:
Atkinson, J. E.: A Commentary of Q. Curtius Rufus' Historiae Alexandri Magni. Vol. III and IV. London Studies in Classical Philology. London 1980.
Bosworth, A. B.: A Historical Commentary on Arrian's History of Alexander. Oxford 1980.
Bosworth, A. B.: From Arrian to Alexander. Studies in Historical Interpretation. Oxford 1988.
Centanori, M.: Il Romanzo di Alessandro. Turin 1991.
Hahn, J.: Alexander in Indien. Antike Zeugnisse hrsg. und kommentiert: Fremde Kulturen in alten Berichten. Bd. 8. Stuttgart 2000.
Hamilton, J. R.: Plutarch, Alexander. A Commentary. Oxford 1969.
Hammond, N.: Three Historians of Alexander the Great: The so-called Vulgate Authors, Diodore, Justin and Curtius. Cambridge 1983.
Hammond, N.: Sources for Alexander the Great: an Analysis of Plutarch's Life and Arrian's Anabasis Alexandrou. Cambridge 1993.
Merkelbach, R.: Die Quellen des griechischen Alexanderromans. München 1954, ²1977 (Zetemata 9).

4. Sekundärliteratur in Auswahl:
Aymard, A.: L'institution monarchique / Sur l'assemblée macédonienne. In: Études d'histoire ancienne. Paris 1967, S. 123–135 / 143–163.
Badian, E.: Alexander the Great and the University of Mankind. In: G. T.

Griffith (Hrsg.): Alexander the Great: The Main Problems. Cambridge / New York 1966, S. 287–306.
Badian, E. (Hrsg.): Alexandre le Grand. Image et Realité. Entretiens sur l'Antiquité classique. Bd. 22. Genf 1976.
Berve, H.: Das Alexanderreich auf prosopographischer Grundlage. 2 Bde. München 1926. ND Hildesheim 1999.
Bosworth, A. B.: Conquest and Empire. The Reign of Alexander the Great. Cambridge 1988.
Bosworth, A. B.: Alexander the Great. Part 1: The events of the reign. Part 2: Greece and the conquered countries. In: The Cambridge Ancient History VI: The Fourth Century B. C. Cambridge Univ. Press 1994.
Bosworth, A. B.: Alexander and the East. Oxford [u. a. O.]1996.
Demandt, A.: Alexanders Rückkehr nach Babylon. Frühjahr 323 v. Chr. In: Sternstunden der Geschichte. München 2000, ^{2}2004 [Paperback], S. 27–46.
Droysen, J. G.: Alexander der Große. Berlin 1833 ND 1966 [u. ö.].
Fraser, P. M.: Cities of Alexander the Great. Oxford 1996.
Fox, R. L.: Alexander the Great. London 1973. Dt. u. d. T.: Alexander der Große. Eroberer der Welt. Düsseldorf 1974. München 1979.
Gehrke, H.-J.: Alexander der Große. München 1996.
Goukowsky, P.: Essai sur les origines du mythe d'Alexandre. I: Les Origines. II: Alexandre et Dionysos. Nancy 1978–1981.
Green, P.: Alexander of Macedon 356–323 B. C. Harmondsworth 1974. Dt. u. d. T.: Alexander der Große. Mensch oder Mythos? Würzburg ^{2}1977.
Habicht, Chr.: Gottmenschentum und griechische Städte. München 1958/1970.
Hamilton, J. R.: Alexander the Great. London 1973.
Hammond, N.: Alexander the Great. London 1981. Dt. u. d. T.: Alexander der Große. Feldherr und Staatsmann. München/Berlin 2001.
Heinen, H.: Geschichte des Hellenismus. Von Alexander bis Kleopatra. München 2002.
Heuss, A.: Alexander der Große und die politische Ideologie des Altertums. In: Kloft, H. (Hrsg.): Ideologie und Herrschaft in der Antike. Darmstadt 1979 (Wege der Forschung Bd. 528).
Högemann, P.: Alexander der Große und Arabien. München 1985 (Zetemata 82).
Holt, F.: Alexander the Great and Bactria. Leiden/Köln 1995.
Lauffer, S.: Alexander der Große. München 1978.
O'Brian, J. M.: Alexander the Great. The Invisible Enemy. London 1992/1994.
Rostovtzeff, M.: The Social and Economic History of the Hellenistic World. Oxford 1941. Dt. u. d. T.: Gesellschafts- und Wirtschaftsgeschichte der hellenistischen Welt. Übers. von G. u. E. Bayer. Darmstadt 1955.

Schachermeyr, F.: Alexander der Große. Das Problem seiner Persönlichkeit und seines Wirkens. Wien 1973.
Seibert, J.: Alexander der Große. Darmstadt 1972, ^{4}1994 (Erträge der Forschung Bd. 10, mit Bibl.).
Tarn, W. W.: Alexander the Great. I: Narrative. II: Sources and Studies. Cambridge 1948-1950.
Tarn, W. W.: Alexander the Great. Cambridge 1948. Dt. u. d. T.: Alexander der Große. Darmstadt 1968.
Tarn, W. W.: The Greeks in Bactria and India. Cambridge ^{2}1951.
Will, E. / Orrieux Cl.: Ioudaïsmos-Hellenismos, essai sur le judaïsme judéen à l'époque hellénistique. Nancy 1986.
Will, W.: Alexander der Große. Stuttgart 1986.
Wirth, G.: Alexander der Große. Reinbek 1971 [u. ö.] (Rowohlts Monographien).
Wirth, G.: Studien zur Alexandergeschichte. Darmstadt 1985.
Wood, M.: Auf den Spuren Alexanders des Großen. Aus dem Engl. von U. Blank-Sangmeister unter Mitarbeit von H. Biem. Stuttgart (Reclam) 2002.

5. Zum Nachleben Alexanders:
Carlsen, J. [u. a.] (Hrsgg.): Alexander the Great. Reality and Myth. Rom 1993.
Demandt, A.: Alexander im Islam. In: Schuol, M. [u. a.] (Hrsgg.): Grenzüberschreitungen. Formen des Kontakts zwischen Orient und Okzident im Altertum. Stuttgart 2002, S. 11–21.
Goukowsky, P.: Essai sur les origines du mythe d'Alexandre. I: Les Origines. II: Alexandre et Dionysos. Nancy 1978–1981.
Klein, R.: Zur Beurteilung Alexanders in der patristischen Literatur. In: Roma versa per aevum. Ausgewählte Schriften zur heidnischen und christlichen Spätantike. Hrsg. von R. v. Haehling / K. Scherberich. Hildesheim 1999 (Spudasmata 74), S. 460–517.
Pearson, L.: The Lost Histories of Alexander. New York 1960, ND Chico (Cal.) 1983.
Pfrommer, M.: Alexander der Große. Auf den Spuren eines Mythos. Mainz 2001.
Stoneman, R.: Legends of Alexander the Great. London 1994.

Schließlich noch das Bild Alexanders in drei ganz verschiedenen romanhaften Fassungen und einer historischen Spekulation:
Manfredi, V. M.: Aléxandros, il figlio del sogno. Mailand ^{2}1998. / Aléxandros, le sabbie di Amon. Mailand 1998. / Aléxandros, il confine del mondo.

Mailand 2002. / (Dt. u. d. T.: Alexander, der makedonische Prinz. München 2001. / Alexander, König von Asien. München ²2000. / Alexander, der Herrscher der Welt, München ²2000. / Alle übers. von Claudia Schmitt).
Mann, Klaus: Alexander. Roman der Utopie. Reinbek 1983 [u. ö.].
Nizami: Das Alexanderbuch Iskandername. Aus dem Persischen übers. von J. Ch. Bürgel. Zürich 1991.
Toynbee, A.: Alexander der Große – wird alt. Aus A. T.: Some Problems of Greek History, Oxford 1969, übers. von K. Brodersen in: K. B. (Hrsg.): Virtuelle Antike. Wendepunkte der Alten Geschichte. Darmstadt 2000, S. 43 bis 102.

Bildnachweis

Abb. Seite 14	Chiaramonti Museum, Vatican
Abb. Seite 23	Archäologisches Museum, Saloniki
Abb. Seite 36	British Museum © Michael Holford
Abb. Seite 44	British Museum © Michael Holford
Abb. Seite 75	aus: German Hafner, Bildlexikon antiker Personen, Düsseldorf/Zürich ²1997
Abb. Seite 78	© Leonard von Matt, Buochs
Abb. Seite 102	Staatliche Glyptothek, München
Abb. Seite 103	Staatliche Museen Preußischer Kulturbesitz, Berlin
Abb. Seite 106	German Hafner
Abb. Seite 110	German Hafner
Abb. Seite 121	Paris, B.n.F. © Collection Viollet
Abb. Seite 129	German Hafner
Abb. Seite 216	Musée du Petit-Palais, Paris © Musée du Petit-Palais, Bridgeman-Lauros-Giraudon
Abb. Seite 217	Musée Condée, Chantilly © Bridgeman-Lauros-Giraudon-Musée Condé
Abb. Seite 223	Paris, B.n.F. © Bridgeman-Giraudon

Karten

Karten

Der Feldzug Alexanders nach Asien

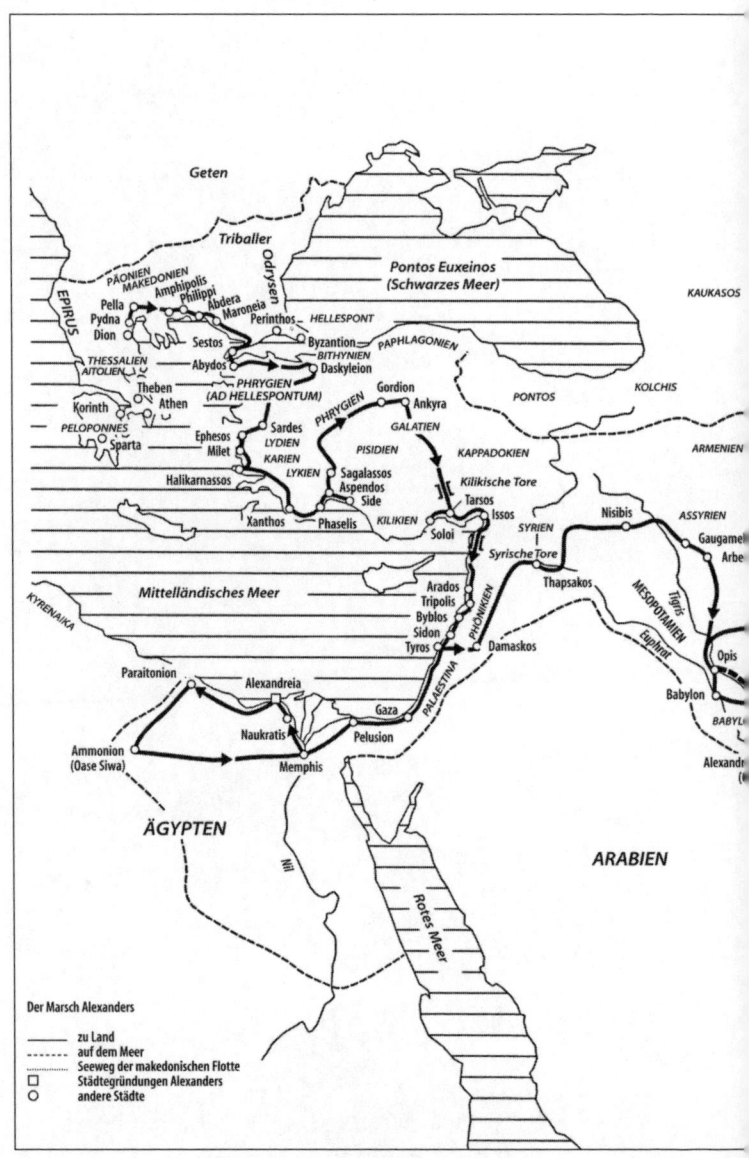

Karten

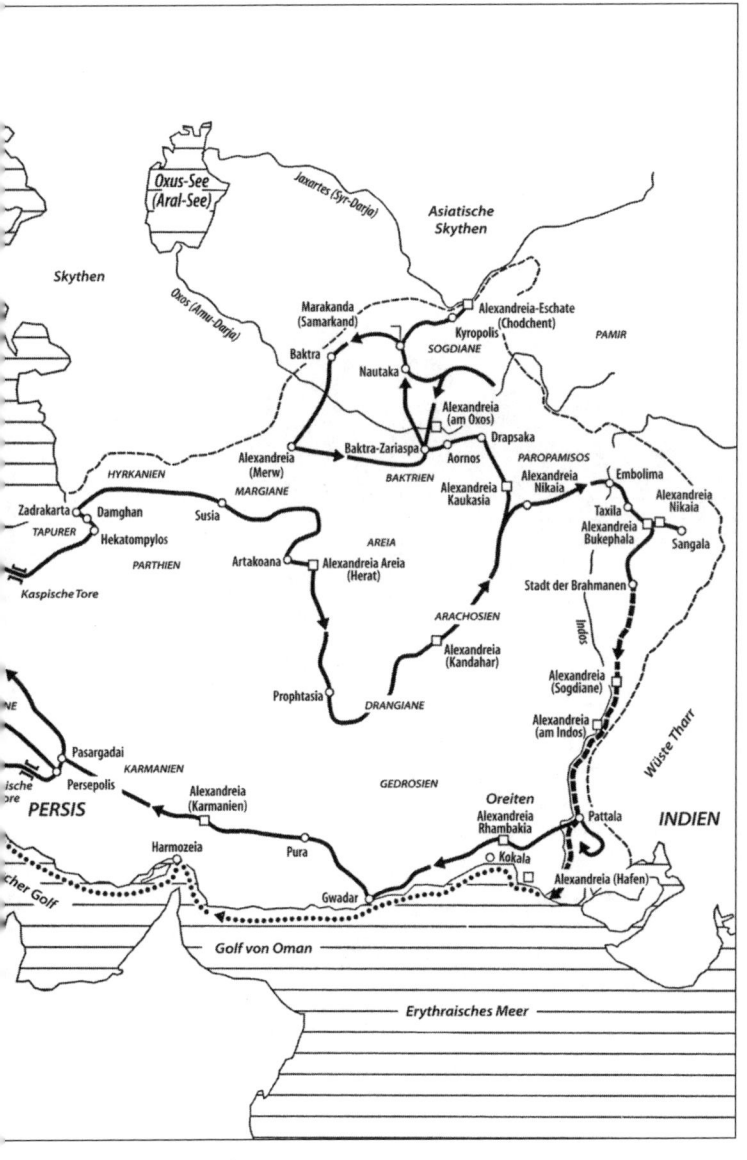

Karten

Die Eroberung Kleinasiens

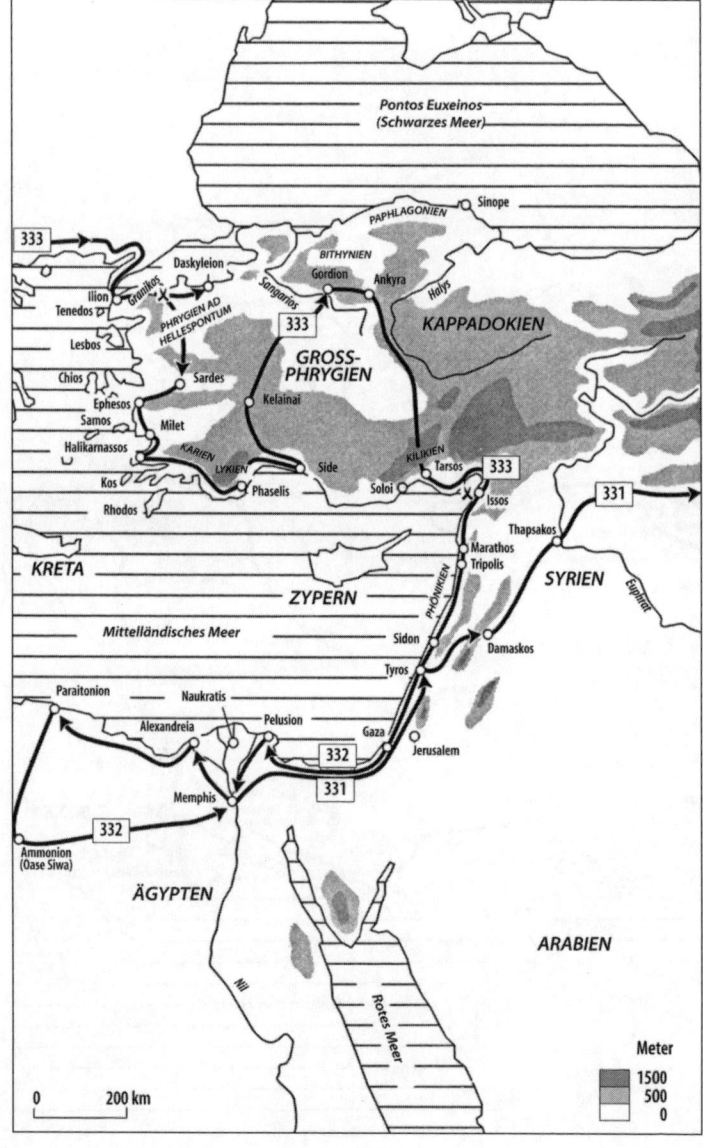

Die Eroberung der inneren Satrapien des Perserreichs

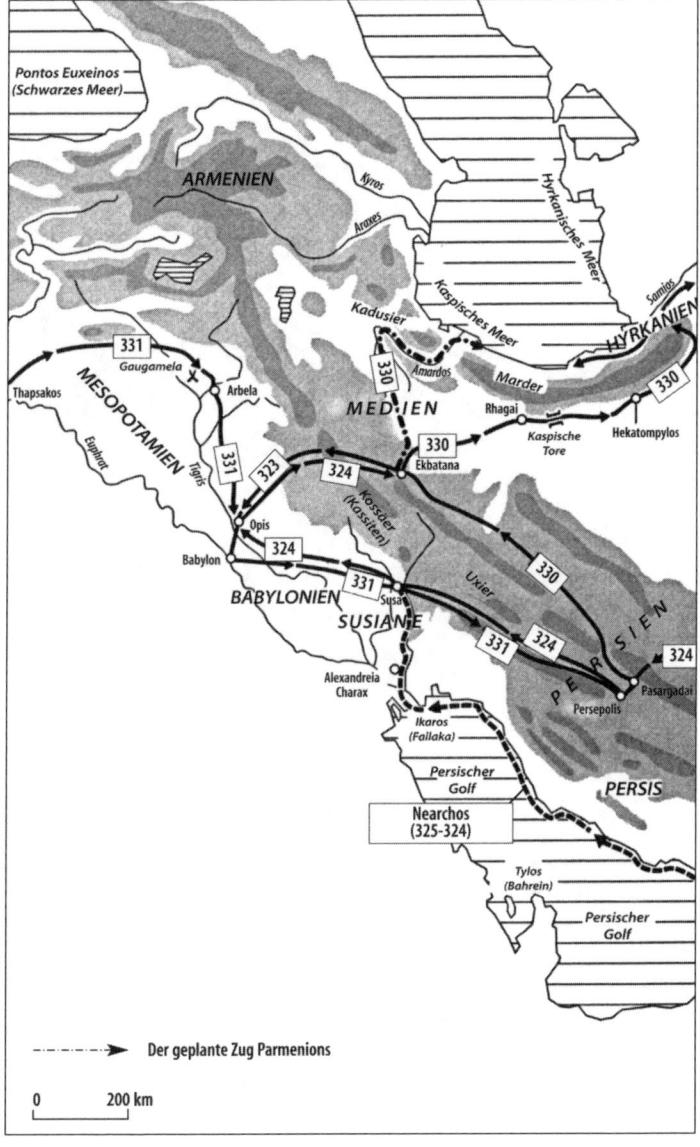

Karten

Die Eroberung der nord-östlichen Satrapien

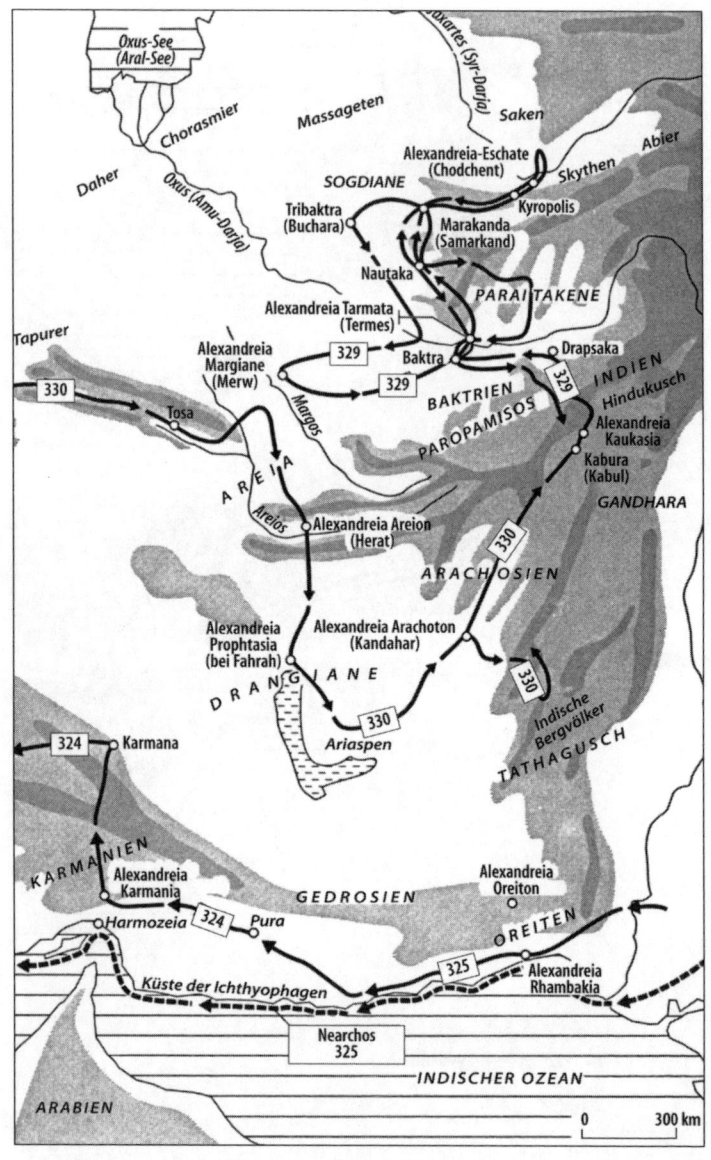

Karten

Der Zug Alexanders nach Indien

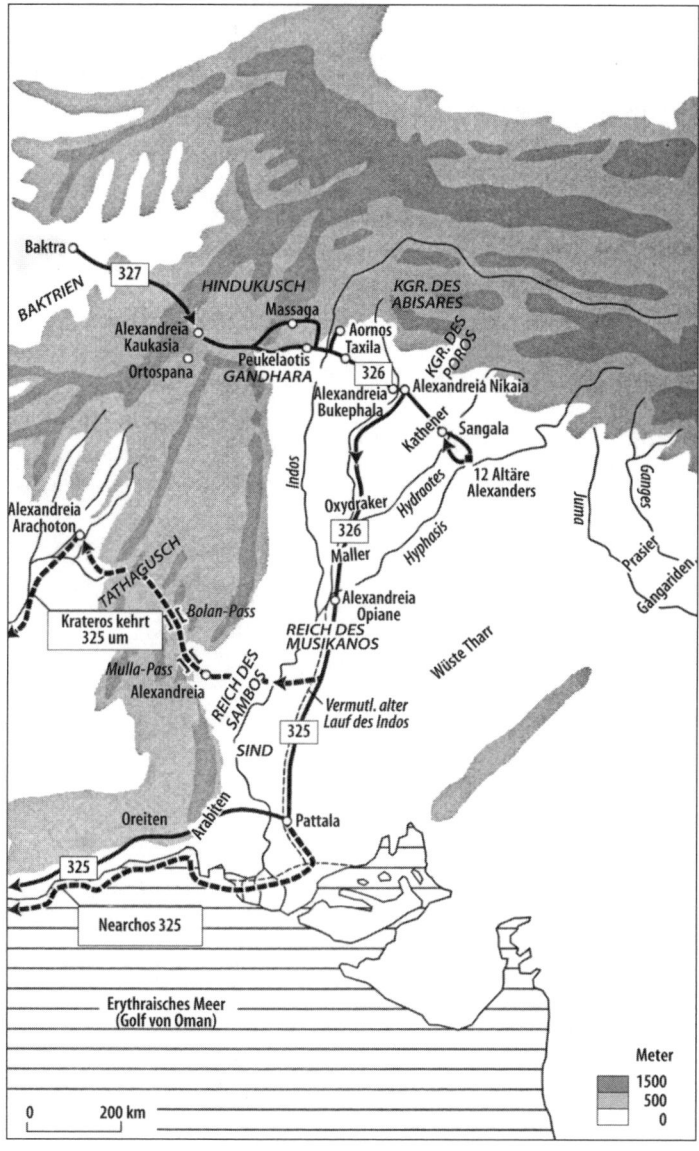

Danksagung

Der Verlag Artemis & Winkler dankt Frau Marion Giebel für die kritische Durchsicht des Manuskripts und der Druckfahnen und für die sorgfältige Ergänzung des Literaturverzeichnisses für die deutsche Ausgabe.

Biographien
bei Artemis & Winkler

Marion Giebel
Kaiser Julian Apostata
Die Wiederkehr der alten Götter
219 Seiten
30 Abbildungen
Gebunden
ISBN 3-538-07130-6

Als Kind entkam Julian dem Massaker am Kaiserhof, später studierte er Philosophie und ließ sich in Mysterienkulte einweihen. Oft war er dem Schafott näher als dem Thron. Als Feldherr und Kaiser bewies er erstaunliche Tatkraft. In jungen Jahren hatte Julian sich vom Christentum losgesagt, dem sein Onkel, Konstantin d. Gr., den Weg zur Staatsreligion geebnet hatte. Als Kaiser versuchte er, die Kultur des Hellenismus gegen die alles Heidnische verdrängenden Christen zu verteidigen, indem er die alten Götterkulte wieder belebte.

Was wäre aus Europa geworden, wäre Julian nicht bereits 363 n. Chr. – im selben Alter wie Alexander und Christus – auf dem Feldzug in Mesopotamien gestorben?